P. André DURAND

UNE PHYSIONOMIE ORIGINALE

D'APÔTRE

LE R. P. HENRY JOYARD S. J.

1835-1904

PARIS

Gabriel **BEAUCHESNE & C**ᵉ, Éditeurs

ANCIENNE LIBRAIRIE DELHOMME & BRIGUET

117, Rue de Rennes, 117

1910

Tous droits réservés.

DÉPOT A LYON : 3, *Avenue de l'Archevêché.*

UNE PHYSIONOMIE ORIGINALE

D'APÔTRE

LE R. P. HENRY JOYARD S. J.
1835-1904

IMPRIMATUR

Parisiis, die 15ª Februarii 1910.

Leo ADOLPHUS
Arch. Paris.

Le R. P. Joyard. (Instantané).

P. André DURAND

UNE PHYSIONOMIE ORIGINALE D'APÔTRE

LE R. P. HENRY JOYARD S. J.

1835-1904

PARIS

Gabriel BEAUCHESNE & Cⁱᵉ, Éditeurs

ANCIENNE LIBRAIRIE DELHOMME & BRIGUET

117, Rue de Rennes, 117

1910

Tous droits réservés.

DÉPOT A LYON : 3, *Avenue de l'Archevêché.*

Montpellier, 18 janvier 1910.

Mon cher ami,

Je vous remercie de m'avoir fait lire, avant de la donner au public, l'aimable, spirituelle et édifiante biographie que votre affection a consacrée au P. Henri Joyard. Si dans le Paradis on s'intéresse aux nouvelles bibliographiques, l'excellent Père vous aura su gré d'avoir si bien réussi, à faire de lui une photographie on ne peut plus ressemblante.

En lisant vos pages, je revoyais tour à tour, et le bruyant élève de l'Assomption et d'Annonay, et le fervent religieux que la règle et l'austérité n'avaient pas dépourvu de son entrain, de sa verve et de son inoffensive malice. Ces deux physionomies d'enfant et d'homme mûr, ne se contredisaient pas. L'une portait les modifications nécessaires qu'amène l'âge avec la réflexion; mais la première subsistait encore et laissait voir, sous des traits plus accusés, le même fond de nature généreuse et de persévérante bonne grâce.

Vous avez bien fait d'insister sur le portrait de M. Joyard, père de votre héros. Quelle réalité dans cette peinture! Je n'ai pas connu ce digne homme; mais je puis dire que j'ai rencontré son image. C'est un type de nos pays, devenu malheureusement trop rare, que celui de cet officier, tout pénétré des lois de la discipline et les appliquant autour de lui avec une inflexible rigueur! Sévère à lui-même, sévère aux autres, et avec cela d'une bonté, d'une charité, d'une tendresse rare, tel était ce grand chrétien doublé d'un écrivain de race, ce Comtadin fidèle à son Dieu, fidèle à son Prince, digne enfin de servir de souche immédiate à un disciple de la fameuse maxime : *Perinde ac cadaver !*

— Mais le P. Joyard, tout en obéissant en bon Jésuite qu'il était, sans rien perdre de son cachet personnel, n'en était que plus vivant pour les œuvres auxquelles on l'appliquait, et plus en état d'assurer le succès de son laborieux et infatigable apostolat.

Quelle aimable figure aussi, dans sa naïveté et sa forte piété, que celle de cette servante Catherine, si dévouée à ses maîtres et si fière de *son Jésuite !* Encore une de ces créations que les siècles chrétiens ont connu, et que nous ne reverrons plus guère, je le crains ! Les serviteurs entrant dans la famille, en épousant tous les intérêts et ne vivant que pour ceux et celles, en qui ils croyaient avoir de véritables enfants, aussi aimés que s'ils leur eussent donné leur chair et leur sang !

Vous avez dit tout cela, mon ami, d'une plume alerte et vive, en disciple fidèle et aimant de celui que la Providence vous fit rencontrer jadis, au seuil de la vie religieuse. C'est vraiment une joie de trouver presque à chaque page de votre volume charmant, des citations exquises, des mots à l'emporte-pièce, de piquantes anecdotes et quantité de petits tableaux pris sur le vif, où se peint l'attrayante et inoubliable physionomie de ce grand chasseur d'âmes que fut le P. Henri Joyard. Et pour le plus grand profit des lecteurs de tout âge et de toute condition, quelle mine précieuse de leçons et de conseils, tous marqués au coin de l'esprit, du bon sens et de la foi !

Aussi est-ce avec une entière confiance que je souhaite à votre livre tout le succès qu'il mérite si bien.

Agréez mes compliments affectueux et respectueux et croyez-moi bien votre en N.-S.

Fr. Marie Anatole de CABRIÈRES,
Év. de Montpellier

UN MOT DE PRÉFACE

Sans aucune prétention littéraire ni hagiographique, uniquement pour répondre à des sollicitations pressantes et réitérées, nous avons écrit cette biographie. Elle est destinée à conserver la mémoire d'un religieux et d'un apôtre qui eut de grandes vertus, et sans doute aussi quelques défauts... mais défauts qui n'étaient pas vulgaires.

Quiconque a connu le cher défunt nous pardonnera aisément quelques longueurs, si longueurs il y a. Libre aux autres de fermer le volume, dès qu'il leur paraîtra inutile ou fastidieux. S'ils ont le courage d'aller jusqu'au bout, nous osons croire qu'ils ne le regretteront pas. Peut-être seront-ils de l'avis d'un brave paysan, rencontré un jour par le P. Henri Joyard, à la table d'un curé de campagne.

« — Cela ne vous ennuie pas de dîner en compagnie d'un Jésuite? lui dit le curé en plaisantant. — « Oh! répondit-il naïvement, il y a bien des braves gens partout! » En sortant de table, il s'écria : — « On dit beaucoup de mal des Jésuites. Eh bien! S'ils ressemblent tous à celui-là, moi je dis : Vivent les Jésuites! »

UNE PHYSIONOMIE ORIGINALE

D'APOTRE

I

PREMIÈRE RENCONTRE.

C'était vers la fin de l'année 1877.

Un jeune vicaire de Grenoble entrait au n° 11, de la place des Tilleuls, alors résidence des Pères Jésuites devenue, depuis, maison de l'Évêché. L'abbé échangea un cordial bonjour avec le Frère portier; après quoi, il demanda :

— Le R. P. de Nolhac est-il de retour?

— Non. Il ne reviendra sans doute pas de bien longtemps.

— Pourquoi donc? fit le jeune prêtre anxieux.

— Il vient d'être changé!

— Franchement, je le regrette. Avec sa distinction de gentilhomme il était si simple, si bon, si accueillant, si vénéré à Grenoble. Et comment s'appelle votre nouveau supérieur?

— C'est le R. P. Henri Joyard.

— Pourrait-on le voir?

— Parfaitement. Il ne tient qu'à vous de le voir et même de l'entendre, car il va justement parler aux Mères Chré-

tiennes. Entrez à la chapelle, ou plutôt glissez-vous dans
la tribune... et surtout pas de bruit.

Déjà le prédicateur était debout au pied de l'autel, prêt
à parler. Il fit un grand signe de croix, et d'une voix agréa-
blement timbrée, dans une diction d'un naturel impeccable,
dont chaque syllabe se détachait nettement, il commença
son instruction. Teint coloré; front complètement dégarni,
avec quelques rares cheveux blonds sur les tempes; physionomie franche, ouverte, sympathique, quelque chose de
martial et de décidé qui rappelait l'allure d'un officier : telle
fut à peu près l'impression produite par le nouveau supérieur sur l'auditeur en soutane qui l'observait curieusement,
du fond de la tribune.

Au reste, l'abbé fut tout de suite captivé par le charme
d'une parole, qui ne ressemblait à aucune de celles qu'il
avait entendues : parole vivante, imagée, pratique, originale, dans le bon sens du mot. On sentait, par-dessus tout,
vibrer un cœur désireux de faire beaucoup de bien. Le vicaire sortit profondément remué, véritablement conquis.
« Quel homme, dit-il au bon F. Aubert! La chapelle des
Pères ne sera bientôt plus assez grande pour contenir tous
ceux qui viendront l'entendre! »

Telle fut la première rencontre de l'auteur de ce volume
avec le P. Henri Joyard. Comme on l'eût étonné, effrayé
surtout, si on lui avait prédit alors, que, devenu plus tard
un ami d'arrière-saison, de celui qu'il voyait pour la première fois, il lui faudrait accepter la difficile tâche de tracer
son portrait et d'écrire sa vie!

Mais qu'aurait-il dit lui-même, le cher et vénéré défunt,
s'il avait pu penser qu'un jour quelqu'un s'aviserait de prendre la plume à son sujet, lui qui avait en horreur la publicité; lui qui écrivait à un de ses nombreux correspondants :

— « Cher monsieur, perdez irrémissiblement l'espoir de jamais lire deux lignes de ma prose imprimée! » — lui, enfin qui, dans l'expression de ses dernières volontés, priait instamment que l'on jetât au feu tout ce que l'on trouverait après sa mort, notes, cahiers et canevas?

Un jour, que l'un de ses supérieurs l'engageait à publier quelques sermons de retraites:

— « *Mon Révérend Père*, répondit vivement le P. Joyard, *si jamais je viens vous demander la permission de faire imprimer un volume quelconque, vite, faites-moi conduire à Saint-Jean de Dieu; car ce sera la preuve que j'ai perdu la tête!* »

L'avouerai-je? Plus d'une fois, tandis que j'écrivais, il m'est arrivé de lui demander pardon. Il me semblait parfois l'entendre s'écrier avec sa verve pittoresque, quelque peu indignée. — « Écrire ma vie! mais c'est une trahison! De tous les tours qu'on m'a joués, c'est le seul que je ne consente pas à pardonner... Je ne reconnais à personne le droit de me rendre ridicule. Mais c'est idiot, très positivement! Qu'on me laisse donc dormir en paix, là-bas, sous mes grands tilleuls de Cantorbéry... Je ne fus jamais qu'un pauvre homme, pétri de quelque bonne volonté, sans doute, mais encore plus de misères. Et moi qui ai tant poussé les autres à ne pas piétiner sur place, à sortir du médiocre et du terre-à-terre, je n'ai réussi, en somme, qu'à être un religieux à peu près passable. *La Compagnie a fait preuve d'une grande charité en me recevant et en me gardant dans son sein* [1].

« En vérité, non! il n'y a pas de quoi perdre du temps et noircir du papier... Mais c'est la mode aujourd'hui. Le

---

1. Parole qu'il répétait souvent.

moindre sire qui meurt doit avoir son buste et son biogra-
phe. Puisqu'il faut subir le sort commun, j'ai du moins l'espoir fondé que ce volume ira dormir dans la poussière des
bibliothèques, comme tant d'autres que personne n'a jamais
lus. »

Mais, comme autrefois aussi, il m'arrivait de lui répondre : — « Cher Père, ne vous fâchez pas ! Vous seriez, dans
votre propre cause, un parfait avocat du diable, mais il ne
s'agit pas de commencer votre procès de béatification. Après
tout, s'il y a des gens qui ont moins de sainteté qu'ils n'en
montrent au dehors, il en est, par contre, qui en possèdent
beaucoup plus qu'ils n'en laissent paraître : vous êtes de ce
nombre. Quoi que vous disiez, pour de très bonnes
raisons, on m'a chargé d'interroger les échos, de recueillir
un peu partout, quelques miettes des nombreux et opulents
festins que, par la parole et par la plume, vous avez servis
à une multitude d'âmes, avides de vous entendre et de vous
lire. Les échos n'ont pas mis beaucoup d'empressement à
me répondre. Il m'a fallu du temps pour faire ma cueil-
lette... De ce chef, j'ai dû essuyer plus d'un reproche ! Mais
j'ai promis d'obéir. Il faut vous y résigner. Si mauvais
peintre que je sois, laissez-moi ébaucher au moins quelques
traits de votre physionomie. »

Tel est le travail que j'entreprends aujourd'hui.

Si je suis assez heureux pour ne pas trop altérer l'original, je me tiens assuré du succès de mon œuvre. Ce qui en
fera la fortune, je le dis sans fausse humilité, ce n'est pas
le talent de l'auteur : c'est le nom seul du P. Henri Joyard.

Il a laissé de tels souvenirs ! souvenirs encore si vivants,
si aimés, si lumineux, si réconfortants ! Beaucoup de ceux
qui eurent le bonheur de le rencontrer sur leur chemin, en
des heures d'angoisse ou de péril ; bien des âmes qui lui

durent de retrouver la force et la lumière, la paix du bon
Dieu, l'amour du Tabernacle et de la Croix ; des milliers de
chrétiens et de chrétiennes qui ne se lassaient pas d'accourir, chaque fois que l'on savait qu'il allait donner les exercices
d'une retraite : tous ceux-là voudront le revoir et l'entendre
encore.

Qu'importe que le P. Henri Joyard n'ait jamais paru dans
aucune des grandes chaires de la capitale ; que jamais la
presse des boulevards n'ait organisé autour de son nom,
une publicité, je n'ose pas dire une réclame, plus mondaine
qu'évangélique ; que sa vie, qui s'est écoulée presque tout
entière dans de modestes villes de province, n'ait été marquée
par aucun de ces événements qui mettent un homme en relief ! Il fut à un degré éminent, ce que l'on nomme, en
style apostolique, un *operarius. Ouvrier de l'Évangile*,
ouvrier infatigable, il l'a été pendant près de quarante ans.
C'est à ce titre que d'un bout de la France à l'autre, je devrais dire du fond de la Belgique aux Alpes et aux Pyrénées,
il a prêché *un nombre presque incroyable* de retraites, sans
parler des carêmes et des mois de Marie. Malgré quelques
infirmités qui se firent de bonne heure sentir, et qui lui furent
une pénitence très méritoire, il jouissait, en somme d'une
santé vigoureuse, qu'il ne songeait guère à ménager : car il
avait la passion des âmes, l'impérieux besoin de leur donner
Dieu, et de les conduire à Dieu. Sa nature vive, ardente, un
peu brusque, mais au fond, étonnamment riche de délicatesse exquise et de bonté, s'unissait à une foi profonde et à
un zèle dévorant. Aussi avait-il une soif insatiable de dévouement.

A ceux qui ont le mieux connu, le plus estimé et aimé
le P. Henri Joyard, parce que, ayant la mission de lire au
fond de son grand cœur, ils y ont découvert des trésors peut-

être insoupçonnés d'humilité et d'obéissance, de candeur et de loyauté, de charité pour Dieu et pour les pauvres, il a semblé qu'une telle existence ne devait point être laissée dans l'oubli, dans cet inexorable oubli qui pousse, hélas! et croît plus vite que l'herbe du printemps, sur les tombes fermées.

C'est un fait! depuis qu'il est mort sur la terre d'exil, véritablement tué, le mot n'est point trop fort, des coups portés à l'Église et à la France, de toutes parts, religieux et laïques, vierges du cloître et hommes du monde, grandes dames et simples ouvrières, réclament d'une voix unanime un récit détaillé de la vie du P. Henri Joyard.

Il aurait fallu pour un pareil travail une plume plus habile et plus exercée que celle de l'auteur. Du moins il peut assurer qu'il y apporte tout son cœur, un cœur fidèle à la vérité autant qu'à l'amitié. Son unique désir et toute son ambition, c'est d'amener son héros sur la scène, et de l'y faire parler le plus souvent et le plus longtemps possible. Ainsi encore, le cher et vénéré défunt pourra-t-il faire après sa mort ce qu'il a fait, et si bien fait, durant toute sa vie

II

POURQUOI LE P. HENRI JOYARD NAQUIT A CARPENTRAS. — LES ANCÊTRES.

Le P. Joyard n'eut jamais l'accent particulier du pays où souffle le mistral; mais il avait, sans conteste, une vivacité toute méridionale. Un jour qu'on le pressait vivement et qu'on lui demandait s'il n'était point originaire du Midi, il répondait avec humour : — « Ma foi ! on naît où l'on peut, et non pas où l'on veut. Je suis né à Carpentras, et j'ai cela de commun avec Mgr de la Motte qui était un homme d'esprit et un saint. A Carpentras, ni les braves gens ne sont moins rares, ni les imbéciles plus nombreux qu'ailleurs. Au reste, si je suis né à Carpentras, c'est grâce à une circonstance toute fortuite ménagée par la Providence. J'aurais pu tout aussi bien naître à Lyon, ou même à Paris, et je n'en serais pas plus fier ! »

En effet, par tous ses ascendants paternels, et la bonne moitié de ses ascendants maternels, Henri Joyard était étranger à la Provence. Le sang qui coulait dans ses veines était pour les trois quarts lyonnais et bourguignon, languedocien et même dauphinois ! Le dernier quart seul lui venait, et le rendait tributaire, de Carpentras, où il plut à Dieu de placer son berceau : voici comment.

Vers le milieu de l'année 1827, un grand et bel officier des

Gardes du corps du roi Charles X, âgé de trente-quatre ans, était venu passer quelques jours de congé chez un de ses amis, comme lui officier de la Garde royale, dont la famille habitait Carpentras. Il était à la veille de repartir pour rejoindre la Compagnie de Croÿ, où il remplissait les fonctions de capitaine-brigadier. Par je ne sais quel providentiel incident, il fut mis en présence d'une jeune fille dont la beauté, jointe à une très grande modestie, fit sur lui une soudaine et très profonde impression.

Jean-Claude Joyard avait assisté, dans la cathédrale de Reims, au sacre du roi Charles X; il était chevalier de l'ordre de la Légion d'honneur et des ordres espagnols de Saint-Ferdinand et de Charles III. Intelligent, distingué, irréprochable dans sa conduite, lié d'affection avec les noms les plus illustres de la noblesse française, il semblait prédestiné à un brillant avenir. Par malheur, une surdité précoce et héréditaire lui rendait le service militaire fort pénible, et depuis quelque temps, il songeait à donner sa démission. Chrétien pratiquant, très peu épris du monde, dont il avait pu percer à jour les mensonges et les illusions, il rêvait de se fixer à la campagne, et de s'y livrer aux travaux de l'agriculture qui avait pour lui un grand attrait. Dès qu'il eut rencontré Mlle Térèse Lioud, sa décision fut prise. Elle appartenait à une très honorable famille de Carpentras, et il n'y avait qu'une voix pour louer sa vertu et sa piété, encore plus que sa grâce charmante et sa parfaite éducation. L'officier, le soir même, se présenta chez Mme veuve Lioud pour demander la main de sa fille. Sa démarche n'eut pas d'abord le succès espéré. Blessé au vif dans son amour-propre, humilié de son échec, le fougueux capitaine se rendit, à l'instant, au bureau des voitures publiques, bien résolu à quitter Carpentras le jour même. La diligence d'Avignon venait

justement de partir : on entendait encore claquer le fouet
du postillon et sonner dans le lointain les grelots des chevaux!... Force était d'ajourner son départ au lendemain.
Avoir manqué deux fois le coche en un même jour, c'était
jouer de malheur. Que faire en attendant? Chose étrange!
cette seconde déconvenue opéra, sur le prétendant évincé,
à la façon d'une douche d'eau froide. Une église se trouvait
sur son chemin. Il y entra, et se mit à prier Dieu longuement afin de connaitre sa divine volonté. Le résultat de sa
prière fut que, mettant son amour-propre sous les pieds, il
ferait sagement de réitérer sa demande.

Après tout, fallait-il tant s'offusquer qu'on ne se fût pas
jeté entre ses bras avec enthousiasme? N'avait-on pas le
droit, et le devoir de s'informer à son sujet et de réfléchir?
Le connaissait-on assez pour l'accepter, les yeux fermés, et
sur la foi de son bel uniforme de capitaine-brigadier des
Gardes du roi? Plus il y songeait et plus il devait s'avouer
à lui-même, combien la conduite tenue à son endroit avait
été dictée par la raison et la prudence, plus aussi il sentait
croître son estime pour cette chrétienne famille et son désir
d'y entrer. Il se décida à renouveler sa demande. Touchées
de son humble insistance et sans doute aussi, informées
qu'il était un excellent chrétien, Mme veuve Lioud et sa
fille lui firent un encourageant accueil, et bientôt il fut
agréé.

Le récit que nous venons de mettre sous les yeux du
lecteur, le P. Henri Joyard le tenait de la bouche même
de son père. Ainsi pouvait-il dire plaisamment :

— *« Si la voiture de Carpentras à Avignon eût été en retard d'un quart d'heure, tel jour de l'année 1827, je ne
serais sûrement pas né à Carpentras. »*

En vérité, c'eût été bien dommage pour Carpentras, pour

l'Église et un grand nombre d'âmes qui béniront à jamais Dieu de l'avoir rencontré.

Le mariage entre M. Joyard et Mlle Lioud fut célébré, le 1er décembre 1827, dans l'église de Saint-Siffrein, en présence de tout ce que la ville comptait de plus distingué. M. le comte de Grimaldi et M. le comte de l'Étrange furent les témoins du marié : la mariée eut pour témoins deux de ses oncles maternels : MM. François Siffrein et Joseph Morrier.

Jean-Claude Joyard, capitaine-brigadier des Gardes du corps du roi, appartenait à une ancienne et très honorable famille fixée à Lyon, mais originaire du Châlonnais. S'il en fallait croire les souvenirs d'un vieil oncle du P. Henri, et interpréter en ce sens l'écusson et les armes qui timbraient et scellaient les lettres de l'ex-officier des Gardes, les Joyard possédaient jadis un titre de noblesse, abandonné pendant la tourmente révolutionnaire, et que la famille ne reprit jamais.

Quoi qu'il en soit de ce fait, auquel l'humble religieux n'attacha jamais d'importance et fit très rarement allusion, il est certain qu'au commencement du siècle dernier, l'aïeul d'Henri possédait à Lyon, rue Puits-Gaillot, 25, une importante maison de banque et de soieries. C'est ce qu'attestent trois pièces trouvées dans les papiers de la famille[1]. Ce sont trois certificats. Le premier est signé du président de la Chambre de commerce de Lyon; le deuxième, du marquis d'Albon, maire de cette ville; le troisième, daté de Paris (14 décembre 1814), porte les signatures du gouverneur et du sous-gouverneur de la Banque de France. Nous ne citerons que le premier :

1. Mme veuve Jules Ripert, propre nièce du P. Joyard, a bien voulu nous les communiquer.

« Nous soussigné, Michel Leroy, chevalier de la Légion d'honneur, président du Tribunal de Commerce, séant à Lyon, certifions qu'il est à notre pleine et entière connaissance que M. Jean-Claude Joyard, demeurant dans cette ville, rue Puits-Gaillot, y exerce avec honneur et distinction, le commerce de banque et de soie..., qu'il a toujours fait preuve de la plus scrupuleuse probité, que ses sentiments ont été invariablement ceux d'un bon citoyen; qu'il a été appelé à remplir en cette ville diverses fonctions, soit comme membre du conseil municipal, soit comme membre de la Chambre de commerce, soit comme censeur du Comptoir d'escompte de la Banque de France; que dans toutes les circonstances où ses diverses fonctions l'ont placé, il a, par ses talents, ses connaissances, sa moralité, mérité l'estime et la confiance de ses concitoyens.

« En foi de quoi nous lui avons délivré le présent certificat.

« A Lyon, le 25 octobre 1814.

« LEROY. »

L'aïeule du P. Henri Joyard était Mᵐᵉ Louise-Julie Jazédé, femme de Jean-Claude Joyard. Après la mort de son mari, survenue en 1820, elle habitait tantôt son domaine de Ponchon, commune de Régnié (Rhône), tantôt à Chalon, près d'une de ses filles, mariée à M. Pagès. La maison de commerce du Puits-Gaillot fut liquidée et la fortune de M. Jean-Claude Joyard, évaluée environ à 750.000 francs, fut partagée entre ses enfants survivants : Jean-Claude, Raymond-Marie, Louis-François, Angel Joyard et Mˡˡᵉˢ Janne-Marie Julie, épouse Pagès et Marie-Françoise Pierrette, épouse de M. Bruno Faure de Lyon.

Rien ne prouve mieux les sentiments d'une vraie famille

chrétienne que le choix des maîtres, auxquels elle confie l'éducation de ses enfants.

Les Pères de la Foi avaient ouvert, en 1804, un collège dans la petite ville de Belley. Toute la jeunesse catholique des environs s'empressa d'y accourir. Jean-Claude Joyard y fut placé comme pensionnaire. Il y rencontra un condisciple qui devait être plus tard le docteur Laboré, lui aussi père d'un jésuite. Au collège de Belley, Claude Joyard déploya un esprit ouvert et réfléchi, beaucoup d'ardeur et d'application au travail; il s'y fit remarquer par les sentiments de foi et de piété qu'il avait déjà puisés au foyer domestique. Sorti de Belley, après de brillantes études, il entra à l'École militaire de La Flèche. Il y terminait son instruction au moment où l'Épopée Napoléonienne subissait une première éclipse sur les champs de bataille. La monarchie venait d'être rétablie. Le comte de Précy organisait à Lyon la garde nationale. Jean-Claude fut des premiers à s'y enrôler. Le 22 octobre 1814, il fut inscrit sur les contrôles de la 5e compagnie des Gardes du corps, et peu de temps après, il accompagnait les Princes à Béthune. Le 30 octobre 1822, il fut nommé brigadier, grade qui équivalait au brevet de capitaine de cavalerie.

En cette qualité, il fit les campagnes de 1823 et de 1824 en Espagne, à la suite desquelles il fut décoré de l'ordre de la Légion d'honneur, en raison de sa valeur et de sa belle conduite. Sa Majesté Catholique, pour les mêmes motifs, le créa chevalier de l'ordre de Charles III et de l'ordre de Saint-Ferdinand, 1re classe. Attaché à l'état-major de sa compagnie, le capitaine Joyard fit preuve de tant d'intelligence et de dévouement, de qualités si solides et si brillantes qu'il en reçut, à différentes reprises, du lieutenant-général, du ministre de la guerre comte de Bourmont et du roi Charles X lui-même, les témoignages officiels les plus flatteurs. Nous ne reproduirons que le suivant.

« Charles, par la grâce de Dieu, roi de France et de Navarre, prenant en considération les bons et loyaux services qui nous ont été rendus dans les emplois militaires par le sieur Joyard (Jean-Claude), capitaine-brigadier dans nos Gardes du Corps, compagnie de Croy, qui se retire définitivement du service, et voulant lui donner une marque spéciale de notre satisfaction, lui avons conféré et conférons le grade honorifique de chef d'escadron pour récompense de ses services, et pour jouir des honneurs, prérogatives et prééminences y attachées. Mandons à nos officiers généraux et autres à qui il appartiendra, de le reconnaître et faire reconnaître en cette qualité.

« Donné à Paris, le 21ᵉ jour de mars 1830.

« CHARLES. »

Par son mariage avec Mˡˡᵉ Térèse Lioud, l'officier entrait dans une très honorable et patriarcale famille, originaire du Dauphiné et fixée à Annonay, vers le milieu du XVIIIᵉ siècle. Les Lioud exerçaient de père en fils, la profession de notaire au Péage de Roussillon (Isère), dont un hameau porte encore aujourd'hui leur nom. Aux environs de 1750, Pierre Lioud vint s'établir à Annonay, ville qui faisait alors partie de l'archevêché de Vienne. Il y épousa en secondes noces, Mˡˡᵉ Térèse Peyron, laquelle descendait d'une ancienne famille protestante convertie, du Languedoc. De ce mariage naquirent treize enfants. L'un d'eux, Antoine (1770-1814), descendit en Provence et fonda une maison de commerce à Carpentras, où il épousa Marie-Antoinette Morrier-

Hôtelier, fille d'un négociant de cette ville. De ce mariage naquit Térèse Lioud, la mère du P. Henri Joyard.

Jeune fille et jeune femme, Térèse Lioud a laissé le souvenir d'une angélique piété, d'une vertu aimable et solide, qui la faisait aimer et révérer comme une sainte par tous ceux qui l'ont connue. Aussi le P. Joyard pouvait-il dire plus justement que beaucoup d'autres : *Filii sanctorum sumus!* Son arrière-grand'mère, femme d'une foi ardente et d'un courage héroïque, fut arrêtée en 1793 pour avoir donné asile aux prêtres, alors pourchassés comme des fauves. Conduite et emprisonnée à Privas, il s'en fallut de très peu qu'elle ne portât sa tête sur l'échafaud.

Henri était encore le petit-neveu de la vénérable Mère Marie-Antoinette Lioud, fondatrice de la Grande Providence d'Annonay, où elle est morte en odeur de sainteté. Son grand-oncle André Lioud mourut lui aussi, comme un saint, laissant à sa veuve une somme importante, à charge de fonder, à Oran, une maison d'éducation pour les jeunes orphelins arabes.

Cette documentation généalogique nous permet de conclure, qu'en fait d'honneur et de piété, le P. Joyard avait de qui tenir. Peut-être pourrions-nous y trouver aussi l'explication des contrastes de cette riche nature, et des efforts qu'il eut à faire pour équilibrer, sans y réussir toujours parfaitement, les diverses tendances ou qualités de terroir qu'il devait à ses origines.

Celui qui devait être un jour le P. Joyard vint au monde le 16 janvier 1835. Il fut baptisé le lendemain, dans l'église de Saint-Siffrein. Quoique affaiblie déjà et fort délicate de santé, la tendre et pieuse mère se garda bien de confier son nouveau-né aux soins d'une étrangère. Elle voulut le nourrir et l'élever elle-même. Elle était du reste, vaillamment secondée par une domestique dont il sera plus d'une fois question. Dès le berceau, la fidèle Catherine eut pour son jeune maître un dévoûment qui, au moindre propos, se traduisait en admiration, en cris d'enthousiasme. Elle se fût fait hacher en petits morceaux, écorcher toute vive, plutôt que d'avouer que *notre Henri* n'était pas le plus bel enfant du monde. Sur ses lèvres provençales, *pouli* accompagnait invariablement le nom d'*Enrico*. Henri était essentiellement, il ne pouvait pas être appelé autrement que « *notre bel Henri!* »

Ici vient se placer un fait minuscule, mais qui fournira plus tard, à notre héros, l'occasion d'expier largement toutes les admirations et toutes les gâteries de Catherine, en l'obligeant à pratiquer, sa vie durant, une charité inlassable et une patience presque héroïque.

Si résolue qu'elle fût d'allaiter seule son superbe enfant, Mme Joyard fut pourtant contrainte de se faire remplacer, deux ou trois jours, par une brave femme du voisinage, qui nourrissait elle-même une petite fille de l'âge d'Henri. Henri devait payer bien cher ces quelques gouttes d'un lait d'emprunt. L'honneur d'avoir été la nourrice d'occasion du bel Henri prit, aux yeux de cette femme et, plus tard, de sa fille, les proportions d'un événement. Le pauvre nourrisson ne s'en doutait pas alors.

Ce fut vers l'âge de trente-cinq ans qu'il fit cette découverte : *il avait une sœur de lait!* Or cette prétendue sœur de lait était affligée d'un caractère « désagréable comme une poignée d'orties, mobile et inconstant comme une feuille de bouleau ». N'ayant pu ou voulu se marier, aux environs de la trentaine elle se découvrit la vocation religieuse. Naturellement elle recourut à son frère de lait, persuadée que le nom et la recommandation du P. Joyard allait lui rendre facile l'accès de toutes les portes et de toutes les communautés. Pendant dix ans, le malheureux *frère de lait* fut occupé à faire entrer sa prétendue sœur tantôt ici et tantôt là. Quand il fut bien prouvé qu'elle n'avait pas plus de vocation « qu'il n'est poil sur un œuf », il fallut la caser tantôt dans une maison de charité, tantôt dans une autre. Elle n'y était pas depuis six mois qu'elle grillait d'en sortir.

— « Cette fille-là, disait un jour le P. Joyard, au moment où il venait de faire la quarantième démarche pour la placer, elle est cause que j'ai perdu mes derniers cheveux... Pour elle, j'ai dû écrire autant de lettres qu'un secrétaire d'État. J'ai noirci plusieurs rames de papier et versé des bouteilles d'encre. J'ai beau la bousculer, lui dire ou lui écrire : « *Ah! ça, ma pauvre fille, c'est la dernière fois que je m'occupe de vous. Si vous ne restez pas dans l'établissement où j'ai obtenu que les bons P. Chartreux paient pour vous une modique pension, N, I, Ni, c'est fini; tenez-le vous pour dit.* » Rien n'y fait... Je sais d'avance qu'elle n'y demeurera pas, ou se fera mettre à la porte par ses ridicules prétentions. Mais elle s'est logé dans le cerveau l'idée que je suis son *frère de lait!* Il faudra, bon gré mal gré, dans quelques mois, que je me remette en campagne pour lui trouver un autre abri.

« Voyez! ajoutait-il avec un ton et un geste intraduisibles : Il y a des gens qui sont bons jusqu'à en être bêtes : je suis de cette espèce-là. Mais que voulez-vous, il faut bien m'y résigner : mon premier malheur, ç'a été de naître à Carpentras! »

III

**PREMIÈRES ANNÉES. — COLLÈGE DE L'ASSOMP-
TION. — CONDISCIPLE DE Mgr DE CABRIÈRES. —
HENRI PERD SA MÈRE.**

Dès que le jeune Henri fut en âge d'étudier, on l'envoya
à Chalon-sur-Saône, chez sa grand'mère qui le réclamait
avec instance. Là, il suivit les cours élémentaires d'un pensionnat dirigé par deux prêtres, MM. Brulebois et Déchi-
zelle. Cet établissement jouissait d'un certain renom; il était
fréquenté par les enfants des meilleures familles de la ville.
Henri fit-il beaucoup de progrès? nous l'ignorons, mais une
chose qu'il négligea d'apprendre, ce fut à bien écrire. Il
griffonnait comme un chat. Tant qu'il vécut, son père ne
cessa de lui reprocher « ses pattes de mouche ». C'est que
l'officier des Gardes avait une fort belle écriture, aux caractères hauts et réguliers. On dirait, en la voyant, des files
de soldats alignés au port d'armes, en grand uniforme, un
matin de revue solennelle. Aussi lui écrivait-il un jour :

— « Mon cher enfant, il faut absolument que tu t'appli-
ques davantage. Ton écriture ne vaut rien et le style guère
mieux. Ne crois pas que ce soit peu de chose que de t'appliquer à soigner ton écriture. L'attention pour les petites

choses t'amènera insensiblement à en apporter à tout, et tu deviendras ainsi un jeune homme attentif et soigneux dans toute sa conduite. Je sais qu'une belle écriture est un très mince mérite, mais si mince soit-il, il n'en est pas moins un mérite, et tu ne dois en négliger aucun. Les circonstances sont tellement graves, — la révolution de Février venait d'éclater — que tu peux fort bien être obligé de demander au travail ton pain de chaque jour. Pourquoi donc négliger une ressource quelconque, en t'obstinant à griffonner, comme un chat le ferait au galop. Prends le légitime amour-propre de faire, le mieux possible, tout ce que tu as à faire, et tu t'en trouveras bien dans l'avenir. Oui! mon pauvre garçon, des gens bien autrement riches et puissants que tu ne peux espérer de l'être jamais, ont été et seront dans la nécessité de gagner leur vie. Je ne sais plus quel grand seigneur de l'ancien régime fût littéralement mort de faim, à l'époque de l'émigration, s'il n'eût eu l'adresse de faire très proprement des enveloppes. Nous ne sommes pas au bout de nos convulsions politiques. Ne compte pas trop sur les ressources de ton patrimoine. En première ligne, sois un bon et fervent chrétien, et ensuite un jeune homme attentif et appliqué à tout ce qu'il doit faire. »

Ce ne sera pas la seule leçon que ce père si chrétien donnera à son fils sur ce point et beaucoup d'autres. Nous avons pu retrouver la plupart des lettres qu'il écrivit à Henri, de 1847 à 1855, époque de sa mort. Elles nous permettront de suivre pas à pas, la jeunesse du futur jésuite.

Bien écrites et fort intéressantes, elles fleurent le gentilhomme qui a vécu dans le voisinage de la cour et qui est resté en commerce épistolaire, avec nombre d'anciens officiers de sa compagnie. Encore qu'il y soit assez souvent maltraité, le jeune collégien a conservé toutes ces lettres avec un soin qui témoigne de sa piété filiale et de sa grande loyauté. Peut-être, est-il bon d'avertir que l'ancien officier des Gardes du roi, tout en aimant passionnément son fils, avait conservé, dans l'exercice de l'autorité paternelle, quelque chose de la raideur militaire. Lui-même avoue que sa surdité le rendit plus d'une fois trop sévère et soupçonneux à l'endroit de son fils. Aussi ne faut-il pas s'étonner que ce dernier ait écrit plus tard, dans ses notes intimes : « Mon adolescence fut sans soleil ! j'ai perdu ma mère à treize ans ! »

Il n'en reconnaissait pas moins tout ce qu'il devait à la vigilante et énergique direction de son père. S'il n'eût pas été tenu aussi fortement, peut-être se fût-il élancé, comme un torrent qui déborde, à la poursuite des amusements et des plaisirs du monde. Nature sensible et aimante, Henri, à un moment donné, éprouva d'autant plus le besoin de monter vers Dieu, qu'il se sentait plus comprimé du côté de la terre.

A cette époque, il n'était encore qu'un enfant de dix ans. A douze ans, il fut placé au collège de l'Assomption de Nîmes. Cette maison d'éducation, devenue très justement célèbre, avait été ouverte par M. l'abbé d'Alzon, et l'on y accourait de fort loin, surtout en un moment où la liberté d'enseignement n'avait pas encore été accordée, bien qu'écrite dans la Charte et réclamée alors par la plupart des catholiques. La piété y était florissante et le travail en grand honneur.

Parmi les souvenirs de l'Assomption qui demeurèrent bien vivants, dans la mémoire du P. Joyard, il en est un qu'il aimait à rappeler. Henri étudiait encore la grammaire latine, quand Mgr de Cabrières était déjà un brillant élève de rhétorique. Chaque année, le jour de la fête des Saints

Innocents, si je ne me trompe, le collège était gouverné, pendant un jour, par une commission d'élèves nommés par leurs condisciples : ils devaient ensuite rendre compte de leur gestion devant leurs électeurs. De là des débats et des plaidoiries, où celui qui devait être, vingt-cinq ans plus tard, un des plus éloquents évêques de France, fut couvert d'applaudissements enthousiastes. Le petit élève de cinquième comprit, ce jour-là, que l'éloquence est une belle chose. Soupçonnait-il qu'un jour il serait lui-même un maître dans l'art de bien dire?

Au moment de partir pour Nice, où sa santé depuis plusieurs années l'obligeait à passer tout l'hiver, sa mère lui écrivait :

— « Mon cher Henri, savoir que tu es sage et travailleur est pour nous un bonheur inexprimable. Notre départ pour Nice est irrévocablement fixé au 22 novembre. Je suis toute triste de penser que c'est pour si longtemps. Ici je ne te vois pas plus souvent que je ne te verrai là-bas ; mais ici du moins, je sais que si tu avais besoin de ta mère, en six heures, je pourrais être auprès de toi. J'espère bien que c'est mon dernier hiver à Nice... »

Pauvre mère, ce devait être sa dernière saison sur la côte d'Azur : la mort avait déjà marqué sa place au cimetière de Cimiez où son Henri devait si souvent aller pleurer et prier sur sa tombe.

— « *Sois fidèle à réciter ton « Souvenez-vous,* » ajoutait-elle, *c'est la première prière que je t'ai apprise sur mes genoux.* Tu m'as promis, il y a longtemps de le dire chaque jour. J'espère que tu n'y manqueras jamais, jamais ! »

Au commencement de mars, Henri reçut la dernière lettre de sa mère.

— « Je te remercie, cher enfant, des vœux que tu fais pour

ma santé. J'espère que Dieu écoutera les prières d'un bon fils et que tu seras exaucé. Pour moi, mon ami, mon vœu le plus ardent, *c'est que tu sois bon chrétien toujours! Sans cela il ne peut y avoir de bonheur pour toi ni en ce monde ni en l'autre.* Demande souvent cette grâce à la Sainte Vierge : elle te l'obtiendra. C'est dans cette intention que je t'ai si souvent recommandé de ne jamais oublier de réciter chaque jour le *Souvenez-vous!...*

« Les notes de ton bulletin sont bonnes, mais les places médiocres. Tu peux faire mieux, si tu veux t'appliquer davantage. Je te félicite de ton élévation à la dignité d'enfant de chœur. Puisque c'est une récompense, cela prouve que ces messieurs sont contents de toi. Mais laisse-moi te gronder aussi pour ton ignorance religieuse. Comment! sur douze élèves, tu es le douzième! le dernier de tous! *Cela m'a fait beaucoup de peine.* Fais en sorte, mon Henri, que ce soit la dernière fois. Catherine te souhaite une bonne année et ne t'oublie pas. Ma santé est meilleure depuis quelques jours. Mes palpitations sont moins fortes. Je suis plus contente de moi et j'espère que ce mieux ne s'arrêtera pas là. Adieu, mon cher enfant, sois sage! Aime le bon Dieu de tout ton cœur, prie la Sainte Vierge tous les jours, et crois à la vive tendresse de ta bonne mère qui te presse sur son cœur. »

Cet adieu devait être le dernier!

Le pauvre Henri ne devait plus revoir sa mère en ce monde. Le 21 mars 1847, à peine âgée de quarante ans, elle mourut très saintement à Nice. Dieu permit qu'à ses derniers moments, elle fût assistée par un Père jésuite nommé Grangette, lequel, depuis lors, demeura toujours en relation d'amitié avec M. Joyard et son jeune fils.

Malgré la légèreté de son caractère et son jeune âge, ce dernier qui avait un cœur extrêmement sensible, ne put jamais se consoler entièrement de la perte de sa mère. Il en garda au cœur une blessure qui se rouvrait encore dans les dernières années de sa vie. A soixante-sept ans, revenant sur le passé, pendant une de ses retraites : « Ce qui m'a le plus manqué, écrivait-il, à une époque de ma vie, c'est ma mère ! »

Peut-être faut-il attribuer au sentiment de cette cruelle privation, l'inoubliable accent qui animait sa parole, chaque fois qu'il s'adressait à un auditoire de Mères chrétiennes. « J'ai entendu bien des prédicateurs de Mères chrétiennes, disait une vieille dame fort distinguée, jamais aucune parole ne m'a touchée et remuée comme celle du P. Joyard. »

IV

LE COLLÈGE D'ANNONAY. — UN PÈRE VIGILANT.

Au commencement de l'année scolaire 1848-1849, M. Joyard conduisit Henri au collège d'Annonay, dirigé par les Pères Basiliens. Les études y étaient poussées avec vigueur et la dicipline plutôt sévère. Il semble que M. Joyard se décida à confier son fils aux Basiliens, surtout parce qu'il désirait le rapprocher de la famille maternelle de l'enfant. La proximité de ses oncles et de ses tantes ne pouvait avoir qu'une salutaire influence sur Henri, et lui procurer beaucoup d'agrément. La famille Lioud, en effet, comptait parmi les plus honorables et les plus solidement chrétiennes de la petite ville.

L'excellent officier écrivait souvent à son fils. Henri avait eu, selon l'expression de son père, « l'honneur d'être élevé à la dignité d'oncle ». Aussi, lui donnait-il des nouvelles de sa petite nièce.

— « Ta nièce est de plus en plus joufflue. Ses progrès ne se font qu'en volume ; elle ne marche pas encore ; elle ne quitte le sein de sa mère que pour dormir et pousser des cris de Mélusine. Je crains qu'elle n'éclate dans sa peau, tant elle est tendue. Catherine ne veut pas être oubliée auprès de toi et t'envoie mille tendresses qu'elle voudrait bien accompagner d'autant de pots de confiture. »

Après cela viennent les nouvelles de la politique.

— « Je ne pense pas que le souci des élections pour la Présidence de la République trouble beaucoup ton sommeil. Cependant en ta qualité de Carpentrassien tu ne seras pas fâché d'apprendre le résultat de l'élection dans ton pays. »

Et nous apprenons nous-mêmes :

« Que les deux tiers seulement des inscrits ont pris part au vote, auquel ont aussi concouru 840 soldats de la garnison. Le général Cavaignac et Louis Napoléon ont réuni le même nombre de suffrages : 1046. Raspail est arrivé au chiffre respectable de 513. Ledru-Rollin est monté jusqu'à 31, Lamartine est resté à 3 ! et Charles Dupin a obtenu un suffrage ! »

Après avoir noté ces divers résultats il terminait :

— « Nous sommes fort tranquilles pour le moment, mais tu as su que Mormoiron [1] s'est dernièrement insurgé contre l'autorité qui n'a pas voulu lui reconnaître le droit de chasser le pauvre curé Joannis. On vient de punir le village en lui enlevant poudre et fusils. Il paraît que l'opération s'est faite sans difficulté, grâce à un détachement de bonnes troupes. Reste à savoir si le pauvre curé pourra rester tranquille et vaquer à son saint ministère parmi ces forcenés ! »

Heureux temps, charmante république, qui nous les rendra ? Aujourd'hui les « bonnes troupes » sont occupées à chasser les religieuses de leur couvent et les curés de leur presbytère !

Après trois mois d'application sérieuse au travail, Henri commençait à se relâcher. Il rêvait beaucoup plus qu'il ne travaillait. Je ne sais quels récits de bataille avaient en-

---

1. Commune voisine de Carpentras où la famille Joyard avait une propriété.

flammé son cerveau. Il voulait être soldat ! soldat, c'est-à-dire brillant officier, l'épée au poing en tête d'un régiment. Et de fait, son humeur batailleuse, son caractère décidé, son masque de jeune Bonaparte, son ardeur endiablée à tous les jeux, et, plus encore, l'espèce de fascination qu'il exerçait sur ses camarades, tout semblait le destiner à la gloire militaire.

— « Il fallait le voir, raconte un ancien élève, au milieu de la cour de récréation ! La tête nue, la figure enflammée, l'œil étincelant, il semblait un général au milieu de ses troupes : il faisait marcher toute sa division. Quelque peu redouté parce qu'il avait le poing vigoureux, le verbe facile et caustique, il était encore plus aimé à cause de sa fougue primesautière, de son entrain et de son bon cœur. » Aussi tout le monde subissait-il son action autour de lui. Le nom d'Henri Joyard était sur toutes les lèvres. Il jouissait d'une popularité qui n'était pas sans inquiéter quelque peu messieurs les surveillants. Heureusement pour eux que l'ex-officier des Gardes veillait au grain. Aux premières ouvertures d'Henri, à propos de Saint-Cyr, il répondit d'un ton moitié plaisant, moitié sérieux :

— « Tu veux absolument embrasser la carrière militaire : à la bonne heure ! Mais continue toujours tes études. En t'y appliquant de toutes tes forces tu deviendras d'autant plus capable de faire ton chemin. Évite donc, cher enfant, de sautiller d'une chose à l'autre, parce qu'il en résulterait immanquablement que tu ne serais bientôt qu'un *propre-à-rien*. Mets-moi cela dans la tête, parce que c'est la vérité : *De bonnes et fortes études classiques disposent et conduisent à tout...* Mais enfin, si tu y tiens, pendant les prochaines vacances je te ferai étudier la théorie, manière de distraction ! !...

« Sérieusement, pauvre enfant, par le temps qui court, nul ne peut savoir s'il pourra choisir une carrière. Dieu seul peut sauver notre malheureux pays! »

Henri cependant ne renonçait pas à ses rêves de soldat. Son père lui appliqua une seconde douche :

— « Tu me parles encore de ton désir d'embrasser la carrière des armes. Écoute! si ta vocation est bien prononcée, je ne m'y opposerai pas. Mais mon devoir est de bien éclairer ton choix, en te faisant profiter de mon expérience. Tous les jeunes gens veulent être officiers! Ils les voient défiler en tête de leurs escadrons, propres, luisants, coquets. Ce coup d'œil flatteur fascine aisément l'imagination, mais ce n'est là, mon pauvre Henri, qu'un très insignifiant aperçu de la vie militaire. Tu peux m'en croire, La profession des armes entraîne les plus terribles dangers, pour les caractères légers et faciles comme le tien. Applique-toi de toutes tes forces à bien profiter de tes études, à acquérir le don précieux d'une maturité précoce et d'une ferme et ardente foi religieuse. Je ne serai pas longtemps à te diriger, je le sens. Mais si tu suis mes conseils, tu pourras te suffire à toi-même. »

Ces conseils trop remplis de sagesse ne furent guère goûtés du jeune collégien. Découragé dans ses rêves d'avenir, dégoûté de l'étude, il eut, au bout du trimestre, un bulletin et des notes *ultra-médiocres.*

— « Comment, mon fils! lui écrit son père, c'est ainsi que tu gardes le souvenir de ta bonne et sainte mère! C'est ainsi que tu es fidèle à la résolution de t'appliquer à consoler ton vieux père. En trois mois tu arrives à un mauvais bulletin!... et sans ta facilité naturelle, tu serais le dernier de ta classe!... Et puis, comme le grec ne sert de rien à Saint-Cyr, et que tu n'y es pas fort, tu demandes à ne plus l'étudier! Tu me prends donc pour un imbécile pour oser me faire des contes pareils? Rien ne s'apprend sans travail. Je vois que tu es dégoûté du grec, parce que tu es un paresseux et que tu as perdu ce que tu possédais de cette langue, où naguère tu obtenais de beaux succès. Non! je ne veux point que tu quittes l'étude du grec. Tu es faible : travaille à devenir fort. Tu ne cherches que des prétextes pour faire d'incomplètes études. Mais je ne peux pas me prêter à ces dangereuses fantaisies. Mon devoir est de te parler comme je le fais. Conclusion. Ta bonne maman et ta tante, croyant que tes maîtres sont très contents de toi m'ont écrit de mettre 20 francs, en leur nom, dans ta petite bourse. J'attendrai le prochain bulletin avant de prendre un parti sur ce point. C'est une récompense : il faut que tu la mérites. Sinon, je ne mettrai pas un rouge liard dans ton porte-monnaie. Cette considération, peut-être, te fera accorder un peu plus d'attention à ma morale. »

V

L'ORAGE!...

M. Joyard ne pouvait se résigner à voir son fils devenir un sujet médiocre et peut-être pire encore. Redoutant pour lui les entraînements, auxquels son extrême sensibilité et sa nature bouillante ne manqueraient point de l'exposer plus tard, il ne cessait de le relancer au travail. Henri qui au fond, avait bon cœur faisait quelques sérieux efforts, mais bientôt, paresse et découragement s'emparaient de lui. Il était humilié et blessé du peu de confiance que lui témoignait son père. D'autre part, la discipline du collège lui pesait, et c'est de mauvaise grâce qu'il rongeait son frein. En dehors des récréations, où il se dépensait toujours avec son entrain et sa fougue ordinaires, il sabrait ses devoirs, et passait la meilleure partie de son temps, à rêver de Saint-Cyr ou à broyer du noir, à moins pourtant qu'il ne fût occupé à imaginer des espiègleries, pour amuser ses condisciples au dépens de messieurs les maîtres d'étude.

Les cousins d'Henri, au contraire, surtout le jeune Amédée, étaient des enfants exemplaires, irréprochables pour le travail et la piété. Il est assez probable qu'on dût souvent inviter Henri à imiter leur bonne conduite. Les jours de congé, Henri les passait avec ses cousins auprès de sa grand'tante. Mme Françoise Lioud, femme très digne et très

vertueuse, mais d'une vigilance prompte à s'alarmer des
moindres écarts. Elle fit à son étourdi petit-neveu des
observations plutôt sévères. Henri les prit assez mal. Il
s'imagina même que le cher cousin Amédée avait dû le
moucharder auprès de sa tante. Il résolut de se venger,
mais non sans une déclaration de guerre préalable, formulée dans un billet ainsi conçu :

— « *Tu es un bigot ! tu joins les mains comme une fille,
tu baisses les yeux quand tu fais ta prière. Tu as un air jésuite, etc., etc. A la première occasion tu recevras de mes
nouvelles.* »

Or il arriva qu'une sœur d'Amédée, aujourd'hui religieuse
du Sacré-Cœur (c'est d'elle que nous tenons ces détails),
visitant, le soir, les vêtements de son frère, trouva le fameux billet dans une poche du paletot. Elle en fut scan-
dalisée, comme bien on pense, et elle n'eut rien de plus
pressé que de signaler le flagrant délit et la pièce de conviction à la terrible grand'mère.

Entre temps, l'affaire entre Henri et Amédée avait été réglée par une paire de gifles, dont ce dernier eut la charité
de ne souffler mot.

Le coupable dut comparaître devant la grand'tante : le
billet accusateur était entre ses mains ! La tête basse, il lui
fallut subir les plus sévères reproches. Peut-être les eût-il
acceptés sans trop de peine ; sa conscience lui disait qu'il
les avait bien mérités. Par malheur, la grand'tante laissa
échapper cette parole : « Pauvre Térèse, elle a bien mal
élevé ce garçon-là. » Ce blâme infligé à cette mère qu'il aimait et vénérait comme une sainte, blessa au vif le cœur
d'Henri, comme une injustice criante. Rouge de honte et de
confusion, il sortit de la maison de sa tante en se jurant à
lui-même de n'y plus remettre les pieds. Et il tint parole

quoiqu'il lui en coûtât beaucoup, avouait-il plus tard, de ne plus partager les bons goûters de ses cousins et les friandises qu'on lui servait les jours de congé!

Vingt ans plus tard, le P. Joyard passant à Lyon se rendit au magasin, où travaillait son cousin Amédée, et lui sautant au cou, il lui demanda pardon, avec une touchante humilité, des sottises de sa jeunesse et de ses méchants procédés.

Cependant Mme Lioud ne s'en tint pas là. Effrayée des tendances qu'elle croyait remarquer dans son petit-neveu, elle prévint le digne M. Tourvielle d'avoir à surveiller cet enfant de très près. De son côté, elle fit défense à ses petits-fils de fréquenter désormais le trop dangereux cousin. L'avis donné au supérieur du collège ne lui apprit rien qu'il ne connût déjà. L'étourderie et l'insubordination d'Henri Joyard lui attiraient force réprimandes, pensums et punitions de toutes sortes; Henri n'en garda jamais rancune et il eut toujours pour ses anciens maîtres la plus respectueuse reconnaissance.

Ce que nous allons raconter, sur la foi d'un témoin, ne saurait être un blâme infligé à ces excellents maîtres et éducateurs de la jeunesse d'autrefois.

— « La discipline du collège était fort sévère. Lorsqu'un mauvais élève avait mérité la note très mal, ce que l'on appelait *un pessime*, on le faisait mettre à genoux au milieu du réfectoire, et l'un des surveillants lui appliquait un magistral soufflet. Si la faute était un cas de récidive, on le montrait du doigt, comme un criminel au pilori, et d'une voix tonnante on criait aux élèves consternés :

— « Regardez-le! Regardez-le bien! Il a eu deux fois *pessime!* Si un jour il fait mourir sa mère de chagrin, s'il déshonore le nom de son père, s'il périt lui-même sur l'échafaud, faudra-t-il s'en étonner?... Malheureux, que deviendrez-vous? »

A ceux qui seraient tentés de sourire ou de s'inscrire en faux, nous pourrions citer un honorable sexagénaire à qui il arriva, étant pensionnaire chez un bon curé, de subir exactement le *même châtiment* précédé de la *même admonition*, parce que, profitant de l'absence du maître, il était allé sans permission, prendre un bain dans la rivière voisine. Or ce très digne curé était un ancien *professeur auxiliaire du collège d'Annonay.*

Henri Joyard eut-il à subir l'humiliation publique dont nous venons de parler, nous l'ignorons. Nous savons seulement qu'un jour, le digne abbé Tourvielle, à la suite de je ne sais quel acte d'insubordination, le fit appeler dans sa chambre et le fustigea de sa propre main, avec un fouet de chanvre!... A un moment donné, on était si mécontent de lui, qu'il fut question de le renvoyer à son père. M. Tourvielle crut devoir auparavant en prévenir la vénérée Fondatrice de la Grande Providence. La sainte religieuse avait deviné les riches qualités d'esprit et de cœur, qui germaient au fond de ce tempérament sensible et fougueux. Elle intercéda en faveur d'Henri :

— « Gardez-le, dit-elle au supérieur. Ne le renvoyez pas. Vous verrez qu'il tournera bien plus tard. Sa mère était une sainte! Et elle a eu toute sa vie, et, *à l'heure de la mort surtout, le pressentiment que son fils serait prêtre un jour.* »

M. Tourvielle se laissa fléchir. La prédiction de la tante vénérée devait se réaliser plus tard. Mais rien, à ce moment-là, ne le faisait encore prévoir.

Les vacances qui suivirent furent plutôt mauvaises. Le collégien cherchait à échapper à la vigilance de son père.

Avant de revenir à Carpentras, il avait eu soin de se commander, sans en dire un mot à qui que ce fût, un vêtement de fantaisie, coupé à la dernière mode, et qui lui seyait à merveille. Il tenait à se donner l'allure d'un jeune homme élégant. Il prit goût à des habitudes dépensières. Sa sœur et son beau-frère lui fournissaient volontiers de l'argent mignon ; au besoin, il pouvait faire et il fit quelques emprunts secrets à la bourse de Catherine, trop heureuse et trop fière d'avoir un tel débiteur, pour avoir même la pensée d'avertir l'austère papa. Henri se lia avec des camarades pas trop recommandables et on le vit plusieurs fois, en leur compagnie, fréquenter certains cafés pour s'y livrer à de petites débauches ; débauches que son père ne manqua pas de lui rappeler plus tard en lui reprochant « son amour pour la *godaillerie* ».

Enfin il contracta l'habitude de fumer en cachette. C'est le premier acte de tout collégien qui prétend à ses lettres d'émancipation. Pour avoir le droit de se considérer comme un homme libre et courageux, c'est bien le moins qu'on puisse fumer un mauvais cigare jusqu'au bout, sans avoir mal au cœur.

Ces détails peu édifiants, sur la façon dont Henri passa les vacances qui précédèrent sa rhétorique, nous sont connus par la correspondance paternelle. Il paraît que peu de temps après la rentrée de son fils à Annonay, le vieil officier fut mis au courant de la plupart des frasques du jeune étourdi.

Quelques semaines après la rentrée, il lui écrivait :

— « Il m'est survenu au genou un anthrax, heureusement bénin, qui m'a causé des douleurs aiguës et donné trois ou quatre jours de fièvre violente. Si cet anthrax, m'a dit le docteur, au lieu d'être bénin, eût été d'une nature maligne, mon affaire était faite dans les vingt-quatre heures. Ta

lettre, malheureux enfant, me fait presque regretter qu'il
n'en ait pas été ainsi, car je prévois pour toi un avenir dé-
plorable! Il y a chez toi de l'étoffe; tu pourrais devenir
l'exemple de tes camarades, l'honneur et la consolation de
ma vieillesse, et voici que de propos délibéré tu t'embarques
dans une voie funeste. Tu t'exposes de nouveau à être
expulsé du collège, et cela... pour le plaisir d'organiser un
chahut! Ah! si la tendresse, que tu prétends avoir pour moi,
se borne à me griffonner quelques banalités que tu ne peux
te dispenser de m'écrire, je t'en tiens quitte!...

« Henri, Henri, je tremble pour ton avenir et je te prédis
que tu pleureras un jour, avec des larmes de sang, le dédain
des leçons de tes respectables maîtres et de mes conseils, et
tu les pleureras en vain! Il ne sera plus temps!... je t'engage à réfléchir sur ce que je te répète ici, pour la millième
fois et à demander à Dieu la grâce de ne pas désespérer
ton père. »

VI

RETOUR DU PRODIGUE. — BACHELIER ET NOVICE.

Emu du profond chagrin de son père et sachant qu'il relevait à peine d'une maladie grave, Henri lui écrivit une lettre pleine de larmes et de repentir, où il implorait humblement son pardon. M. Joyard ne souhaitait rien tant que de pouvoir l'accorder.

Dès qu'il connut les regrets de son fils il lui répondit :

— « Je te crois sincère, mon cher enfant, et mon cœur ne demande pas mieux que d'espérer que tes résolutions auront cette fois de plus profondes racines. Dieu le veuille ! Et il ne dépendra que de toi que ma vie soit encore heureuse. Tiens ! pour récompenser ta bonne lettre qui n'a d'autres défauts que d'être écrite en pattes de mouche, et avec je ne sais quelle substance guère plus noire que l'eau, je vais t'annoncer une bonne nouvelle. Ton oncle Angel [1] est auprès de moi depuis avant-hier au soir, jusqu'à la première quinzaine de mai, époque où il escortera ta sœur et ses enfants, et *ils iront t'embrasser en passant*. Applique-toi à mériter les éloges de tes respectables maîtres. Mon-

1. Angel Joyard, peintre de talent qui fit le portrait d'Henri, de son père, de sa mère et même celui de Catherine.

Henri Joyard à l'âge de 17 ans.
D'après un tableau peint par son oncle Angel Joyard.

tre-toi désormais parfait chrétien et bon écolier, et, à quelque carrière que te destine la Providence, cela y sera une bonne introduction. J'ai tenu à te répondre tout de suite pour calmer ta tête qui me paraît un peu fatiguée. Sois fidèle à tes bonnes résolutions, Dieu te bénira et nous serons heureux, consolés par toi. »

Henri se le tint pour dit. Il ne cessa plus de mériter des bulletins de plus en plus satisfaisants ; aussi recevait-il des lettres de plus en plus fréquentes, pleines d'affection. La note plaisante y faisait rarement défaut.

— « Ta sœur m'a effectivement rendu bon compte de toi, dont elle a été charmée. Je regrette qu'elle ne t'ait pas amené ma grosse Térèse, ma chérie, que tu parais condamné à ne voir qu'après ta philosophie[1]. Ta sœur m'a conté avec des éclats de rire, la charge à fond que tu as exécutée sur les restes des victuailles, et dont tu avais oublié de te vanter dans ta lettre du 23. Je trouve bien que tu as un peu manqué à la dignité d'un rhétoricien ; mais après tout (Henri était à l'infirmerie), le rôti froid vaut mieux que la tisane, voire que ces vilaines bêtes de sangsues. J'aime à croire que ton oncle n'aura pas été trop scandalisé. Mais si Térèse eût été là, je doute qu'elle t'eût laissé manœuvrer en toute liberté. Quant à Catherine à qui j'ai conté cet épisode, elle en a été enthousiasmée — « Parlez-moi de cela, s'est-elle écriée. Celui-là ne laissera pas manger sa soupe par les autres ! »

« J'espère que tu seras content de cette brillante métaphore de cuisinière. Elle est bien touchée de ton souvenir et me recommande de te dire qu'elle *se languit* de te voir ; mais je ne

1. Henri devait passer les vacances à Chalon-sur-Saône auprès de sa grand'mère et de sa tante Pagès et en compagnie de l'oncle Angel.

m'aperçois pas que cette langueur influe sur son appétit... »

Autre lettre intéressante, parce qu'elle nous apprend que M. Joyard menait presque la vie d'un trappiste.

— « Si je ne t'ai pas parlé de ma santé, c'est qu'elle est parfaite. Ma bonne mère m'a tant harcelé que j'ai consenti à prendre le lit de ma pauvre Térèse, et j'y dors si bien depuis le départ de nos voyageurs, que je ne puis trouver la journée assez longue pour tout ce que j'ai à faire. Ces trois heures de sommeil dont j'avais fait, depuis trois ans le sacrifice, *me levant constamment entre 2 et 3 heures du matin, me dérangent fort, et je crois que je finirai par reprendre mon grabat*. Je n'ai plus de spasmes et mon appétit, sans valoir celui de Catherine, est satisfaisant. Il ne reste que ma maigreur, qui est tout à fait phénoménale, mais j'ai renoncé à l'effet du point de vue flatteur; c'est le moindre de mes soucis. Quand le matin, pour ouvrir mes contrevents, je passe en robe de chambre de dragon, devant l'armoire à glace, il me semble assister à la résurrection de Lazare !

« Je veux laisser à ta sœur le plaisir de te conter la journée de délices qu'elle a passée à Dijon, pour l'inauguration du chemin de fer, sous l'escorte du cher oncle Angel... Impossibilité de trouver un lit... L'oncle allant à l'assaut enlever un canard dur comme la pierre et qu'ils ont dévoré jusqu'à l'ivoire ! Deux cent mille coups de poings ou de pieds, en supposant que dans la bousculade chacun des curieux ne leur en ait donné que deux; soleil, poussière, fatigue extrême, nuit passée sur un banc, enfin journée à en mourir !!! J'avais prévu tout cela moi qui ai eu l'honneur d'assister au sacre de Charles X et qui connais l'effet de ces énormes affluences de curieux : mais enfin ta sœur a vu le *Président de la République*, qu'elle avait un extrême désir de contempler, et la voilà bien avancée! Ce que j'admire le plus c'est l'héroïsme de l'oncle à l'assaut du canard... »

En lisant ces détails pleins d'humour Henri devait rire de tout son cœur. Il n'en était que mieux disposé à accueillir les conseils que l'excellent homme ne manquait guère de glisser en tête ou en queue de ces savoureuses épîtres :

— « Il faudra travailler régulièrement, ne point perdre le fruit de l'application dont tu te trouves si bien et te mettre en mesure de terminer tes études cloîtrées, par une glorieuse année de philosophie!... Ces dernières années scolaires sont bien importantes pour toi; elles vont fixer ton avenir et déterminer ta vocation, sur laquelle nous ne devons pas cesser de demander à Dieu de nous éclairer. C'est une affaire bien sérieuse. »

Il lui écrivait encore vers la fin de juillet :

— « Oui, mon cher Henri, ta bonne lettre du 24 m'a fait un sensible plaisir par les bonnes dispositions où je te vois maintenant. Je pense que le doute, que tu parais avoir, du bonheur que me causent tes succès, est une petite ruse oratoire. On n'est pas rhétoricien impunément. Tu fais très sagement de te remettre à l'arithmétique et de te la fixer dans la tête... J'ai fait tes honneurs à Catherine qui me prie de te dire qu'elle se *languit* de plus en plus de te revoir. Il paraît qu'elle avait rêvé de toi la nuit précédente... T'ai-je dit qu'à la fin du mois dernier, je suis allé passer avec Mlle Catherine, la journée à Mormoiron, où tu sais que les *magnans* ont fait fiasco. Mlle Catherine perchée sur les arbres a fait une razzia d'*Egriottes* pour en faire des confitures à l'intention de M. Henri, dont elle parle sans cesse. Juge si elle est fière de ton bon souvenir! »

L'année scolaire touchait à sa fin. Elle se termina beaucoup mieux qu'elle n'avait commencé. L'heureux changement survenu dans le pétulant rhétoricien était dû, sans doute, en partie à ses efforts personnels, en partie aux conseils, à l'incessante et énergique influence de son père; il était surtout l'œuvre de la grâce. Quelle lumière s'était faite dans l'esprit du jeune homme? Que s'était-il passé entre lui et Dieu ? Nous l'ignorons.

Son père, qui le savait imaginatif et prompt à l'enthousiasme, accueillit d'abord assez froidement les premières ouvertures qu'il lui fit, au sujet de son désir de quitter le monde pour se donner à Dieu : il y voyait un simple accès de ferveur qui ne tarderait pas à s'évanouir. Quand il s'aperçut que cette idée prenait corps dans l'esprit de son fils, et surtout, qu'elle opérait dans sa conduite une amélioration toujours plus radicale, il écrivit à Henri qu'il ne s'opposerait jamais à son entrée dans cette sainte carrière. Il l'engagea à prier beaucoup et à se servir de l'intercession de sa sainte mère pour connaître les desseins de Dieu sur lui.

Son avis, enfin, était qu'il ne devait rien conclure « *avant d'avoir fini ses études et conquis le diplôme de bachelier, à quoi il tenait absolument* ».

Une retraite prêchée à la rentrée scolaire, avec beaucoup d'éloquence et de fruit, acheva de convaincre Henri qu'il devait quitter le monde pour assurer son salut. Il reprit donc le cours de ses études avec cette double préoccupation : être prêtre, mais d'abord devenir bachelier. Être prêtre dans le monde ou dans la vie religieuse.

Irait-il à Saint-Sulpice, comme le projetait M. de Chazotte son ami intime, ou bien entrerait-il dans quelque ordre religieux? Bien qu'il se fût moqué jadis de son cousin Amédée en l'appelant jésuite, il avait appris à connaître et à aimer la Compagnie de Jésus, ne fût-ce que par les rapports que sa famille entretenait, soit avec le P. de Jocas, originaire de Carpentras, soit avec le P. Grangette, le confesseur de sa mère, resté le correspondant et l'ami de son père.

L'auréole de gloire qui ceignait le front de Lacordaire, alors dans tout l'éclat de sa prestigieuse éloquence, l'eût peut-être attiré vers les fils de saint Dominique. Mais, à l'inverse de beaucoup d'autres, la robe blanche et le manteau noir des Frères Prêcheurs, l'effrayaient un peu. Il lui semblait, disait-il plus tard, qu'il se fût trouvé dépaysé dans l'ampleur de ce beau costume monacal, si bien fait pour les mouvements de la grande éloquence. Or Henri, ne se sentit jamais beaucoup de goût pour le genre de prédication qu'il appelait, non sans un peu de malice, *la prédication décorative*. Certes, sa parole ne manquait ni de feu, ni de couleur, ni d'élévation : encore semble-t-il qu'il était né causeur plus qu'orateur aux grandes envolées.

Ce n'est guère qu'un mois ou deux, avant de se présenter à l'examen du baccalauréat, qu'il arrêta définitivement son choix. Tout d'abord il fallait conquérir le fameux diplôme ! *To be or not to be*, être ou n'être pas... bachelier, c'était le redoutable point d'interrogation qui ne cessait de l'obséder, à mesure que le jour de l'échéance devenait plus proche. Échouer piteusement, c'était désoler son père, humilier l'orgueil paternel et mettre son amour-propre à lui, en très mauvaise posture. Il n'y avait pas six mois qu'un certain Émile, son cousin et son ami, avait ébloui, fasciné le Jury (on le disait du moins), par l'à propos et la clarté de ses réponses. Le bruit de son succès avait réveillé tous les échos de Carpentras et des environs. Ce fut un événement. Depuis lors, quand il passait triomphalement dans les rues, il n'était pas jusqu'aux cuisinières des bonnes maisons qui ne se le montrassent du doigt :

— « M. Émile, il est bachelier, ma chère, bachelier ! »

Et Catherine jalouse des sourires d'admiration qui saluaient la jeune gloire du cousin Émile, prédisait qu'Henri réussirait du premier coup, tandis qu'Émile avait dû « s'essayer deux fois ».

— « Vous verrez! vous verrez, disait-elle : il a plus d'esprit dans son petit doigt que l'autre dans tout son corps, c'est moi qui vous le dis : je le connais! »

Henri n'était pas aussi rassuré que la brave Catherine. Le premier jour du mois de Marie il prit une grande résolution. Depuis que sa mère lui avait appris le *Souvenez-vous*, il n'avait jamais cessé de le réciter chaque jour. Sa principale dévotion était la dévotion à la Sainte Vierge. Durant tout le mois de mai, s'arrachant soudain à l'ardeur du jeu, Henri réussissait à s'évader, au risque d'être puni, ce qui arriva plus d'une fois. Sans demander permission, sans rien dire à personne, il se glissait dans la chapelle, et allait s'agenouiller devant une statue de la Très Sainte Vierge. Après avoir, lentement et en y mettant toute son âme et tout son cœur, récité le *Souvenez-vous*, il ajoutait : « Ma Bonne Mère, obtenez-moi la grâce d'être reçu bachelier. Si vous m'exaucez, je vous fais la promesse solennelle d'être jésuite et d'entrer au noviciat, cette année même; si mon père veut bien me le permettre.

Et il continuait à travailler plein d'espoir et de confiance. Le 30 juin, Henri écrivit à son père pour lui annoncer que le 6 du mois suivant il comparaîtrait devant le jury de la Faculté des lettres de Lyon. Après l'avoir remercié des vêtements neufs, qu'il avait eu la délicatesse de lui envoyer pour la circonstance, il lui ouvrait toute son âme. En termes touchants, il le conjurait de lui pardonner, d'oublier toutes les tristesses qu'il lui avait si souvent causées, par sa légèreté, sa paresse et son mauvais caractère. Puis, le mettant au courant du travail qui s'opérait dans son âme, depuis cette retraite où il s'était si franchement donné à Dieu, il lui racontait comment, aux pieds de la Sainte Vierge, pendant trente et un jours consécutifs, il avait formulé, pour le cas où il réussirait à son examen, la promesse solennelle d'entrer dans la Compagnie de Jésus. Enfin, il lui demandait avec confiance, de vouloir bien approuver et ratifier l'engagement qu'il avait pris « bien persuadé, disait-il, que la Bonne Mère, par la faveur qu'il réclamait, lui ferait du même coup connaître les desseins de Dieu sur lui [1] ».

Le 8 juillet, avant de partir pour Chalon-sur-Saône, où il devait passer quelques jours chez sa bonne maman, il informa le vieil officier de son plein succès.

Voici la réponse qu'il en reçut :

— « La dernière lettre que tu m'as écrite d'Annonay, mon cher enfant, et que j'ai reçue le 2 de ce mois, a inondé mon âme de consolation. Je me suis empressé de faire célébrer une messe d'action de grâces.

« Certes, ce n'est pas chez moi que tu trouveras la moindre opposition, et mon cœur sera bien *autrement consolé en te sachant dans cette sainte carrière*, qu'il ne le *serait par la conduite même la plus régulière dans le monde, où elle serait si difficile à tenir*. Oui ! mon enfant, je t'approuve de toutes mes forces ; je te bénis ; je demande à Dieu de te bénir. et tout en me remettant aux avis que tu auras reçus, je te supplie de ne point perdre de temps pour exécuter tes résolutions !... »

« Ta lettre du 8, que je reçois à l'instant, a mis le sceau à ce qui peut-être, à présent, mon bonheur, et dont il est juste que tu fasses jouir ma bonne mère qui t'aime si

---

1. Raconté par le P. Joyard lui-même.

tendrement. Je me suis hâté de donner cette grande nouvelle à Catherine d'abord, car elle était la plus proche de moi et dans une anxiété qui m'impatientait très positivement. Elle a poussé des exclamations et des cris de joie de ce succès *du premier coup!* De là, j'en ai informé M. Fortunet, puis ta sœur qui avait une sorte de fièvre d'impatience, et puis enfin le bon abbé *qui seul sait tout...* Pour comble de bonheur l'abbé Tourvieille m'a écrit que tu as laissé de bons souvenirs au collège.

« Adieu, cher enfant! présente mes tendres respects à ta bonne maman et fais toutes mes tendresses à toute la famille. Tu sais que tu trouveras un de mes neveux Pagès, dans la sainte milice où tu vas t'enrôler. Le bon P. Grangette est dans la maison de Marseille. Adieu! je te presse sur mon cœur ». — M. Joyard était un de ces hommes qui ne transigent point avec le devoir quand le devoir a parlé. Dieu appelle son fils; la vocation d'Henri paraît sérieuse; il suffit. Le noble officier ne se croit point le droit de retarder, même d'une semaine, l'entrée d'Henri en religion.

Lui-même, à la fin de juillet, voulut le conduire et le présenter au supérieur des R.R. P.P. Jésuites, à Avignon. Ils furent reçus, l'un et l'autre, par le R. P. Ribeaux recteur et le P. Albéric de Foresta, maître des novices. Il fut convenu entre eux qu'Henri viendrait assister à la fête de Saint-Ignace et que, le soir même, il commencerait sa retraite de probation.

Le jeune postulant parut donc au réfectoire avec la communauté, charma tout le monde par sa belle tournure et sa joyeuse humeur; de plus, il fit grand honneur au dîner. Un bon vieux frère, qui fut son plus proche voisin à Canterbury, se rappelle encore la réflexion qu'il lui glissa dans l'oreille à la fin du repas :

— « Mais on est fort bien ici! Est-ce votre menu de tous les jours? »

Au nᵒ 14 de la rue Saint-Marc, s'élevait l'ancien hôtel Calvière acheté par les Pères Jésuites et à peu près complètement modifié, en 1851, sous le gouvernement du R. P. Barelle. On lui donnait communément le nom de *Maison ecclésiastique*. Elle comprenait Résidence et Noviciat. Le R. P. Louis Ribeaux, qui la gouvernait en ce moment, appartenait à cette génération de religieux dont le zèle apostolique, la parfaite distinction, la haute vertu contribuèrent puissamment à restaurer la foi et la vie catholique en France, au lendemain de la Révolution. Aimé et vénéré des bons habitants d'Avignon, où il fut successivement père spirituel, ministre et recteur de la Résidence, c'était un beau vieillard d'une politesse exquise, d'une affabilité simple et charmante qui lui conciliaient promptement la confiance et l'affection.

C'est lui qui, aidé du P. Pascalin, avait organisé, en juillet 1852, les magnifiques fêtes qu'on célébra à Avignon, en l'honneur du B. P. Claver, l'apôtre héroïque des nègres, récemment béatifié. Ce triduum, auquel on donna une très grande solennité, remua toute la ville, au point qu'on vit accourir à la table sainte des foules immenses, où l'on comptait presque autant d'hommes que de femmes.

C'est sous la direction du vénéré P. de Foresta, déjà regardé comme un saint, que le jeune Henri eut le bonheur de faire sa retraite de postulance. Le 5 août, il entrait en communauté et prenait rang parmi les novices.

VII

AU NOVICIAT D'AVIGNON

Lorsque le jeune novice, âgé seulement de dix-sept ans et quelques mois, fut admis dans la Compagnie de Jésus, la Province de Lyon n'avait pas encore été séparée de celle de Toulouse. Elle comptait 37 maisons, dont 25 résidences et 12 collèges : 7 en France, les 5 autres dans les missions de Syrie, des Indes et de l'Amérique ; 927 religieux, parmi lesquels 775 seulement lui appartenaient en propre, formaient le personnel de la Province. Elle avait, au moment de l'entrée d'Henri Joyard, 101 novices avec 3 noviciats : Avignon en comptait 51, Vals 29 et Toulouse 32.

Quelle espérance ! qu'il était beau ce réveil de vie catholique, admirable cet élan d'une jeunesse généreuse, accourant de toutes parts vers la Compagnie de Jésus qu'elle ne connaissait encore que de nom, lui apportant toutes les énergies de son esprit, toutes les flammes de son cœur, pour les mettre au service de Dieu et des âmes !

C'était au lendemain de la liberté d'enseignement si vaillamment conquise par les Montalembert, les Dupanloup, les Veuillot, et tant d'autres. De joyeuses clartés d'aurore semblaient présager une ère prolongée et durable de tranquillité pour les peuples, de prospérité pour l'Église. Le triomphe des saines doctrines paraissait assuré pour bien longtemps. Qui donc eût osé prévoir que, moins de cinquante ans après, sous une forme moins sanglante, mais plus odieuse d'hypocrisie savante et de légalité raffinée, la Révolution sortant des ténèbres, où elle élabore ses projets sataniques, allait saccager, sans merci, ce qu'un demi-siècle d'efforts avait eu tant de peine à remettre debout? Non! ce jeune novice, si rayonnant d'intelligence et de belle humeur, ne soupçonnait pas, qu'à l'aube du xxe siècle, chassé de son pays comme un malfaiteur, il s'en irait à l'étranger mourir de douleur en voyant les ruines amoncelées sur le sol de son pays par les ennemis forcenés de la Religion.

C'est avec bonheur qu'Henri franchit le seuil du noviciat, très reconnaissant d'y être admis et non moins résolu à devenir un digne enfant de saint Ignace.

Il s'empressa d'en informer son père. Désireux de commencer sa nouvelle vie, la conscience libre de toute inquiétude et de tout remords, il dut lui faire un aveu qui ne fut pas sans lui coûter beaucoup. Au temps de ses petites frasques, Henri avait soustrait à son père une certaine somme d'argent. Une autre fois, sachant le faible que Catherine avait pour lui, il en avait profité pour lui faire un emprunt dont il l'avait suppliée de ne rien dire. Catherine avait juré un *silence éternel*. Henri était parti pour le noviciat oubliant de solder sa dette envers la brave fille qui, sûrement, ne songeait pas à la réclamer... Mais, durant sa retraite de postulance, il se rappela ses torts et il se promit de les réparer. Son père répondit aussitôt :

— « Mon cher enfant, la sainte carrière à laquelle Dieu vient de t'appeler n'est point un badinage. Les découragements et les dégoûts ne t'y manqueront pas plus qu'ils ne manquent, hélas! dans le monde; seulement tu trouveras

pour les combattre des forces toujours nouvelles. Mais pour
les mériter, il faut ouvrir à tes saints directeurs ton cœur
tout entier, commencer une vie nouvelle et obtenir *le don
de la sincérité*. C'est par elle que tu te feras bien connaître
à tes directeurs, et que leurs efforts pour t'amener à la
perfection seront plus aisément couronnés de succès. *Point
de cachoterie!* Je crains que tu n'aies commencé par une
faute : celle de m'écrire en cachette, puisque tu me demandes de ne pas répondre à l'aveu humiliant que tu me fais.
Or, je ne puis me prêter à une chose qui me paraîtrait
coupable.

« Je te pardonne de tout mon cœur la faute que tu as com-
mise. Le déficit a été comblé par moi; et je te réponds que
tu m'as fait rudement travailler pour essayer de découvrir d'où il provenait. Dans l'impossibilité d'y réussir,
j'avais fini par te soupçonner et, cette année, tu n'aurais
plus trouvé mes clefs sur ma commode.

« Ainsi n'en parlons plus; je t'en fais cadeau, et tu n'as
aucun remboursement à faire à personne puisque je l'ai
fait; mais vois, pauvre enfant, combien tes penchants
étaient mauvais et quelle grâce il te faut obtenir de Dieu
pour les surmonter tous!... et tu les surmonteras, j'en ai la
douce conviction, en prenant la sincérité entière, pour base
de ta conduite, *en ne cachant rien, absolument rien!* Il faut
que tu te fasses connaître tel que tu es, et repousser comme
une détestable pensée tout désir de dissimuler quoi que
ce soit.

« Adieu, cher enfant, j'ai donné, hier, de tes nouvelles au
P. Grangette. Dis-moi le nom et la qualité du Père à qui
je t'ai remis, et présente-lui mes très humbles respects en
me recommandant à ses prières. Je t'embrasse tendrement. »

Si plus tard, le P. Joyard apporta toujours tant d'ou-

verture d'âme et tant de franchise, dans ses rapports avec
ses supérieurs, tant de loyauté avec ses inférieurs, c'est
qu'il avait été à bonne école et qu'il se rappelait les leçons
reçues de son père.

Peu de jours après son entrée, Henri tomba tout à coup
dans une mélancolie noire accompagnée d'affreux dégoût.
Il lui semblait qu'il venait d'immoler sans retour tout le
bonheur de sa vie, que son existence désormais ne serait
plus qu'un morne cimetière sans fleurs et sans soleil.
Quel est le novice qui, un jour ou l'autre, n'a pas connu
cette tentation? L'âme si impressionnable et si sensible
du pauvre Henri en était troublée et comme écrasée. A
l'air de consternation lugubre qui altérait son visage,
d'ordinaire si épanoui, le R. P. Ribeaux devina ce qui se
passait. Il le fit appeler chez lui. Henri dégonfla son cœur;
il versa quelques larmes et le bon recteur, avec son
paternel sourire et quelques mots pleins de délicatesse et
de douceur, dissipa les noirs fantômes, ramena le calme
et la paix dans le cœur du novice.

Averti de cet incident par son fils lui-même, M. Joyard
lui répondit :

— « Assurément, mon cher enfant, tu éprouveras des
ennuis, des dégoûts, des découragements, mais avec la
grâce divine tu en triompheras! Je te donne ma parole
d'honneur que dans toute autre carrière, tu en éprouverais
cent fois plus et bien autrement violents, avec toutes les
amertumes, tous les remords désespérants et inutiles, que
l'esprit de foi ne te ferait pas vaincre et dont tu serais accablé. Crois-moi, cher ami; tu as choisi la meilleure part,
à tous les points de vue. Tu te relèveras plus fort et plus
courageux des petites épreuves par lesquelles il est à
présumer que Dieu t'éprouvera encore.

« J'ai opéré ton remboursement à Catherine. Catherine a fait quelques difficultés pour recevoir les 12 francs, mais *elle s'y est résignée*. Comme le fait est déjà vieux, puisqu'il date des vacances de 1851, je ne lui ai fait aucun reproche. Ainsi tout va comme tu l'as désiré. Tu seras heureux, cher enfant, je t'en réponds. Hélas! si tu savais ce que valent les joies du monde et combien cruellement il faut les payer, tu prendrais en pitié l'aveuglement de ceux qui les désirent, et sans pouvoir même les obtenir; car elles ne sont pas aisées à atteindre, et les remords cuisants sont le partage de la presque universalité des gens du monde...

« Tu le vois, mon ami, une simple et douce parole du digne P. Ribeaux a suffi pour dissiper les fumées qui déjà s'élevaient de ton cœur. Mais pénètre-toi bien de cette vérité : Ce n'est que, par *une complète et entière sincérité*, que tu peux coopérer à son ouvrage et mériter la bénédiction divine. J'insiste sur ce point qui a toujours été la partie faible en toi, et que tu dois t'appliquer particulièrement à réformer. J'ai fait tout ce qui a dépendu de moi pour t'aider dans ce combat; c'est pourquoi je n'ai pas voulu garder le silence que tu me demandais dans ta lettre du 6. Tu en auras peut-être été contrarié, mais j'ai la conscience d'avoir fait mon devoir!

« Ta bonne maman vient de me répondre; c'est sa troisième lettre de ce mois, et il n'est question que de toi. Tous ses amis la félicitent hautement de ta résolution, et elle vient de l'annoncer à notre tante Angélique, religieuse à Saint-Germain près Paris, qui jamais n'a regretté un seul moment d'être entrée en religion... »

VIII

LA FIÈVRE TYPHOÏDE AU NOVICIAT. — CATHERINE ET LA SAINTE EUCHARISTIE. — CONSEILS ET ENCOURAGEMENTS PATERNELS.

Peu de temps après l'entrée d'Henri à la maison d'Avignon, la fièvre typhoïde éclata, comme un coup de foudre parmi les novices, et fit en peu de jours cinq victimes. Ce fut à ce moment, et tandis que la mort planait encore sur l'infirmerie du noviciat, toute remplie de malades en danger, que le R. P. Bon, nouveau provincial, vint faire sa visite annuelle à la Résidence d'Avignon. Or le jour même où, suivant l'usage, il adressait une exhortation à la communauté, il s'arrêta tout à coup, leva les yeux au ciel et s'écria : « Mon Dieu, s'il vous faut un sacrifice pour détourner le fléau, prenez ma vie, je vous en conjure, mais épargnez mes enfants! » Cette généreuse offrande fut agréée. Des nombreux novices encore malades aucun ne périt : la fièvre disparut. Moins de deux mois après, sur la terre d'Afrique, le R. P. Bon mourait saintement et allait recevoir au ciel la récompense méritée par son généreux holocauste.

Par mesure de précaution, on décida de transférer provisoirement le noviciat, à la maison de campagne de Saint-Chamans. Plusieurs novices furent envoyés dans leur famille pour s'y remettre des suites de la maladie ou des

émotions éprouvées durant ces jours de terreur. Henri
fut de ce nombre. Le R. P. de Foresta écrivit à M. Joyard
pour lui annoncer la prochaine arrivée de son fils.

« Avignon, 15 octobre 1852. — Monsieur, notre cher frère
Henri éprouve quelque légère indisposition : un peu moins
d'appétit qu'à l'ordinaire et quelque fatigue. C'est peu de
chose, grâce à Dieu. Cependant plusieurs de nos novices
se trouvant malades ou convalescents en ce moment, j'ai
pensé que le meilleur moyen d'obtenir le parfait rétablis-
sement de ce cher fils, ou mieux pour prévenir toute maladie, serait de l'envoyer, pour une huitaine de jours,
auprès de ses bons parents. Ce sont de très courtes vacances que nous lui accordons. J'espère cependant qu'elles
seront agréables à tous, et que ce temps suffira pour que
notre cher novice nous revienne bien vigoureux, et plein
d'une nouvelle ardeur pour la perfection. Sous ce rapport
les bons exemples qu'il trouvera auprès de son excellent
père, me rassurent parfaitement.

« J'ai l'honneur d'être, avec un profond respect, votre
très humble serviteur en Jésus-Christ.

« A. DE FORESTA. S. J. »

Ce court séjour d'Henri sous le toit paternel combla les
vœux de toute la famille et des nombreux amis qu'elle comptait à Carpentras. Sans y prétendre et sans y penser, Henri,
par son entrée en religion, avait conquis dans sa ville natale
un succès de sympathique admiration, bien supérieur à celui
du célèbre cousin Émile. Tout le monde fut ravi de le revoir
dans sa soutane râpée de Jésuite. Nul, on le pense bien,
n'égala la ferveur enthousiaste de la bonne Catherine. Pour
un peu, elle l'eût vénéré comme un nouveau Louis de Gon-

zague, mais un Louis de Gonzague qui savait apprécier, et qui savourait, sans scrupule, les chefs-d'œuvre culinaires qu'elle s'ingéniait à lui préparer. Elle ne se lassait pas de tourner autour de lui et de le contempler dans ce costume sévère qui, du reste, lui seyait à merveille « bien mieux, disait-elle, qu'une tunique d'officier ». Ah ! quel dommage qu'il fût encore trop jeune, *notre bel Henri*, pour dire la messe, monter en chaire et entrer au confessionnal !... Et puis, ce fut un déluge de questions sur le noviciat et tout ce que l'on faisait au noviciat...

Ici se place un nouvel incident, fort curieux, que le bon Père, plus tard, aimait à raconter avec autant d'esprit que de candeur.

Légèrement bavarde, Catherine était néanmoins solidement pieuse. Plus instruite de sa religion qu'un certain nombre de fines dévotes qui se piquent de haute spiritualité, elle aimait extraordinairement l'Eucharistie. Communier, visiter le Très Saint Sacrement, c'était pour elle une fête quotidienne qui ravissait son cœur. Il faut croire, qu'en tête à tête avec un jésuite qui était presque son enfant, puisqu'elle l'avait vu naître, elle n'allait pas manquer d'aborder son sujet favori. Elle voulut donc savoir, où et combien de fois, Henri s'approchait de la Sainte Table. Quand elle apprit que les novices avaient une petite chapelle, à eux particulièrement destinée, avec un autel et un tabernacle :

— Est-ce que vous avez le bon Dieu dans ce tabernacle ? demanda-t-elle.

— Mais, dit Henri, le bon Dieu n'est-il pas partout ?

— Oui, oui, fit-elle, mais ce n'est pas ça que je demande. Notre-Seigneur Jésus-Christ demeure-t-il là avec vous, au milieu de vous ?

— J'avoue qu'alors, disait le P. Joyard, je m'en préoccupais assez peu. D'une façon générale, je savais que l'église est la maison de Dieu : je n'avais pas songé à me représenter Notre-Seigneur dans son Humanité adorable.

— Mais enfin, poursuivit-elle, est-ce qu'il y a une lampe devant votre tabernacle?

— Mais je crois que oui!

— Oh! alors, Monsieur Henri, que vous êtes heureux! Vous pouvez aller trouver Notre-Seigneur quand vous voulez et causer avec Lui, plusieurs fois par jour. Sainte Madeleine ne voulait pas quitter les pieds de son bon Sauveur. Je comprends ça, *pécaïre,* elle ne l'avait pas tous les jours dans sa maison!

Elle disait cela avec un tel accent de foi, un visage si enflammé, que ce fut pour le jeune novice comme une nouvelle révélation de la Sainte Eucharistie. Il y croyait sans doute, comme à tous les autres mystères, mais, pour me servir d'un de ses mots favoris, jusqu'alors il n'avait pas su « *actualiser* sa foi, c'est-à-dire *regarder Notre-Seigneur* et *se faire regarder par Lui;* Lui parler comme à quelqu'un de vivant, que l'on a devant soi, qui nous voit, qui nous connaît à fond, qui s'intéresse à nous, qui nous aime enfin avec tendresse et sans mesure! »

En son langage naïf, sorte de patois mi-français, mi-provençal, la bonne Catherine venait, sans s'en douter, de donner au futur directeur et prédicateur, une leçon qu'il n'oublierait jamais plus; un thème qu'il devait, plus tard, développer avec une ampleur, un charme, une onction dont se souviendront toujours, eux aussi, ceux qui l'ont entendu parler de Notre-Seigneur et du double mouvement nécessaire pour nous mettre en communion avec Lui : *un effort de foi, un effort d'intimité!* Ce fut comme un lever de soleil dans l'âme du jeune novice. Il estima toujours comme une grâce très précieuse cette sorte d'irradiation soudaine qui venait d'illuminer et d'échauffer son cœur. Aussi, quand il revint rejoindre ses compagnons de noviciat, sa première pensée fut pour l'hôte divin du Tabernacle qu'il s'empressa d'aller saluer dans sa prison d'amour. Il savait maintenant où trouver près de lui, un ami sûr et fidèle à qui confier tous ses chagrins intimes, dans ses heures de détresse.

Combien de fois, quand, supérieur à Grenoble, il ouvrait l'étroite lucarne qui de son prie-Dieu lui permettait, sans quitter sa chambre, de jeter les yeux sur la porte dorée du tabernacle; quand, plus tard à Cantorbéry, il passait de son humble cellule à la tribune voisine, pour y faire de fréquentes et douces apparitions devant Notre-Seigneur, combien de fois, dis-je, le bon Père dut songer à la pauvre fille si dévouée à son jeune maître! et comme il devait remercier son adorable Sauveur d'avoir placé son enfance et sa jeunesse, dans un milieu si saturé de foi et d'esprit chrétien.

En quittant son père pour revenir au noviciat, Henri l'embrassa tendrement et crut devoir lui dire qu'il partait désolé de le laisser seul. M. Joyard réfléchissant à ces paroles, y attacha une signification qui n'était point dans la pensée du novice. Craignant qu'il n'y eût là un danger pour sa persévérance, il lui écrivit la lettre suivante, lettre très peu sentimentale :

— « Mon cher enfant, tu sais fort bien que dans aucun cas tu ne serais resté près de moi; car tu avais encore des études à poursuivre et enfin, une carrière à choisir. Jamais je n'aurais consenti à te garder pour me servir de *Menin*. La bonté de Dieu, grâce à l'intercession, j'ose dire, de ta bienheureuse mère, t'a inspiré une admirable vocation.

Aie soin de l'en remercier chaque jour, comme je l'en remercie moi-même, et sois bien convaincu qu'en restant dans le monde, tu aurais été promptement et irrémissiblement perdu! »

Henri n'en douta jamais non plus, et plus il vieillissait, plus il rendait grâce à Dieu d'être jésuite : témoin ces lignes d'une humilité si touchante qu'il écrivait, deux ans avant sa mort, à une de ses parentes, Mme la marquise de Gaudemaris.

— « Cinquante ans de vie religieuse! que de grâces reçues! Ah! si, en 1852, on m'avait montré dans un lointain avenir le pauvre homme que je suis, j'aurais probablement dit : « Dans ces conditions, il ne vaut pas la peine de quitter le monde. » Et, cependant, que Dieu a été bon, Lui qui savait tout, de m'appeler quand même, de me garder malgré l'avis de deux maîtres des novices[1] — et malgré ma profonde misère. Je le bénis de tout mon cœur et je me console de ma médiocrité — je me flatte — en pensant que mon salut dira éternellement la grande miséricorde de Dieu! »

Et il ajoutait ces lignes que nous ne résistons pas au plaisir de citer dès maintenant : — « Comme la piété se simplifie à mesure qu'on marche vers la mort d'un pas rapide : Notre-Seigneur à nous, avec nous, centre de tout! Vivre de Lui, dans son âme lumineuse, purifiante, guérissante. Vivre pour Lui, Lui donner la minuscule réalité et des désirs infinis de le glorifier. Tout est là, je n'en sors pas. Et, quel que soit mon point de départ, je reviens toujours à l'immensité de l'Incarnation et de la Rédemption. Mais que je fais mal tout cela et que ma misère est terriblement remontante! »

M. Joyard s'était trompé : son fils n'avait pas l'arrière-pen-

[1] A cause de sa surdité.

sée d'abandonner sa vocation sous prétexte de piété filiale.
Le novice s'empressa de le rassurer par les lignes suivantes :

— « Mon tendre père, je croyais que les quelques jours
passés auprès de vous me rendraient un peu pénible mon retour au noviciat. Il n'en a pas été ainsi. Vous ne sauriez
croire combien je me plais dans la Compagnie, dont je ne
suis pas encore membre, bien que novice. Toute ma vie j'ai
aimé les Jésuites, mais à présent ils sont pour moi comme
ma famille et *pour tout au monde je ne voudrais pas les
quitter*. Je ne méritais pas une telle faveur et, si je l'ai obte-
nue, c'est sans aucun doute grâce à l'intercession de ma
si bonne et si pieuse mère que nous avons l'espérance de
retrouver un jour au ciel. »

Son père lui répondit aussitôt :

— « Ta lettre m'a fait grand plaisir, mon cher enfant, en
m'annonçant la nouvelle que tu ressens une nouvelle ardeur
pour ta vocation. J'en remercie Dieu de tout mon cœur et le
supplie de te conserver ces heureuses dispositions. Tout
ce que tu laisses dans le monde ne mérite pas un regret,
sois-en mille fois certain. Quant à moi et au triste état dans
lequel je me trouve, crois bien que l'unique consolation que
je puisse attendre est celle d'apprendre, que tu persévères
dans la voie où tu es entré, et l'espoir fondé qu'en y marchant sur les traces des saints tu deviendras notre ange
protecteur!... Au reste, les petits malaises que j'éprouve n'ont
aucune gravité. Il faut bien payer un tribut aux années qui
commencent de s'accumuler sur ma *pauvre carcasse*. J'irai
te voir dans le courant du mois prochain. Peut-être, ajoutait-
il finement, te mènerai-je *ta banquière!* Elle ne me pardon-
nerait pas si j'oubliais de la rappeler à ton souvenir! »

Le R. P. de Foresta, depuis qu'il avait fait plus ample
connaissance avec le vieil officier était rempli d'estime et de

confiance pour lui; il connaissait trop bien ses sentiments pour redouter, que les lettres qu'il écrivait ou les visites qu'il faisait au jeune novice, eussent le moindre inconvénient pour sa vocation.

— « Le R. P. de Foresta, disait Henri à son père, craint tellement peu que vous me détourniez de mes exercices qu'il m'a prié plusieurs fois de vous engager à venir souvent. »

M. Joyard profitait de cette facilité et ne laissait pas d'écrire presque chaque semaine. Au mois de mars 1853, il lui narrait le fait suivant, preuve que l'anti-sémitisme ne date pas d'hier :

— « La nuit dernière, une bande de voleurs s'est introduite chez un juif nommé Digne. La nuit a été bonne pour ces coquins, car ils ont enlevé beaucoup d'argent et de valeurs. Aujourd'hui on fait poser une grille de fer devant les bureaux. C'est fermer l'écurie quand les chevaux n'y sont plus. Comme les juifs ne sont pas en grande vénération ici, il y avait plus de moquerie que de pitié dans les regards et sur les lèvres de la foule rassemblée devant la maison du juif Digne! »

Comme à son précédent voyage à Avignon, Henri lui avait donné deux chapelets fabriqués par lui au noviciat, l'un pour Mme Fortunet sa sœur, l'autre pour Catherine, il ajoutait :

— « J'ai fait ta commission à Catherine, cher enfant. Elle a poussé des cris de reconnaissance et d'admiration en voyant la solidité de ce beau travail. A peine l'avait-elle entre les mains qu'elle a couru à l'église, commencer la tâche des six chapelets qu'elle doit dire à ton intention. Le lendemain elle y a fait ajouter une médaille d'argent! »

Si l'humble domestique était fière de son trésor, le novice pouvait se flatter d'avoir fait un bon placement. Ce

n'était pas inutile ; la retraite de trente jours que tout jésuite doit faire pendant son noviciat allait commencer
prochainement. Par suite de la fièvre typhoïde elle avait
été forcément ajournée. Les exercices de saint Ignace
furent donnés au mois de mai, à la campagne de Saint-Chamans. Prévenu de cette longue période de silence, de
prières et de méditations, M. Joyard écrivit à Henri :

— « Que rien ne te trouble, cher enfant ! Entre avec confiance et fermeté dans cette précieuse retraite, et implore la
miséricorde de Dieu sur nous qui en avons tant besoin, et
puisses-tu suppléer par ta ferveur à l'insuffisance de nos
propres œuvres. »

La grande retraite se termina le jour de la fête de saint
Louis de Gonzague : elle fit sur le novice une profonde
impression : il en sortit comme transformé. Le bruit se
répandit à Carpentras qu'Henri avait fait de grands progrès
dans la vertu et qu'en raison de sa conduite exemplaire, il
avait été revêtu d'une dignité, *la dignité de surveillant au
noviciat !* À son père qui lui demandait des explications à
ce sujet, Henri fit la réponse suivante, non sans un brin de
cette verve que nous retrouverons plus tard sous sa
plume :

— « Mon tendre père, il paraît qu'à Carpentras il faut peu
de chose pour faire naître les cancans. Un article de votre
lettre m'a touché au vif. *Au noviciat personne n'est surveillant !* rien n'est plus incompatible avec l'esprit de famille qui règne au milieu de nous. D'ailleurs, y eût-il un
surveillant, on ne choisirait pas un enfant de dix-huit ans,
qui n'a qu'un frère plus jeune que lui, pour lui confier un
tel rôle.

« Voici ce qu'il en est. Dans la chambre où je suis, nous
sommes trois novices. Deux d'entre eux étant plus nou-

veaux que moi au noviciat, je suis *l'ancien de chambre*, et
à ce titre chargé : de prévenir celui qui doit balayer la
chambre, de couvrir les livres communs, d'aller chercher
du fil et des aiguilles et d'autres fonctions de la même importance. C'est à cela que se réduit *la dignité dont je suis
revêtu.* Il n'y a pas de quoi se monter la tête. Quant à mes
progrès, je crains qu'il en soit d'eux comme de ma dignité.
Un bon Père Jésuite, de la résidence d'Avignon, a rencontré
une bonne dame de Carpentras qui voulait bien s'informer
de moi avec intérêt. Pour lui faire plaisir, il a cru bon et
charitable de lui dire quelque bien de moi. J'ignore quel
est le Père en question; mais si ce n'est pas le P. de Foresta lui-même, vous pouvez croire que ce sont là des paroles de politesse. Seul, notre excellent Père Maître sait où
en est chaque novice, mais il a la prudence de ne pas le
faire savoir à tout le monde. Le bon Père, en parlant comme
il a fait, ne croyait sans doute point que ses paroles pas-
seraient par tant de bouches et prendraient de telles proportions!

« Laissez, je vous en conjure, dormir tous ces propos
en supposant qu'ils ne soient pas déjà oubliés. Assurément,
au noviciat on ne vit pas comme au milieu du monde,
mais aussi, quand on considère les innombrables moyens
que l'on a pour se sanctifier, et le peu de fruit que l'on en
retire, on ne peut s'empêcher de trembler. »

Et en lisant cette lettre, on ne peut s'empêcher de penser
que celui qui l'écrivit ne manquait ni de modestie, ni de
bon sens, ni d'esprit. Il ne manquait pas non plus de zèle :
très préoccupé de la conversion de son oncle Angel, fort
habile peintre, mais chrétien très médiocre, il écrivait à
son père toutes ses inquiétudes à son sujet :

— « Qu'il est donc affligeant de le voir ainsi éloigné de

Dieu et insouciant de sa fin dernière! Oh! dites-moi ce qu'il faut que je fasse! Mettons-nous-y tous! Prions bien pour lui, faisons tout le possible et ne doutons pas du succès. N'attendons pas que les années, en s'écoulant, réduisent mon pauvre oncle à ne revenir à Dieu que par nécessité et parce qu'il ne pourra plus pécher. Une âme est si précieuse, et dans un jour passé loin de Dieu on peut faire tant de mal! »

Son père lui ayant demandé d'écrire à une tante qui désirait beaucoup avoir de ses nouvelles, Henri répondit :

— « J'ai grande envie de lui prouver que j'existe et que je ne l'ai pas oubliée, mais on n'écrit guère au noviciat... et puis, vraiment, je ne sais pas que lui dire. Je ne peux pas exciter à la piété une personne de soixante-dix-huit ans, qui est plus pieuse que moi et à qui je dois le respect. J'ignore toutes les nouvelles du monde. Ce qui se passe dans la Compagnie, je ne puis guère en parler, pour le peu que j'en sais; non pas qu'il s'agisse de conspiration, mais parce que sachant fort peu de chose, je suis probablement incapable de le montrer sous son vrai jour. Enfin, remplir quatre pages de lieux communs est la chose la moins amusante du monde, pour la personne condamnée à les lire et pour celle qui doit les écrire. Cependant, si on est blessé de mon silence, j'écrirai tout de suite. »

Henri cependant était arrivé au bout de sa première année de noviciat. Malgré son jeune âge, — il n'avait pas encore dix-neuf ans accomplis — et quoiqu'il n'eût pas achevé le temps normal marqué pour sa formation religieuse, il avait donné de telles preuves de piété, d'intelligence et de bon sens qu'il fut, tout en restant attaché au noviciat, chargé de remplir l'emploi de préfet de discipline au nouveau collège, récemment ouvert par la Compagnie de Jésus à Avignon.

IX

LE COLLÈGE D'AVIGNON. — CORRESPONDANCE
PATERNELLE.

Au mois de janvier 1850, quelques mois avant la promulgation de la loi Falloux, à la demande d'un grand nombre de familles et avec autorisation de l'Académie, les Pères Jésuites résolurent d'ouvrir un petit collège à Avignon. Il fut installé dans les locaux, dits de Saint-Pierre de Luxembourg, restes de l'ancien couvent des Cordeliers. C'est là qu'étaient venues se réfugier les sœurs hospitalières de Saint-Joseph lorsque, en 1846, après d'indignes manœuvres, on les eut chassées du chevet des malades.

Plus libérale que la monarchie de Juillet, la République de 1848 les avait rappelées à l'hôpital de la ville : Leur maison fut achetée avec le jardin ; et c'est là que s'élevèrent successivement, d'après un plan parfaitement conçu, les divers bâtiments du collège de Saint-Joseph. Dans le principe, trois ou quatre classes seulement furent ouvertes : ce n'était qu'un simple externat. Le pensionnat ne s'ouvrit qu'en octobre 1851. Il avait deux ans d'existence lorsque, sous le rectorat du R. P. Gabriel Bouffier, le P. Henri Joyard y fut appelé pour y exercer la surveillance, ainsi que le P. Tissandier.

Dans ce poste toujours assez difficile, surtout pour un

jeune débutant, le P. Henri conquit d'emblée sur les élèves de sa division, un ascendant complet. Au témoignage des rares survivants de l'époque, il avait le talent de se faire craindre et de se faire aimer. Sa vivacité un peu brusque, sous laquelle on ne tardait pas à reconnaître la bonté de son cœur, lui mérita de quelques-uns des élèves le surnom de *Bourru bienfaisant*.

Très occupé par son nouvel emploi auquel il s'était donné avec toute l'ardeur d'un néophyte, astreint à suivre encore quelques exercices du noviciat, Henri recevait plus rarement la visite de son père. Mais ce dernier continuait de lui écrire et de le tenir au courant des moindres événements de famille. Dans une lettre datée du 30 décembre 1853, il lui disait :

— « Bonjour, bon an ! Mon cher enfant, tu vois que je sais respecter tes occupations et que je t'adresse mon compliment sans attendre le tien. Puisse le bon Dieu te faire la grâce de la persévérance ! Puisses-tu ne pas oublier ton vieux père qui réclame le secours de tes bonnes prières, dont il a si grand besoin. J'ai été un peu souffrant. Le docteur Waton, qu'on alla chercher malgré moi, craignit un moment une fluxion de poitrine et m'en menaça, en me défendant de mettre, pour quoi que ce soit, le pied hors du lit. Six visites de ce gracieux docteur ont suffi. Hier, 29, enveloppé dans mon vieux manteau troué, je voulus aller voir le bon M. Bernardi, qui m'avait manqué la veille. Au débouché de la rue de Mazan, le vent emporte mon chapeau et me voilà à sa poursuite jusqu'aux platanes. J'en étais tout essoufflé, et j'espérais que personne ne m'aurait vu ; mais la vieille Rosette m'a aperçu, de je ne sais où, et est venue geindre auprès de la *doctoresse* Catherine. Juge du sermon que j'ai dû avaler, et en quel français ! Cette narration est pour te dire, cher enfant, que si le temps ne s'humanise pas un peu, je retarderai ma visite, que j'avais fixée au lundi 9 janvier; mais je ne suppose pas que ce froid inaccoutumé persiste jusqu'alors.

« Ah! les pauvres! les pauvres!... dans cette cruelle saison Catherine pétrit pour eux. Une fournée de trente-six pains est enlevée en un jour. J'ai gardé une salmée de blé du Brilhas à cette intention. Nous n'avons plus qu'un sac de farine. J'avais un vieux manteau de bourracan anglais tout mangé des vers. Je l'ai donné à une pauvre vieille veuve pour couvrir ses enfants, qui n'ont jamais eu dit-elle, une aussi douce nuit...

« Voilà Catherine qui rentre de la messe de 6 heures, où elle a trouvé quatre fidèles en tout. Je l'ai bien rabrouée d'être sortie si matin malgré son rhume et ce qu'elle appelle son cerveau gelé. Pour moi j'attendrai la messe de 9 heures! » — Ce rude chrétien allait à la messe tous les jours. —

« Ta sœur et sa maison vont à merveille. Elle a enfin reçu hier (de l'oncle Angel) le fameux portrait de *Popo* dont l'attente lui donnait la fièvre. Elle prétend que ce portrait ressemble au tien, comme de deux frères. Moi, je ne trouve pas cela du tout, et j'ai placé immédiatement ce beau portrait dans ma chambrette, — *le tien, bien entendu,* — de sorte que je t'ai constamment sous les yeux, cher Henri. C'est un avertissement à devenir moins indigne de toi.

« Quelle bonne idée vous avez eue là! » s'est écriée Catherine, en te voyant à cette place nouvelle. J'ai relégué M⁊ Dupont à la tête de mon lit, derrière mon rideau.

« Voilà tout ce que je puis te dire d'intéressant pour tes étrennes. Ah! si! Je viens de prendre ta montre, que je veux toujours porter désormais et que je vais rembourser à l'oncle Raymond. J'alternerai avec la montre de mon père et celle de mon fils ! »

Ce n'était point assez d'avoir le portrait d'Henri sous les yeux, sa montre dans son gousset, il voulut encore avoir son crucifix sur son prie-Dieu.

— « Je te demanderai lundi ton crucifix. — Demande toi-même au Père Maître d'en disposer en faveur de ton vieux père ! Adieu, cher enfant. Catherine veut que je te présente ses respects et que je la recommande à tes prières. Elle déclare à tout venant *que tu lui as parlé comme un homme de soixante ans !* Ne m'oublie pas, ni le jeune ménage, ni ce brutal d'oncle Angel, ni ton vieux père qui te serre sur son cœur. Adieu. — Croirais-tu que cette lettre est ma 138ᵉ de l'année et sans compter celles à M. de Sobriats !.. Je vais serrer davantage le frein de ma réforme épistolaire. »

Fort heureusement, il n'en fut rien, du moins avec son fils. Le 11 janvier 1854, Henri recevait une lettre relative à une affaire qui fit alors beaucoup de bruit, qui faillit même amener la fermeture de tous les collèges, récemment ouverts en France par les Jésuites : l'affaire du collège Saint-Michel, à Saint-Étienne.

— « Mon cher enfant, je rentre de la chapelle de l'hôpital où j'ai eu le bonheur de communier à ton intention. Tu vois donc que je suis en bonnes dispositions pour te dire la vérité. Fais de même pour moi, mon saint enfant, offre quelques communions pour ton vieux père.

« J'ai eu des crampes, d'une force terrible, qui m'ont fait comprendre les *délices* du choléra, mais je vais maintenant de mieux en mieux, et me voilà remonté sur ma bête jusqu'à nouvel ordre.

« M. Bernardi est venu me voir hier au soir. Tu connais toute

mon affection pour cet homme de bien, d'un calibre dont la
France voltairienne ne foisonne pas, ni l'autre non plus. Nous
avons causé de toi, à qui il porte un très vif intérêt. Naturellement la conversation s'est portée sur l'événement de
Saint-Michel. M. Bernardi est très lié avec M. Théophile de
Jocas, notre maire, et le voit fréquemment. Or, M. le maire,
à son retour de Paris, s'est arrêté à Lyon auprès du Provincial — le R. P. de Jocas — dont il a reçu les informations
suivantes :

— « Le fait qui a motivé le décret remonte à plus de six
mois. Quelques écoliers avaient acheté une petite statuette
ou médaille impériale — je puis avoir mal entendu — et
commirent quelques profanations à l'endroit de cette auguste
représentation.

« L'Université qui dédaigne, comme chacun sait, les vils
moyens d'espionnage dont abusent ces infâmes Jésuites, fut
instruite aussitôt. On n'y pensait plus, quand le décret a été
rendu. Le Provincial pense que le coup a été porté à l'intention du R. P. de Damas qu'on a voulu atteindre. Du reste,
on n'a donné aucune suite, aucune exécution au décret, et
tout marche comme si de rien n'était, jusqu'à présent du
moins. Veut-on vous frapper ou vous faire tomber par cette
force d'inertie, de découragement; je ne sais.

« Nous sommes parfaitement d'accord avec Bernardi, pour
penser que c'est toujours là cette vieille et sournoise guerre
universitaire. Les gouvernants changent, les bureaux restent les mêmes et reprennent les mêmes errements. J'ai
pensé qu'il serait peut-être intéressant, pour vos Pères,
de connaître ces particularités venant d'une source non sus-
pecte, et c'est pourquoi je te les conte ici. Il y a un vieux
trait de je ne sais quel empereur, qu'on vint irriter contre
les habitants de je ne sais plus quelle ville, — Thessalonique

peut-être, — qui avaient mutilé sa statue. On le poussait à la vengeance, à la confiscation surtout, pour laquelle on a toujours eu un penchant prononcé. Il se passa la main sur le nez et se contenta de dire en riant et en haussant les épaules : « Je n'ai rien ressenti de tous ces cassements de nez impériaux. » Mais il n'y avait pas encore de Jésuites en butte aux colères jalouses de l'Université. Nous sommes en progrès. »

Au reste, bien que l'excellent homme qui narrait avec tant d'esprit n'aimât beaucoup ni l'empereur ni son gouvernement — « qui finiront, écrivait-il, par nous ruiner », — il n'en disait pas moins au jeune préfet de discipline d'Avignon : « J'espère pourtant, qu'en ta qualité de *surveillant terrible,* tu ne laisseras pas faire de pareilles gentillesses sous ton autorité. »

X

VOCATION EN PÉRIL. — LE CHOLÉRA.
MALADIE DE M. JOYARD

Henri savait maintenir fermement la discipline. Ce n'est point de ce côté là que lui vinrent des difficultés. La première eut pour cause le changement du P. de Foresta qui, envoyé à Lyon, laissa la charge de Maître des novices au P. Desmoulins. Henri regretta beaucoup l'éloignement de celui qui avait été le premier confident de son âme, auquel il avait entièrement ouvert son cœur. Toujous novice, puisqu'il n'avait pas encore prononcé ses vœux, obligé de reco mmencer, à nouveaux frais, l'ouverture de sa conscience, il en ressentit tant de chagrin que son père crut devoir lui écrire :

— « Je crois que ton découragement vient surtout du départ du R. P. de Foresta, à qui tu étais tendrement attaché. C'est une raison de bien sonder ton cœur, au pied de la croix, pour voir si tu y trouveras la force nécessaire, pour accomplir généreusement tous les sacrifices qui seront exigés de toi dans la Compagnie, et dont celui-ci est assurément le moindre. Il ne faut pas s'engager à l'étourdie, et c'est précisément pour cela, si je ne me trompe, que les noviciats sont faits. Je te supplie de me tenir au courant, bien exactement et sans crainte de me déchirer le cœur. »

Là, n'était pourtant point la vraie raison des troubles et

des angoisses qui, du mois d'avril au mois de juin 1854, agitèrent profondément l'âme du cher Henri, au sujet de sa vocation. Il craignait de ne pouvoir rester dans la Compagnie à cause de sa surdité, qu'à certains jours surtout, il ne pouvait se dissimuler ni à lui-même ni aux autres. Il lui semblait alors que, devenu dans un avenir plus ou moins prochain, incapable de remplir un ministère d'enseignement ou de prédication, son existence dans la Compagnie serait forcément une charge pour les autres et un martyre pour lui-même. Les spécialistes consultés ne savaient trop que dire, en présence d'une infirmité, naissante sans doute, mais héréditaire dans la famille depuis déjà trois générations. On comprend que le jeune novice fut dans un état de perplexité douloureuse. L'embarras n'était pas moindre du côté des supérieurs, malgré l'estime et l'affection qu'ils professaient à l'égard d'un sujet, par ailleurs si brillant, si riche d'intelligence et d'énergie. Mis au courant de la situation, sachant qu'il avait été question de rendre Henri à sa famille, M. Joyard, qui espérait beaucoup plus en la bonté de Dieu qu'en la science de tous les médecins, ne se contenta pas de multiplier ses prières et ses communions ; il fit acquitter un grand nombre de messes pour obtenir à son fils la grâce de la persévérance, ou du moins pour connaître clairement la volonté de Dieu à son sujet. A aucun prix, il n'aurait voulu qu'une fois sorti du noviciat, pour l'unique cause mentionnée ci-dessus, Henri menât près de lui une vie inutile et désœuvrée. Mais il se consolerait, écrivait-il, si Henri, en quittant le noviciat — « voulait entrer dans le clergé séculier où, assurément, les dangers sont grands ; mais avec de la foi et de la piété on parvient à les surmonter...

« Si tu étais, ajoutait-il, condamné à renoncer au ministère sacré par la triste infirmité dont Dieu a châtié notre race, il te resterait toujours l'immense consolation du saint sacrifice de la messe.. »

Heureusement la question fut tranchée par le R. P. Provincial. Il décida qu'on garderait le jeune novice, sauf à retarder l'émission de ses vœux. Henri accepta cette décision avec une soumission joyeuse et pleine d'espérance. Il l'annonça à son père par un message mystérieux, que sa sœur, qui ne savait rien, lui porta de vive voix dans les termes suivants :

— « Tout va bien. »

En même temps il multipliait les neuvaines à Notre-Dame de Santé, si honorée à Carpentras, pour obtenir sinon une guérison radicale, tout au moins la cessation des symptômes alarmants qui venaient de l'arrêter au seuil de la vie religieuse. Son père s'y associait avec une grande ferveur.

Pendant les derniers jours du mois de juin, le choléra ayant éclaté à Avignon et dans une partie de la Provence, le collège de Saint-Joseph fut licencié soudainement, et les novices envoyés à Saint-Chamans. Nous l'apprenons par la lettre suivante :

— « Tu me vois, cher enfant, sot comme un panier. Écoute mon cas. Catherine me dit hier que les élèves carpentrassiens étaient revenus. Il y avait deux jours qu'elle m'avait positivement annoncé le contraire. Je cours chez Mme Meyssonier, qui me montre la circulaire de votre Recteur. De là, je vais arrêter ma place pour aujourd'hui, et tu devines mon désappointement en arrivant au collège!... Mon cher enfant, tu devais passer quelques jours avec moi aux vacances. Elles sont devancées d'un mois : accorde-moi ce mois. Je te donne ma parole d'honneur de ne te faire aucune visite dans ta chambre. Tu écriras tous les jours à ton Directeur, si cela lui fait plaisir. Tu resteras auprès de ton vieux père et tu t'ennuiras avec lui. Songe que c'est peut-être la dernière fois que nous nous verrons et accorde-moi cette consolation... »

Mais Henri, qui s'était remis vaillamment aux exercices du noviciat, craignit sans doute de compromettre, par un séjour prolongé à Carpentras, la paix reconquise après les luttes qu'il venait de traverser. Il répondit qu'il regrettait infiniment de ne pouvoir acquiescer à une demande dont il était vivement touché. Il ne semblait ni au P. Maître ni à lui-même, que cette satisfaction fût présentement selon les desseins de Dieu. Le meilleur parti à prendre c'était d'en faire généreusement le sacrifice l'un et l'autre. Il promettait seulement de demander au R. P. Provincial la permission d'aller passer quelques jours dans la maison paternelle, vers la fin des vacances scolaires.

— « Qu'il me soit fait comme tu veux, répondit M. Joyard, ce n'est pas après avoir remercié Dieu de ta vocation que je voudrais te fournir un moyen de la faire avorter. Je me borne à espérer que le Provincial accédera à ton désir.

« Aux environs de la fête de saint Louis de Gonzague, dans une insomnie qui me survint, j'eus comme une sorte de révélation sur ma conduite; depuis lors, je vais mieux de toute manière. Je n'hésite pas à attribuer cette grâce à tes bonnes prières. Mme Morier, à qui j'ai annoncé ton refus, m'a fait promettre de la recommander instamment à tes prières, elle et sa maison, où l'on te regarde comme un saint. Le fait est que tu es sur la voie. Prie aussi pour mon cher et bien-aimé général d'Audenarde, sénateur, qui me le demande formellement, et pour ce pauvre comte de Modène, qui est en train de devenir aveugle, et à qui je l'ai promis. Toutes ces âmes élevées reviennent à la religion. Mme la marquise douairière des Isnards vient de mourir en peu de jours, mais parfaitement munie des sacrements. C'était une sainte femme. »

Quelques jours plus tard, le bon vieillard tombait lui-même gravement malade. Cependant, comme il n'y avait pas de danger immédiat, Henri ne fut pas envoyé auprès de lui ; il continua les exercices de sa retraite annuelle en même temps qu'un traitement qu'on lui faisait suivre pour ses oreilles. Dès que M. Joyard fut en convalescence il reprit la plume :

— « Cher Henri, ta sœur a dû te promettre de ma part que tu serais la première personne à qui j'écrirais, si je devais écrire encore. Je viens donc essayer de dégager cette parole en t'adressant quelques mots. J'ai été assez fatigué et vraiment j'ai cru que Dieu allait exaucer ma prière de chaque jour. Je ne puis t'exprimer avec quelle ineffable douceur je voyais rompre mon joug ! Il paraît que ce ne sera pas encore pour cette fois et il faut bien se résigner à la volonté céleste. Tu as merveilleusement bien fait de ne pas venir. C'eût été pour moi une peine réelle de te voir interrompre ainsi ton traitement et surtout les saints exercices. Tu as mieux à faire que de me donner de la tisane, qui ne m'a d'ailleurs pas manqué, je t'en réponds. Ta sœur, Augustin, Catherine, sont parfaits de soins ; ainsi ne te tourmente pas à mon sujet. Tu comprends que je ne puis pas encore répondre à ta bonne lettre ; mais sois convaincu *que tu es dans la bonne voie*, et remercions Dieu d'un bienfait aussi précieux. »

XI

AU COLLÈGE DE MONGRÉ. — MENACE DE SURDITÉ.

Quelques jours plus tard, notre bon novice vint dire adieu à son père; puis il partit pour Mongré, non sans avoir reçu de ce dernier, l'adresse des oncles et des tantes qu'il devait saluer en passant à Lyon : l'oncle Raymond, place Bellecour, 11, tante Césarine, rue du Bœuf, 31, la tante Faure, rue Sainte-Hélène.

Nous n'avons point à faire ici l'historique du collège de Mongré. Rappelons seulement que les pensionnaires et externes, installés depuis 1851 dans l'ancien château de la Barmondière, purent occuper, au commencement de l'année scolaire 1854-1855, les bâtiments du nouveau collège, entièrement achevés et aménagés pour les recevoir. Du château devenu libre, on essaya de faire une maison d'études pour les cours de philosophie, à l'usage des jeunes religieux de la Compagnie. La direction du scholasticat fut confiée au P. Jules Payan, précédemment Recteur du grand séminaire d'Aire-sur-l'Adour. On y réunit une vingtaine de jeunes scolastiques; parmi eux se trouvaient notamment les RR. PP. Monnot et Roblet, auxquels les Missions de Syrie et de Madagascar devront une éternelle reconnaissance. Henri Joyard y arriva vers le milieu de septembre.

Avec ses vastes prairies étalées le long de la Saône, et ses

jolis côteaux couronnés de vignobles, le Beaujolais, berceau
de sa famille paternelle, lui apparut comme le pays le plus
charmant du monde. Tout modeste et délabré qu'il fût, le
vieux château, encadré dans un paradis de verdure, lui semblait un séjour délicieux. Une seule chose l'inquiétait un
peu : la proximité de Lyon et la crainte de recevoir trop fréquemment la visite de ses nombreux parents et amis. Déjà
sa tante Césarine, une philotée du chanoine des Garets, lui
annonçait l'arrivée prochaine de son saint directeur. Aussi
pria-t-il son père de prévenir sa famille, qu'étant religieux
et absorbé par ses études, il devait peu fréquenter le parloir.

— « Non, cher enfant, lui répondit celui-ci, je ne donnerai
pas à la famille l'avertissement que tu veux que je lui donne.
Ces précautions-là sont toujours mal interprétées. Si une
visite te dérange, ne la reçois pas ; c'est tout simple. Vrai-
semblablement on ne recommencera pas. Je sais que la tante
est fort coiffée du chanoine des Garets, qui, du reste, est un
homme de mérite, mais je me trompe fort s'il se dérange
pour aller te voir. Ces projets sont des espèces de politesses
en paroles qui se réalisent rarement. Ne sois pas inquiet
pour ma santé. J'ai repris mon train de vie, et me voilà à peu
près remonté sur ma triste bête. Lundi dernier j'ai été à la
Bégude, par un vent du nord froid et une rosse, comme je
n'en avais jamais rencontré. Il la fallait fouailler à chaque
pas, littéralement, de sorte que Catherine se chargea de
ce qui restait du fouet, à partir de Sarrians, et cela devait
avoir une drôle de mine pour les passants. A part mon
bras, dont j'ai souffert au moins deux jours par suite de
cet exercice violent, je ne m'en suis pas autrement ressenti, preuve que ma convalescence s'opère sans accident.
Je ne vais donc pas trop mal, malgré ma mine de déterré.
Je suis d'une telle maigreur, que par ce froid anormal,

il me semble parfois que je vais casser comme une allumette. Continue de prier pour ton vieux père, et travaillons de telle sorte que nous puissions nous retrouver, un jour, au lieu seul désirable où on ne se sépare plus jamais. »

Quelques jours plus tard, il lui écrivait :

— « C'est avec un vif intérêt, mon saint enfant, que j'ai lu ta bonne lettre. Les nouvelles que tu me donnes de ta santé pourraient être meilleures. J'ai cependant la douce confiance qu'aucun empêchement ne viendra mettre obstacle à tes saints projets. *Ta vocation porte un tel cachet surnaturel qu'il me paraît impossible que Dieu laisse son ouvrage imparfait.* Bon courage donc, cher enfant.

« Je pense que tu as assez de jugement pour ne pas faire trop de cas des paroles élogieuses qu'on t'adresse. Les paroles ne coûtent rien, et c'est pour cela qu'on les prodigue. Reste à ceux qui ont un peu d'esprit de ne leur accorder d'autre signification que celle d'une leçon à pratiquer pour en devenir dignes. Ma santé, cher enfant, n'est pas mauvaise mais mon infirmité semble augmenter, chose qui me paraissait impossible. J'ai, à demeure, dans ma pauvre tête tous les rugissements d'une mer en fureur. Pendant le séjour que ton oncle a fait auprès de moi — dix-sept jours en tout — nous n'avons pu communiquer ensemble que la plume ou le crayon à la main, car il est presque aussi sourd que moi... Avec cela ma voix s'étrangle; c'est là ce qui s'appelle avoir une existence gaie. Donne-moi de tes nouvelles aussi souvent que tu le pourras : crois que c'est pour moi une bien douce consolation. »

La lecture de cette dernière lettre fera suffisamment comprendre les hésitations des supérieurs et les craintes du jeune novice, à la pensée qu'il pouvait hériter de son père d'une semblable surdité.

La saison d'hiver, en cette année 1854, fut très rigoureuse.

Le froid et l'humidité qui régnaient sur les bords de la Saône augmentèrent encore les anxiétés si vives au sujet de la santé d'Henri. De l'avis des médecins, on résolut de l'envoyer passer quelques années en Algérie. Là, du moins, sous le soleil d'Afrique, on aurait moins à redouter les rhumes et les refroidissements jugés si funestes pour ses oreilles. Henri accepta d'autant plus volontiers ce changement qu'il y voyait un moyen plus sûr d'arriver au but de ses désirs : prononcer enfin ses premiers vœux .

Mais il était encore mineur et novice. Il avait besoin de la permission de son père pour traverser la Méditerranée. A la demande respectueuse qui lui fut adressée, quoiqu'il en coûtât à son amour paternel, l'ancien officier n'hésita pas. La réponse arriva courrier par courrier, brève comme une consigne militaire. Seulement cette fois l'écriture était moins ferme que d'habitude : le cœur du père avait fait trembler la main du soldat.

— « Tu me demandes une réponse immédiate. Cher enfant, elle ne se fera pas attendre. Je consens à ce que tes supérieurs jugent bon pour toi. J'avoue qu'une mutation si prompte me surprend un peu, mais si elle est jugée opportune, comment pourrais-je m'y opposer? Tes supérieurs sont tes seuls juges ; et il n'y a pas grande différence pour moi entre l'Afrique et la France ! Je t'embrasse tendrement et je te quitte pour aller à la messe !...

« Carpentras, 26 novembre 1854. »

Il eut du moins la consolation de serrer encore une fois dans ses bras ce cher Henri, qu'il ne devait plus revoir ici-bas ; puis les yeux tournés vers la terre d'Afrique il attendit, non sans une fiévreuse impatience, la première lettre timbrée d'Algérie. Elle arriva au bout de dix jours. Catherine l'apporta à son maître d'un air triomphant, et le tendre père, incapable de porter seul le poids de son allégresse, courut annoncer à sa fille et à son gendre, qu'Henri avait le pied marin et qu'il avait fait une heureuse traversée. La lettre était datée de Boufarick.

XII

BOUFARICK. — HISTOIRE EN RACCOURCI
DE CET ORPHELINAT.

Henri venait donc d'aborder sur le sol d'Afrique. Il y devait passer les quatre premières années de sa vie religieuse, années de labeur et de dévouement dont le souvenir lui restera particulièrement cher. Quarante ans plus tard, il écrira :

— « Vous savez qu'au début de mon entrée dans la Compagnie, j'ai vécu quatre ans en Afrique. C'est le pays que j'ai le premier et le plus aimé. Il y a quelque temps, j'y suis revenu pour donner la retraite au clergé et aux Trappistes. Mon premier amour s'est réveillé. Mais cette fois le réveil a été terrible, et je donnerais gros pour que la volonté de mes supérieurs me fixât à Alger, où je me hâte de dire que tout n'est pas roses ni fleurs de vertus ! »

Le poste qui lui était assigné n'avait rien de bien agréable pour la nature ; il était nommé surveillant à l'orphelinat agricole de Boufarick : c'était un champ de bataille où s'étaient déjà signalés de jeunes religieux vaillants et dévoués : Paul Ginhac, Aimé Rocher, Ambroise Monnot, Charles de Damas, etc... Henri devait y faire ses premières armes, sous les ordres d'un chef dont on a dit qu'il joignait le génie d'un organisateur à la charité d'un nouveau

Vincent de Paul : c'était le célèbre P. Brumauld, le vrai créateur des deux orphelinats de Ben-Aknoûn et de Boufarick qui, pendant près de trente ans, ont fait l'admiration du monde catholique et mérité les éloges, parfois enthousiastes, aussi bien que le généreux concours de tous les gouverneurs généraux de l'Algérie : Bugeaud, d'Aumale, Changarnier, de Hautpoul, Pélissier, Mac-Mahon !

Peut-être quelques lecteurs nous sauront-ils gré de mettre sous leurs yeux un exposé sommaire de ce que furent ces orphelinats agricoles. On y verra que les frères en religion de saint François-Xavier et de saint Pierre-Claver n'ont jamais négligé l'apostolat des humbles, des pauvres et des abandonnés.

Emportés par les fièvres d'un climat meurtrier, ou bien retournés dans leur pays après un essai malheureux de colonisation, les premiers concessionnaires européens de l'Algérie laissaient souvent après eux une quantité de pauvres orphelins. Mgr Dupuch, premier évêque d'Alger, en avait recueilli douze dans sa maison. Sur le conseil et avec l'aide des Pères Jésuites, dont, dès le début de son épiscopat, il avait voulu faire ses collaborateurs, il résolut d'étendre l'œuvre et de fonder un orphelinat spécialement destiné à ces pauvres petits délaissés. Un comité de secours fut formé, des souscriptions ouvertes. Bientôt quarante orphelins se trouvèrent réunis dans la maison de l'ancien consul du Danemark ; l'année suivante ils étaient quatre-vingts. C'est alors que le P. Brumauld, grâce à des dons généreux, acheta, à une petite distance de la ville d'Alger, une assez grande étendue de terrain qu'il transforma en un orphelinat proprement agricole. Au bout de deux années, cet orphelinat comptait plus de deux cents enfants, Algériens d'origine. Aussi bien cette œuvre fut-elle chaudement ap-

prouvée et encouragée par les généraux, les magistrats
et tous ceux qui s'intéressaient à l'avenir de la colonie. Mais
nul ne lui témoigna plus de sympathie et ne lui prêta un
concours plus empressé et plus généreux que le vainqueur
d'Isly. Avec cette élévation de pensée et cette rectitude
d'esprit pratique, qui était le trait saillant de son caractère,
le maréchal Bugeaud disait hautement qu'il fallait, pour
coloniser l'Algérie, unir ces trois choses en un seul faisceau :
l'épée, la croix et la charrue.

Il comprit bien vite l'avantage que tirerait la colonie des
soins donnés aux orphelins de Ben-Aknoun. Il pressentait
qu'il devait sortir de là une population chrétienne et labo-
rieuse qui serait le plus puissant auxiliaire de la colonisation. Plus d'une fois, à la tribune, il défendit les Jésuites
des accusations portées contre eux; et tant qu'il vécut, ils
n'eurent pas de meilleur ami ni de bienfaiteur plus devoué.
C'est lui qui, prenant le P. Brumauld sous le bras et se
promenant avec lui dans les cultures de Ben-Aknoun, lui
disait : — « Ces pauvres Arabes, quand viendra-t-on à eux ?
Mais voyez-vous, mon cher abbé, c'est par les établisse-
ments de bienfaisance comme le vôtre qu'il faut commencer. »

Grâce à sa précieuse intervention, le gouvernement décida
d'allouer une subvention annuelle pour chacun des orphelins jusqu'à un âge fixé. Le général Pélissier, lui aussi,
aimait beaucoup à visiter Ben-Aknoun. Il se faisait annoncer la veille par un estafette, et, le lendemain, il y venait
déjeûner comme en famille. Un compagnon du P. Joyard,
encore vivant, raconte qu'un jour — c'était peu de temps
avant le départ du maréchal pour l'Orient — étant entré dans la chapelle au moment où les orphelins y faisaient
la prière, il entendit l'un d'entre eux dire à haute voix selon

l'usage : « Prions pour le gouverneur général de l'Algérie. »
Ému jusqu'aux larmes, le vieux soldat remercia les enfants
et se recommanda vivement à leurs prières. Ils n'y manquè-
rent pas. A son retour de Crimée, le maréchal fit expédier
à Ben-Aknoun, deux prolonges remplies de vêtements ramassés sur le champ de bataille, une chapelle russe trouvée
à Sébastopol et deux pièces de canon.

Dès 1850, l'orphelinat comptait près de 400 enfants. Tous
y recevaient une solide instruction morale et religieuse ; tous
étaient appliqués à l'apprentissage d'un métier, selon leur
âge et leurs aptitudes. Quinze frères coadjuteurs et dix
maîtres auxiliaires étaient chargés de les former au travail.
Il y avait la section des laboureurs, celles des jardiniers,
pépiniéristes, vignerons, menuisiers, forgerons, cordon-
niers, boulangers, tailleurs, etc.

Après avoir parcouru et examiné en détail les ateliers,
chantiers et cultures, un haut fonctionnaire du gouvernement avait le droit d'écrire à Paris : « Ce qui frappe le plus
à Ben-Aknoun, c'est l'ordre admirable qui règne partout,
c'est la méthode qui préside à tous les travaux. Tout y est
prévu et réglé à l'avance ; tout s'exécute, dans l'ensemble
comme dans le détail, avec une remarquable précision. »

L'enceinte de Ben-Aknoun devenait trop étroite et le zèle
du P. Brumauld grandissait toujours. Grâce à la puissante
intervention du gouverneur général, qui était alors M. de
Hautpoul, par un traité définitif d'une durée de vingt ans,
traité signé du Président de la République le 15 août 1850,
le gouvernement céda à l'œuvre si belle des Pères Jésuites,
avec le camp d'Erlon, un territoire de 240 hectares, situé
dans la plaine fertile de la Mitidja, à deux heures de Blidah.
Ce fut l'origine de l'orphelinat de Boufarick. Comment peu-
pler ce nouvel établissement ?

Le P. Brumauld fit le voyage de Paris. Il ne lui suffisait plus de recueillir des orphelins algériens. Il songeait à ces enfants des rues, dont on a dit — « qu'ils s'élèvent dans les carrefours, vivent dans les prisons et meurent dans les hôpitaux » — à ces malheureux abandonnés dont l'existence est presque fatalement vouée au malheur ou au crime. De parasites dangereux qu'ils sont dans la mère patrie, il se dit qu'ils pourraient devenir en Algérie, un grand nombre du moins, de bons citoyens et des colons précieux. Le gouvernement, dans ce temps-là, ne pensait pas qu'il eût jamais besoin de mobiliser des bandes de *pâles voyous* ou des légions d'*apaches*, pour les lancer à l'assaut des couvents et des églises. Il accepta les propositions du P. Brumauld et bientôt celui-ci ramenait triomphalement, en Algérie, 213 gamins, ramassés dans les faubourgs de la capitale, qui lui avaient été confiés par les pouvoirs publics.

La petite mais turbulente armée s'embarqua à Marseille, sur un navire fourni par le ministre de la guerre. Quand elle mit le pied sur la terre d'Afrique, ce fut une explosion de cris de joie, d'une joie plutôt sauvage. N'ayant jamais appris autre chose, ils chantaient à tue-tête des refrains révolutionnaires! Les habitants n'étaient rassurés que tout juste devant cette invasion; du moins, étaient-ils persuadés que le P. Brumauld allait à un échec certain. Ils se trompaient. Au bout de quelques mois, les gamins de Paris savaient obéir, travailler, prier; et, à de rares exception près, ils respectaient et ils aimaient leurs maîtres.

On devine assez combien, pour obtenir un pareil résultat, il fallait être doué de patience et d'énergie, riche de bonté ferme et miséricordieuse, prêt à un dévoûment obscur et à un incessant labeur.

XIII

HENRI PARMI LES ORPHELINS. — LETTRES DE SON PÈRE. — LA FIN DE BOUFARICK.

C'est là que le jeune novice, à peine âgé de vingt ans, fut appelé par la confiance de ses supérieurs, à exercer son zèle et à déployer son ardeur et ses talents. Si j'en crois les lettres annuelles de la mission d'Algérie de 1855, il arrivait à Boufarick dans un moment difficile. L'année 1854 avait été assez médiocre pour la discipline. C'est qu'à Boufarick étaient rassemblés les plus grands orphelins venus de France, les plus pénibles à surveiller et à diriger, parce qu'arrivés à l'âge où la jeunesse est impatiente de tout joug, ennemie de tout frein. Une certaine effervescence s'était introduite dans les diverses divisions, par suite, soit de l'inexpérience de la part de certains maîtres, soit du changement trop fréquent dans le personnel. Henri ne s'effraya pas du rôle qu'on lui faisait l'honneur de lui confier, et il sut se montrer à la hauteur de sa tâche. Comme son père, il aimait instinctivement les petits, les malheureux et les déshérités. Encore dans toute la ferveur de son noviciat, brûlant du désir de mériter son admission définitive, dans cette Compagnie qu'il apprenait de plus en plus à connaître et à aimer, il était prêt à tous les sacrifices et à tous les dévoûments qu'exigeait son rude emploi. Il est difficile d'apprécier quelle fut sa part, dans l'amélioration sensible qui se produisit cette année-là, parmi les orphelins les plus indisciplinés. Il y contribua néanmoins, et le vieil officier apprit avec bonheur que l'on était fort content de son fils à Boufarick. Déjà, sachant que le jeune surveillant — *qui passait pour n'avoir pas froid aux yeux* — conduisait heureusement sa division, il lui avait écrit pour le féliciter et l'encourager :

— « Je vois avec grand plaisir que tu es content et plein d'ardeur. Courage donc, cher enfant! Sois sûr que Dieu ne laissera pas son ouvrage imparfait. Oh! non, va, tu n'as rien à regretter; et quant à moi, si un prodige de la toute-puissance de notre Dieu me rendait l'ouïe, je sais bien où je passerais le reste de ma vie. Je connais trop le monde pour qu'il m'inspirât le moindre regret. »

Puis, en père sage, il ajoutait : — « Je te supplie d'agir avec une extrême prudence dans tes excursions; de ne point les entreprendre seul, et surtout, de ne pas te fier aux bonnes dispositions que te montrent ces Arabes, race traîtresse et perfide entre toutes, et avec qui une imprudence te coûterait la tête. Je ne suis pas surpris, — lui disait-il encore, — de vos succès dans l'élève des bestiaux et dans la culture du tabac : les Jésuites réussissent dans tout ce qu'ils entreprennent. Je conçois bien tout l'attrait que peut avoir pour vous une vie si occupée à des œuvres diverses. Ne manque pas de remercier le R. P. Supérieur du *post-scriptum* dont il a enrichi ta lettre. Il est infiniment trop bienveillant pour moi, qui serais heureux de mériter tout le bien qu'il se plaît à m'attribuer. L'essentiel, c'est qu'il est très content de toi. »

Il paraît qu'à plusieurs reprises notre surveillant fit appel à la bourse de son père, dans le but d'offrir à ses ouailles d'agréables surprises, et de varier le menu de leurs goûters. Il lui demandait aussi de fouiller dans ses armoires, et d'expédier à Boufarick, tout le vieux linge et tous les vêtements démodés ou de rebut qu'il y pourrait trouver. C'est un procédé dont le P. Joyard usera largement, plus tard, auprès des Mères chrétiennes de Grenoble et d'ailleurs. Le cher papa consentit à envoyer un billet bleu, tout en se plaignant qu'il était à peu près — « *sans le sol :* car les magnans de la Bégude ont fait fiasco, la garance de même : les rentrées deviennent extrêmement difficiles, même pour les riches, à plus forte raison pour ceux qui ne le sont pas, et nous sommes du nombre ». — Mais quant à la vieille lingerie Henri dut en faire son deuil; le peu qui en restait était en fort mauvais état, et devait aller chez les pauvres de la ville au lieu de franchir la Méditerranée.

Depuis qu'il était en Algérie, Henri, quoique fort occupé, trouvait le moyen d'écrire plus souvent à son vieux père. De son côté, il était tenu très au courant de la chronique carpentrassienne. Grâce à la plume de son père, il recevait des nouvelles variées, d'un style toujours piquant, jamais banal.

— « Tout va bien chez ta sœur. Les enfants sont magnifiques, et tous les trois d'une intelligence, dont je ne puis juger qu'en gros, mais qui est certainement remarquable. Les deux garçons sont des diables, et quand ils sont ensemble ta sœur en perd la tête.

« J'espère bien qu'un jour tu pourras mettre la main sur eux. Si j'y suis encore, quand il sera question de leur éducation, je ferai tout pour qu'ils vous soient confiés. Tu sais que Térèse va à l'école tenue par les Sœurs de Charité. Elle profite bien et devient fort gentille; elle a par moments un petit air étudié, vraiment drôle. La voilà qui arrive avec la croix d'or. Elle s'est mise en tête d'apprendre à Popo à réciter sa prière ; elle y travaille avec plus de zèle que de succès. »

Henri ne demeura qu'un an à Boufarick. Aucune lettre de lui ne nous est restée pour nous apprendre comment, de Boufarick où il se plaisait et réussissait fort bien, il fut, aux vacances suivantes, transféré au collège d'Alger en qualité de préfet d'études et de professeur de grammaire.

Que devinrent plus tard Ben-Aknoun et Boufarick ? Lisons d'abord la lettre suivante du R. P. Brumauld au maréchal de Mac-Mahon :

« 8 octobre 1859.

« Monsieur le Maréchal, duc de Malakoff,

« Votre titre si bien mérité, de père des orphelins de Ben-Aknoun et de Boufarick, m'impose le devoir de déférer à Votre Excellence, l'urgente nécessité d'obtenir de la part du gouvernement, un arrêt définitif de vie ou de mort pour ces deux chères maisons.

« Dans l'attente d'un recrutement d'enfants, qu'elles espèrent toujours de France, celle de Boufarick a dû, dernièrement, manger ses bœufs de travail.

« L'empereur avait cependant daigné me dire à moi-même, en 1855, qu'il tenait beaucoup à « *l'idée d'employer les enfants malheureux à la colonisation de l'Algérie ; qu'il ferait étudier cette idée par le Sénat* ». Et le Sénat l'ayant étudiée avec la plus sérieuse application, a conclu deux fois en faveur du développement de notre essai à Boufarick.

« Par respect pour la parole de Sa Majesté et pour les conclusions réitérées du premier Corps d'État, autant que par conviction du grand bien à faire, j'ai lutté de toutes mes forces contre les incroyables difficultés que Votre Excellence a connues et qu'Elle m'a aidé Elle-même à combattre.

« Enfin, le 14 novembre dernier, j'ai eu encore l'honneur de soumettre à leurs Excellences, MM. les ministres d'Algérie et de l'Intérieur, les propositions les plus conformes aux vues du Sénat, et les plus raisonnables à tous égards, me semblait-il. Je n'en suis pas plus avancé.

« M. le ministre de l'Algérie, paraît-il, est vraiment bien disposé; M. le ministre de l'Intérieur était bienveillant aussi, personnellement; mais ses bureaux résistent, et les voilà fortifiés par le changement de Son Excellence.

« Quand une première fois, en 1852, je vins demander deux cents gamins de Paris, pour les essayer comme élément de colonisation algérienne, l'empereur dit en parlant de moi :

— *« Puisqu'il vient écumer et non écrémer, qu'on lui donne ce qu'il demande! »*

« Et maintenant que j'ai eu le bonheur de constater que l'écume de Paris peut-être transformée en *bonne crème*, à Alger, on ne voudrait plus m'en donner!

« Veuillez, je vous prie, Monsieur le Maréchal, le dire à l'empereur, afin que Sa Majesté ordonne, que les enfants abandonnés, vagabonds et mendiants, de dix à quatorze ans, mais valides et non encore flétris par la justice, me soient confiés de gré à gré. Je tâcherai d'en faire de bons colons algériens, comme j'ai fait déjà pour un assez grand nombre de leurs pareils.

« J'ai l'honneur de joindre, ici, une ampliation de mes dernières propositions à MM. les ministres. Voyez, Monsieur le Maréchal, si leur acceptation ne me mettrait pas à même de rendre un véritable service, en tarissant la funeste source des *Pénitenciers de jeunes détenus*, et en lançant enfin la vraie colonisation, par la prospérité des colons agriculteurs auxquels on pourrait fournir économiquement des bras assez nombreux. Je ne vise qu'à cette double solution, mais elle me paraît importante.

« J'ose la recommander à votre bonté paternelle, et, s'il n'y avait pas moyen de triompher des obstacles — la pire des situations étant de se trouver entre la vie et la mort, — je recevrais encore, comme une grâce, l'assurance qu'en nous retirant après vingt ans d'efforts heureux, nous n'offenserions ni l'empereur qui nous a mis à Boufarick, ni le Sénat qui m'a honoré de tant de bienveillance, ni aucun de nos autres protecteurs.

« Je suis, avec un profond respect, M. le Maréchal, etc., etc.

« Brumauld S. J. »

Dans une lettre à l'un de ses supérieurs, le P. Brumauld indique d'une façon plus précise, la cause qui arrêta d'abord le recrutement, puis amena, après 1870, la disparition de Boufarick : — « Au fond, c'est la peur et l'horreur de la soutane qui fait reculer les bureaucrates ! »

Au moins peut-on conclure, que ce sont les orphelins qui ont manqué au P. Brumauld et à ses confrères, et non pas les Pères qui ont manqué à ces pauvres enfants, dont ils voulaient si ardemment faire de bons chrétiens et, du même coup, de bons ouvriers et de bons citoyens. Dans l'impossibilité de renouveler les traités avec l'État, l'établissement de Boufarick fut vendu. Ce qui restait d'orphelins fut placé chez des colons ou transporté à Tanaïl, en Syrie, où l'œuvre se continue dans des conditions plus modestes. Ben-Aknoun fut fermé, lui aussi, quelques années plus tard. La fameuse formule : — « *le cléricalisme, voilà l'ennemi !* » — faisait son chemin. L'orage était déchaîné, qui allait couvrir de ruines

la pauvre France, sans épargner ses colonies ; ruines dont
le navrant spectacle fera plus tard, au cœur de l'ancien surveillant de Boufarick, une blessure mortelle.

Cependant tant de labeur n'avait pas été vain : des Arabes
avaient été baptisés ; des nègres du Dahomey, solidement
formés à la vie chrétienne, s'en étaient allés fonder en
leur pays des villages catholiques ; des agriculteurs, des ar-
tisans honnêtes étaient sortis, en grand nombre, des deux orphelinats. Boufarick et Ben-Aknoun avaient donné à l'Église
des prêtres, des religieux, voire des trappistes ; à la France,
de bons soldats et même des officiers. Dix-neuf médailles
de 1re classe avaient couronné leurs succès, sans parler de
la croix de la Légion d'honneur qui vint un jour, sans que le
P. Brumauld l'eût désirée, briller un instant sur sa poitrine
d'apôtre et de soldat.

XIV

ALGER. — LES PREMIERS VŒUX. — DERNIÈRE LETTRE ET MORT DE M. JOYARD.

Ce fut par un magnifique coucher de soleil que, au fond de sa vaste baie circulaire, si pittoresque et si verdoyante, m'apparut pour la première fois la ville d'Alger : spectacle inoubliable pour quiconque, debout sur le pont du navire, l'a contemplée de loin, toute rayonnante de pourpre et d'or. A mesure que l'on avance, l'illusion féerique fait place à la réalité, très belle encore. Il semble qu'on ait devant soi deux villes superposées, l'une habillée fastueusement à l'européenne, l'autre, tout orientale, se dressant fière et gracieuse au milieu de ses voiles éclatants de blancheur.

Nous voici dans le port : il faut songer à descendre. Le pont est littéralement envahi par une nuée d'indigènes qui se précipitent sur les bagages. Heureusement un homme est venu au-devant du passager novice. Il est de forte carrure et de figure énergique ; il saura défendre ma valise contre les envahisseurs. Nous échangeons une poignée de mains et aussitôt :

— Vous venez de Lyon, me dit-il, oh ! donnez-moi donc des nouvelles de mon bon P. Joyard !

— Vous le connaissez donc !

— Ah! si je le connais : J'ai vécu avec lui pendant trois ans, ici même, lorsqu'il était professeur et surveillant au collège. Il était jeune alors, et si gai ; vif comme la poudre, mais toujours prêt à rendre service ! Quels souvenirs il a laissés, et quel bien il m'a fait ! Il ne dédaignait pas de venir causer avec moi, à la cuisine, et plus d'une fois il m'a donné un coup de main. Le R. P. de Bouchaud l'aimait beaucoup à cause de sa franchise et de son dévouement. Il savait mettre de l'entrain partout. Les Pères comme les élèves, tout le monde raffolait de lui... C'est chez nous qu'il a eu peut-être la plus grande joie de sa vie, mais aussi l'une de ses plus grandes douleurs.

A mesure que le bon frère parlait, en me conduisant à la rue des Consuls, je cherchais dans un coin de ma mémoire un nom qu'au départ m'avait jeté le P. Henri. Je finis par le retrouver et je lui dis tout joyeux :

— Mais vous êtes le F. Turin?

— Parfaitement!

— Eh bien! alors je suis chargé par le P. Joyard de vous embrasser plutôt deux fois qu'une.

Le vieux Frère avait raison : c'est à Alger que le P. Henri Joyard fit ses premiers vœux. Au mois d'août 1855, l'état physique de notre cher novice s'était considérablement amélioré; toute menace de surdité paraissait conjurée pour longtemps. Henri demanda et obtint enfin, du R. P. Provincial, la permission de prononcer ses vœux de religion. Il se hâta d'en prévenir son père en lui demandant de ferventes prières.

Le jour de la cérémonie était fixé au 8 septembre. Dès le 9 de ce même mois, il recevait de Carpentras la réponse suivante :

— « Tu peux compter, cher enfant, sur la messe et la

communion que tu me demandes pour le 8. M. l'abbé Buffardin, arrivé hier soir des Eaux-Bonnes, te félicite de tout son cœur et te prodigue le secours de ses plus ardentes prières. Catherine, qui ne parle qu'avec vénération de *M. Henri*, s'unira à nous. Je pense bien que tu auras fait la même demande à Chalon : nous allons donc tous prier pour toi. Rends-le nous, cher Henri, en un jour où il me semble que Dieu doive tout t'accorder. Appelle la miséricorde divine sur les membres de la famille, qui ne sont pas encore dans la bonne voie, surtout sur ton vieux père qui a si grand besoin du secours de Dieu, pour résister aux ennuis dont il est accablé. »

Le collège d'Alger, dont l'existence devait être bien courte, se trouvait encore au berceau. Il avait été commencé sur les instances de Mᵍʳ Pavy, évêque d'Alger, et d'un grand nombre de familles, qui ne savaient comment procurer à leurs enfants une éducation solidement chrétienne. L'on n'avait alors d'autre chapelle que la cour d'une maison mauresque, transformée et agencée pour y célébrer le saint sacrifice. C'est là, qu'entre les mains du R. P. Louis de Bouchaud, Henri Joyard eut le bonheur de se donner sans réserve à Notre-Seigneur par les vœux de pauvreté, de chasteté et d'obéissance. Il y avait trois ans et un mois qu'il était entré au noviciat.

Combien d'autres, à sa place, eussent cédé à la tentation du découragement, devant l'obstacle qui se dressait devant lui. Mais il avait fait vœu de devenir jésuite : il l'était. Il devait l'être, pendant plus de cinquante ans, pour le salut d'un très grand nombre d'âmes : vrai jésuite, sans rien perdre toutefois de son cachet personnel et original.

Henri venait de se livrer au bon plaisir de Dieu. Dieu n'attendit pas longtemps pour lui demander un douloureux

sacrifice que rien ne semblait faire présager aussi prochain. Dans les premiers jours d'octobre, il recevait
de son père une lettre où le bon et spirituel vieillard,
après l'avoir vivement félicité et encouragé, lui demandait
quelques explications sur la portée de ses nouveaux
engagements.

— « Je ne suis pas trop au courant de l'effet de ces
premiers vœux que tu devras renouveler, d'une façon
définitive, dans quelques années. Ta tante a dit à Louise
que leur effet consiste : en ce que la Compagnie ne
peut plus te renvoyer, tandis que tu pourrais, toi, quitter
la Compagnie, tant que tes vœux solennels ne seront
pas prononcés. Mais je ne puis croire qu'il en soit ainsi,
et qu'une si prudente organisation permette l'indépendance d'un sujet, vis-à-vis de qui, elle-même, n'est plus
indépendante. Si tu en sais plus long, tu me ferais
plaisir de me répondre. J'ai bien vos constitutions, sur
lesquelles je me suis longtemps cassé la tête; mais j'ai
fini par y renoncer, parce qu'après m'être bien campé
sur tel ou tel article, j'en rencontrais, un peu plus loin,
un autre qui me paraissait tout aussi clairement dire le
contraire. — Est-ce la faute de mon intelligence ou de
la traduction? Toujours est-il que je n'y ai pas compris
grand chose! »

Après les explications que lui donnait Henri, il écrivait
encore le 13 novembre 1855 : — « Je ne doutais pas que
ta tante ne fût dans l'erreur, malgré sa prudence et
sa réserve habituelle; mais je ne croyais pas qu'elle fût
précisément au rebours de la vérité. Il ne me resterait
plus qu'à savoir à quoi engagent, de plus, les vœux d'un
profès, si mon parti n'était pris de me résoudre à ignorer
beaucoup de choses! »

Il est probable que Henri, dans sa lettre, avait fait quelque allusion à sa barbe naissante ou à ses cheveux trop prompts à s'éclaircir, car son père lui disait philosophiquement :

— « Mon cher enfant, tu n'es pas d'une race chevelue, et il faudrait en prendre ton parti. Heureusement qu'on fait son salut sans cela... et puis la barbe des blondins est rarement d'une nuance présentable. Mais est-ce que vous ne vous rasez pas en Afrique? Donne-moi force détails et particularités. Venant de toi, tout m'intéresse. Ne crains pas d'être diffus... » — Puis il traçait les dernières lignes de cette belle écriture qu'Henri allait lire pour la dernière fois!

— « L'oncle Pagès baisse beaucoup, dit-on. Hélas! il nous en arrive à tous à peu près autant. On ne gagne rien à vieillir. Ma vue baisse, mes oreilles n'entendent plus un son. Il se fait dans ma tête un vacarme assourdissant. Quant au moral cela ne va guère mieux; mes idées deviennent de plus en plus confuses et, si Dieu ne me fait la grâce de me délivrer bientôt de ce reste de vie, je prévois qu'avant peu je serai en complète imbécilité! *J'ai l'espoir de te revoir encore une fois :* après quoi, je dirai bien du fond du cœur mon *Nunc dimittis!...* Adieu, cher Henri, je t'embrasse tendrement! Ne cesse pas de prier pour moi. *Adieu encore une fois!* »

Ce fut le dernier adieu.

Le 20 novembre, une lettre de Mme Augustin Fortunet prévenait le R. P. de Bouchaud que M. Joyard était mort subitement, frappé d'une attaque d'apoplexie. L'affreux chagrin qui allait briser le cœur du pauvre Henri augmentait encore sa propre douleur; elle n'avait la force que de tracer quelques lignes, et elle le priait de préparer son frère à cette terrible nouvelle.

Au lendemain des funérailles, elle lui écrivit une longue lettre pleine de détails, bien faits pour calmer les inquiétudes qu'une mort aussi inopinée aurait pu éveiller en lui, si déjà il n'avait connu les sentiments et les dispositions qui animaient un père si vertueux et si profondément chrétien.

— « Mon pauvre frère, dimanche 18, à 5 heures du soir, notre bien-aimé père recevait et lisait ta dernière lettre; à 8 heures il expirait. Depuis trois jours il avait quelques crises d'étouffement et sa tristesse avait redoublé; mais cela lui arrivait si fréquemment que nous y faisions peu attention. Comme toujours, Catherine le soignait admirablement. Peut-être avait-il quelque pressentiment secret de sa mort prochaine, car il prétendait que nous le regardions d'une façon singulière. Il me dit la veille : — « Je dois avoir quelque chose de grave. Tu me le caches, mais à ton air je ne m'y trompe pas? »

— « Dieu sait pourtant si je me doutais que dans quelques heures je ne le verrais plus. Dimanche matin il ne se sentait pas la tête bien libre : il avait des étourdissements : il se demandait s'il devait aller à la messe dans cet état. Il fallut appeler le médecin. Il lui dit avec un grand calme : — « Docteur, s'il y a danger que je tombe dans la rue et qu'il me faille quatre hommes pour me rapporter chez moi, ayez le courage et la charité de m'en prévenir. » — Le docteur se mit à rire et le laissa libre de faire ce qu'il voulait. Alors il se leva sans hésiter et il s'en fut à la messe.

« A 2 heures j'allais le voir. Il s'était jeté un instant sur son lit de camp. Il avait un peu d'agitation fiévreuse et son visage était assez coloré. Il me montra quelques papiers, me parla de l'oncle Angel dont il désirait tant le retour à Dieu, puis, me regardant avec des yeux attendris, il me demanda pardon des impatiences et des vivacités qu'il avait eues à mon égard ; après quoi il m'embrassa, mais si fort, et il me serra tellement les mains, que j'en fus navrée et ne pus me retenir de fondre en larmes. Il me dit alors : — « Je vois bien que tu me crois très malade, puisque tu pleures !... Je t'afflige ; va chez toi, ne reviens plus aujourd'hui. Fais-le pour moi, je t'en prie. »

— « Je le quittais à 4 heures... Ah ! c'est trop affreux ! Je ne l'ai plus revu vivant. A 8 heures, Catherine qui montait toutes les cinq minutes dans sa chambre le trouva levé.

— « *Je n'ai besoin de rien*, lui dit-il, *et je ne mérite pas, ma pauvre Catherine, qu'on ait tant de soins pour ma misérable carcasse.* »

— « Elle était à peine redescendue qu'elle entendit comme le bruit d'une chute. Elle fut en haut tout de suite : elle le trouva étendu à terre, agonisant, sans parole et sans connaissance. Quelques minutes après, il rendait le dernier soupir. Mon mari prévenu arriva aussitôt, mais ce fut pour aider à le mettre mort sur son lit. Le cher abbé qui le connaissait bien, et à qui il se confessait depuis longtemps, déclare hautement que si la mort a été inopinée elle n'a pas été imprévue : il s'y préparait depuis longtemps. C'est peut-être une grâce qu'il ait été délivré des tortures de l'agonie. Il craignait de ne pas les supporter avec assez de patience.

« Dimanche, devant moi, il ne cessait pas de prier, bien qu'il semblât ne pas aller plus mal. Il y avait une grande sérénité sur son visage. Il était calme et tout occupé de Dieu. Ma conviction c'est qu'il avait comme une inspiration qu'il mourrait bientôt. Nous l'avons enterré dans le caveau de mon beau-père, en attendant que nous lui fassions élever un tombeau. Ses funérailles ont été très belles.

« Pauvre père ! il a bien reçu tous les honneurs dûs à ses grades et à son beau et si noble caractère. Ce qui m'a un peu consolé dans mon chagrin, c'est de voir la quantité de personnes et de pauvres qui l'accompagnaient en pleurant. On n'entendait qu'une seule voix dans la foule : — « C'est un saint de plus au ciel et un exemple de moins dans la paroisse! C'est le bienfaiteur des pauvres que Dieu nous a enlevé! » — La pluie n'a pas cessé de tomber pendant deux jours, mais au moment où on le conduisait à sa dernière demeure, les nuages se sont dissipés, le soleil a reparu; cela m'a fait plaisir. Il me semblait comprendre par là que nous pouvions sourire à travers nos larmes parce que notre bon père est auprès de Dieu.

« Il a laissé 600 francs de messes pour le repos de son âme. Nous avons donné aussitôt, à son intention, 600 francs aux hospices et 200 francs à la Miséricorde. Nous n'avons pas voulu attendre ton retour pour faire cette aumône. Te sachant si bon, si généreux, si aimant envers notre bon père, j'étais bien sûre de répondre à tes désirs en donnant cet argent pour le bien de son âme. Quel vide maintenant qu'il n'est plus là! J'étais si heureuse de le voir arriver tous les jours chez moi. Rien ne me console comme de penser à lui et à Dieu! »

Ces touchants témoignages, ces marques nombreuses d'une mort prédestinée, furent pour le jeune religieux la meilleure des consolations. Ses larmes coulèrent avec abondance, mais il savait du moins qu'il pouvait lever les yeux vers le ciel, avec la douce confiance d'y retrouver, un jour, ceux auxquels il s'estimait redevable du bienfait de la vie et du bienfait de la vocation. Maintenant il comprenait mieux les desseins de Dieu sur lui, et il regardait comme une grâce précieuse d'avoir pu conserver, jusqu'au moment de ses vœux, les exemples, les conseils et les encouragements de son vertueux père.

Plus tard, lorsque dans ses retraites annuelles, il revenait sur le passé : — « Que serais-je devenu, se disait-il, si la mort me l'avait ravi quelques années ou même quelques mois plus tôt? » — Et il ne se lassait pas de bénir la Providence et de reconnaître sa toute maternelle et miséricordieuse sollicitude envers lui.

Elles s'écoulent rapides, les années de collège. C'est à peine si Henri s'apercevait de la fuite des heures, tant sa vie était occupée. Pris dans le double engrenage de la surveillance et de son cours de grammaire, il se dépensait avec toute la fougue qui était dans son tempérament. Il avait une faculté précieuse qui lui permettait d'échapper à l'ennui et d'en préserver les autres. Doué d'une imagination vive et d'un don très remarquable d'observation, il s'intéressait à tout et tout l'intéressait. Il résultait de là qu'il réussissait merveilleusement à intéresser les autres. Dès que le jeune surveillant paraissait quelque part, la mélancolie s'envolait comme par enchantement. Sa présence produisait l'effet d'un rayon de soleil. Maître des jeux, nul n'avait plus d'entrain que lui ; c'était essentiellement un lanceur. Dans les excursions sur les hauteurs de la Bousaréah, ou bien dans les baignades d'été sur la plage de Saint-Eugène, on était sûr de le trouver en avant, toujours payant de sa personne. Mais dès qu'il avait donné son premier coup de clochette, le surveillant prenait *sa figure de service* : il ne fallait plus s'aviser de rire, de parler sur les rangs. Tel il fut à Alger, tel il se montra à Saint-Étienne et à Avignon, également aimé et respecté des élèves, estimé et recherché de tous.

Aucun collège ne lui fut plus cher que celui d'Alger. Il s'y était d'autant plus attaché, qu'il avait obtenu l'autorisation d'y affecter une partie de sa fortune paternelle, dans le but d'aider à agrandir la maison et à y construire une chapelle.

Son départ d'Alger lui causa une profonde tristesse. Il laissait derrière lui des enfants auxquels, après Dieu, il avait donné le meilleur de son âme, un climat enchanteur, de beaux rêves d'apostolat et d'inoubliables souvenirs. Une douleur plus amère navra son cœur quand il fut sur le bateau qui le ramenait à Marseille : le cher collège dont il apercevait les toits et les cours de récréation, là-bas, à quelques mètres au-dessus des flots caressants, le collège naguère encore si bruyant et si joyeux, dont les portes venaient de se fermer au bruit des applaudissements qui saluaient la veille les triomphes de ses jeunes lauréats... il apprit qu'il ne devait plus se rouvrir de longtemps. Imposée aux supérieurs majeurs par des raisons d'une exceptionnelle gravité, cette mesure inattendue affligea tellement le jeune religieux qu'à plusieurs reprises, on vit couler ses larmes durant la traversée d'Alger à Marseille.

De retour en France, le P. Henri Joyard fut envoyé dans la maison de Vals, près du Puy, en Velais, afin d'y commencer l'étude de la philosophie. Avant de s'y rendre, des arrangements de famille l'obligèrent à s'arrêter quelques jours à Carpentras. Hélas ! la maison paternelle était vide, la porte verrouillée, les fenêtres closes. La mort avait passé par là. Henri courut au cimetière s'agenouiller sur la tombe de son père, et lui renouveler la promesse de ne pas tromper l'espoir que ce grand chrétien avait tant de fois exprimé à son cher enfant : — « Montre-toi digne de ta sublime vocation. »

Pour toute sa famille ce fut une semaine de consolations très douces. La fidèle Catherine était là. Pour récompenser l'admirable dévoûment de cette brave fille envers son maître, Mme Fortunet avait eu la délicate pensée de la garder auprès d'elle. Catherine, désormais, faisait partie intégrante de la famille.

XV

EN ROUTE VERS LE SACERDOCE. — VALS
ET LE SCOLASTICAT.

« Faites votre journal ! » — disait volontiers le P. Joyard
aux jeunes religieux qu'il préparait de loin au ministère
de la prédication. — « Faites votre journal et écrivez-y
tous les jours une page ou quelques lignes. C'est le moyen
facile et sûr d'apprendre à exprimer vos pensées aisément,
et de vous créer un style personnel ! »

Que le conseil soit bon et justifié par le but à atteindre, on peut l'admettre. On peut même croire qu'il
avait pratiqué jadis ce qu'il conseillait aux autres. Mais
nous n'en avons trouvé, malheureusement, et nous n'en
pouvons fournir aucune preuve, même la plus légère.
De canevas sommaires, sommairement griffonnés, le bon
Père a laissé toute une cargaison. Joignez-y cinq ou six
discours inachevés, quelques notes précieuses crayonnées
au moment de ses retraites annuelles. Je ne parle pas des
lettres que nous avons pu recueillir, grâce à la parfaite
obligeance de quelques personnes, ni des résumés de retraites ou d'instructions qui nous sont parvenus par la même
voie. C'est tout ce qu'il nous a été possible de découvrir
dans les papiers du vénéré défunt. Il est une période de sa
vie que nous pourrions presque résumer ainsi : trois ans de

philosophie, trois de régence, quatre de théologie, un point :
c'est tout. Les particularités que nous allons signaler, nous
ont été transmises par quelques rares survivants du scholasticat de Vals et de Fourvière.

En théologie comme en philosophie le P. Joyard fut un
élève apprécié de ses maîtres. Il aimait le travail.

Beaucoup de pénétration dans l'esprit, une heureuse mémoire, un jugement sûr et une singulière facilité d'élocution
auraient pu, peut-être, lui ménager des succès plus brillants.
Il n'y aspira jamais : ce n'est pas qu'il manquât de sang-froid
ni de subtilité. C'est que pour croiser le fer élégamment,
dans les joûtes théologiques, il ne suffit point de la finesse
de l'esprit, il faut, en plus, la finesse de l'oreille. Si l'on entend mal, comment saisir au vol l'objection et la transpercer
d'un coup rapide et sûr ?

C'est sans doute pour la même raison, que dans les fra-
ternelles causeries des récréations, le cher Père eut toujours
une tendance marquée à prendre et à garder la parole. Il la
maniait du reste avec tant de brio, de souplesse et d'esprit,
qu'à la condition de le pousser et de l'exciter un peu, nul ne
regrettait de lui céder son tour de parler. Il suffisait de voir
un groupe plus nombreux et plus animé que les autres pour
être certain que le P. Joyard était là. S'il monopolisait quelque peu la conversation, il évitait avec grand soin toute per-
sonnalité blessante, et, quand il avait manqué sur ce point
dans un moment de vivacité, il était le premier à en souffrir,
à s'en repentir et à en demander courageusement pardon.

Il avait — on lui a souvent rendu ce témoignage — le
don rare et précieux de captiver l'attention et d'exciter une
aimable hilarité, sans dommage pour l'amour-propre des
autres et sans blesser la charité, chose bien difficile. La fer-
tilité de son imagination et le tour original qu'il savait

donner aux moindres riens, aux plus petits incidents, lui fournissaient, en abondance, des thèmes de conversation, sans qu'il fût besoin d'entamer le chapitre du *cher prochain*. Aussi plus que personne avait-il, dans ses retraites, le droit de dire aux femmes du monde : — « Mesdames, si vous ne pouvez avoir de l'esprit qu'au dépens d'autrui et, à la seule condition de mordre jusqu'au sang vos amies ou vos rivales de salon, taisez-vous ! »

Le P. Joyard était véritablement né causeur, de bonne heure il prit soin de cultiver cette qualité qu'il tenait de race : manifestement, il avait hérité de son père; et son père parlait et écrivait comme un gentilhomme. Averti par de précoces menaces de surdité qu'il ne pourrait guère, au cours de sa vie religieuse, exercer d'autre ministère que celui de la prédication, Henri, dès la sortie de son noviciat, ne voulut négliger aucune occasion de développer le talent qu'il avait reçu de Dieu.

C'est dans ce but qu'au scolasticat, sans négliger jamais l'étude de la philosophie et de la théologie, il mit soigneusement à profit *congés, catéchismes* et *lectures*.

Les anciens étudiants de Vals n'ont pas perdu le souvenir des fameux jours de congé. Le jour venu, les jeunes philosophes, las de batailler avec des syllogismes, quittaient leurs étroites cellules, s'en allaient par bandes joyeuses, respirer l'air à pleins poumons, en arpentant depuis le lever jusqu'au coucher du soleil, les vallons, les rochers et les forêts des environs.

Et le P. Henri Joyard était passé maître dans l'art d'organiser un congé! C'était une bonne fortune de l'avoir pour compagnon. Il s'entendait à merveille à explorer les bois et à y découvrir un site pittoresque et enchanteur. Nul ne savait mieux que lui improviser un dîner

champêtre. Une petite somme était mise à la disposition
de chaque bande. C'était assez pour acheter, le long de
la route, lait, beurre, fromage et pommes de terre; une
batterie de cuisine, au moment voulu, sortait de sa
cachette. Les sacs étaient ouverts, le menu étalé sur
l'herbe. Et l'on dînait comme chez Véfour, avec meilleur
appétit et plus de franche gaieté. Le salon était à côté
du restaurant : on y prenait du café, du vrai café! Et la
causerie allait son train, charmante, variée, coupée de temps
en temps par des rires sonores. Non, ils n'engendraient
pas la mélancolie, ces apprentis *hommes noirs!* c'est
qu'au fond, tout au fond de leur cœur de vingt ou vingt-
cinq ans, il y avait la joie du bon Dieu.

Puis, à un signal donné on faisait silence. Et chacun à
tour de rôle prenait la parole : l'un lisait à haute voix
quelques pages choisies de Bossuet ou de Lacordaire. Un
autre débitait un morceau oratoire de Bourdaloue ou de
Montalembert, un troisième improvisait bravement, après
quelques minutes de réflexion, un discours de cinq minutes; après quoi, lecture, déclamation, sermon improvisé
étaient passés au crible de la critique : critique fraternelle
et impartiale, sans doute, mais où le blâme d'ordinaire
l'emportait de beaucoup sur l'éloge. Ce n'était point un
cénacle d'admiration mutuelle.

On devine sans peine, que dans ces divers exercices qu'il
s'ingéniait à varier et à multiplier, le P. Joyard ne manquait guère de jouer le rôle principal et de faire la plupart
des frais. Dès cette époque, s'accusait en lui le goût très
prononcé de la prédication simple et distinguée, claire
et concluante, doctrinale et pratique. Causer avec son auditoire lui paraissait le moyen le plus sûr d'éveiller l'intérêt,
de soutenir l'attention, d'éviter le ton chantant et décla-

matoire, le genre ennuyeux enfin, qui est le pire de tous.

Mais tandis que les futurs ouvriers de l'Évangile, tantôt sous des voûtes de verdure et tantôt à la pointe des cimes rocheuses, développaient ainsi leur talent de parole et la vigueur de leurs poumons, la Providence, à Vals surtout, leur fournissait un champ de manœuvres à souhait, pour y déployer leur jeune éloquence et y exercer leur zèle. Pays de foi solidement enracinée au sol, le Velais a gardé très vivants le souvenir et le culte de son grand apôtre, saint François Régis. Les leçons qu'il y prêcha jadis et les miracles dont il les accompagna souvent, malgré trois siècles écoulés, ne sont point tombés dans l'oubli. Le peuple y est resté profondément catholique. Il aime ses églises et, au besoin, il les défend jusqu'à la mort. Il aime ses prêtres : *il a même un faible pour les Jésuites.*

Il y a cinquante ans, il n'était presque pas de hameau, de village un peu important qui n'eût sa *Béate*, comme une paroisse a son curé. La Béate est une bonne et sainte fille, moitié religieuse, moitié séculière, qui apprend à lire et à écrire aux petits enfants, visite les malades, fait le catéchisme et préside les réunions pieuses en l'absence du pasteur.

Or, Béates et curés des environs du Puy invitaient volontiers les jeunes frères de saint François Régis, à leur apporter le plus souvent possible, le secours de leur piété et de leur éloquence. On les voyait donc, le dimanche, sortir deux à deux du scolasticat, traverser la ville et s'orienter ensuite vers les hameaux d'alentour. Arrivés au village, l'un d'eux se chargeait du catéchisme, l'autre de l'instruction, chacun à son tour. C'est ainsi que le P. Henri Joyard, prédicateur avant la lettre, évangélisa, non sans succès ni sans fruits, les humbles auditoires de campagne qu'il aima toujours autant qu'il en était goûté.

Enfin, dans les moments libres que lui laissait la préparation des cours et des examens, il s'adonnait à des lectures toujours choisies en vue de la prédication. Sans dédaigner les grands modèles de la chaire chrétienne, il allait de préférence aux auteurs contemporains, aux maîtres de la langue française du XIXᵉ siècle. Ses auteurs favoris, ceux qu'il conseillait en toute occasion, c'était Mgr Pie et Louis Veuillot. Il aimait Veuillot avec passion : c'était son livre de chevet. Il ne comprenait pas qu'on pût ne pas l'aimer et l'admirer ! Aussi écrivait-il un jour à une personne dont il dirigeait les lectures :

— « Il y a quelques jours, une dame de Marseille qui fréquente les salons et qui n'est pas sans prétention au bel esprit, me disait : « Je trouve *Çà et là* horriblement bête ! » Si elle avait enfilé cent sottises elle aurait moins baissé dans mon estime. J'ai meilleure opinion de vous. »

Lorsque le P. Henri vint suivre les cours de théologie à Fourvière, il n'eut point l'occasion de catéchiser ni de prêcher aussi régulièrement qu'à Vals, mais en revanche il eut celle, fort prisée des jeunes théologiens, de descendre souvent dans les différentes églises de Lyon pour y entendre les prédicateurs de Carême et d'Avent. Le P. Joyard n'eut garde d'y manquer et il en tira plus d'un utile enseignement, témoin ce qu'il écrivait plus tard.

— « Vous avez raison : dans les prédications les moins fines, il y a de l'excellent. Qu'il y a peu de consistance dans les âmes qu'on ne peut améliorer qu'en charmant leur imagination ! Un jour, j'ai entendu une fin de sermon où tout manquait, action, forme, logique. Or je venais d'entendre un beau diseur qui m'avait si fort impatienté que j'étais

sorti de l'église. Je tombe sur le prédicateur de l'église voisine. Au point de vue de la rhétorique, c'était tout ce qu'il y
a de plus nul; mais son humble parole avait une âme. Impossible de définir ce qui trahissait cette âme; mais enfin
l'âme, une bonne âme, bien miséricordieuse, bien sacerdotale, se faisait jour à travers cette pauvre parole humaine...
qu'un artiste eût appelée détestable. Eh bien! rarement je
me suis trouvé aussi ému, refait, fortifié par une prédication.
— Si je disais tout ce que je pense de l'éloquence sacrée,
on me prendrait pour un fou, et pourtant je n'ai pas assez
d'humilité pour croire que je serais dans le faux. »

Il faut croire que ce jour-là, le bon Père prit la ferme
résolution de ne jamais sacrifier aux grâces d'une rhétorique
de convention. Il y fut toujours fidèle. Il n'en faudrait pas
conclure néanmoins qu'il se crût, pour cela, dispensé de
soigner sa parole. Il s'ingéniait, au contraire, à la rendre
intéressante, colorée, toujours correcte, élégante même
dans sa simplicité. Mais il voulait avant tout qu'elle jaillît
du cœur, qu'elle eût cette chaleur de conviction, cet accent
de franchise et de vérité que seule peut donner une foi
ardente, qui vient enfin d'une âme brûlante de zèle et toute
pénétrée de Dieu. Il était le premier à pratiquer le conseil
qu'il donnait aux autres : — « Il faut vivre et prier sa parole avant de la distribuer à son auditoire ! »

XVI

PRÊTRE ET PROFÈS.

Le P. Henri Joyard allait finir sa troisième année de
théologie au scholasticat de Fourvière. Quinze ans s'étaient
écoulés depuis son entrée au noviciat, et il en avait trente-
deux, bien comptés, quand enfin se leva le jour de son élévation au sacerdoce.

Être prêtre! comme ces deux mots font battre le cœur de
tout séminariste, de tout jeune religieux à qui le Seigneur
a dit : « Viens, suis-moi. Je veux faire de toi un pêcheur
d'hommes! » Être prêtre pour s'enivrer chaque matin du
sang de l'adorable Victime et en faire la rançon des pauvres âmes perdues : quel rêve pour un cœur d'apôtre! rêve
longtemps nourri, caressé avec amour, bien qu'il s'y mêle
souvent le tremblement de la crainte, crainte de n'être pas
assez pur. Cependant c'est le désir, c'est l'amour qui l'emporte.

Qu'elle tarde souvent à sonner l'heure de la première
ascension à l'autel! Mais s'il est quelqu'un pour qui cette
heure, si ardemment désirée, soit lente à venir, c'est celui
qui s'y prépare et qui l'attend dans la milice et sous l'éten-
dard de saint Ignace de Loyola. Ce n'est qu'après une longue
série d'épreuves, après des années d'études et des années
d'enseignement, dans toute la maturité de l'âge et de la

vertu, presque à mi-chemin entre la tombe et le berceau
que l'aspirant au sacerdoce peut enfin s'écrier : Voici le
jour de mon ordination !

Aussi est-ce avec une profonde allégresse, qu'au commencement de juin 1867, le P. Henri Joyard écrivait à sa
sœur, Mme Fortunet, et à son beau-frère, pour les inviter
à son ordination.

La cérémonie eut lieu dans la chapelle du scolasticat.
La famille du P. Henri s'y trouvait, au complet, y compris
la brave Catherine, qui fondait en larmes ; le lendemain,
quand elle vit son « *bel Henri* » monter à l'autel de Notre-
Dame de Fouvière, pour y célébrer sa première messe :
— « Oh ! bien maintenant, disait-elle, je puis mourir !
*Après ça, il n'y a plus que le ciel qui soit plus
beau !* »

Désormais, il y a deux anniversaires que le nouveau prêtre ne manquera plus d'inscrire dans sa vie, et de commé-
morer avec une immense reconnaissance. Tous les ans, le
16 janvier, il passera une heure en adoration devant le
Saint-Sacrement : c'est l'anniversaire de sa naissance. Tous
les ans, le 16 juin, il dira la Sainte Messe en action de grâces : c'est l'anniversaire du jour où pour la première fois il
a pris le calice entre les mains.

— « Dieu m'a fait la grâce, écrivait-il un jour à un ami,
de bien comprendre que le moyen d'assainir, d'embellir et
d'enrichir chacune de mes journées, c'est d'y mettre chaque matin une messe aussi fervente que possible. »

Il était du nombre de ceux qui ne prennent pas leur
parti de s'accoutumer à célébrer le saint sacrifice, et volontiers, lui aussi, aurait dit comme un saint religieux :
— « On assure que le plus beau jour de la vie, c'est le
jour de la première messe ! Non ! il en est un plus beau :

c'est le jour de la seconde; et un plus beau encore, celui de la troisième! »

Et lui qui se plaignait de n'avoir jamais pu dresser un vers français sur ses pieds, ni lui trouver une rime convenable, bien qu'il eût pourtant l'âme pleine de poésie, comme il devait goûter, ces beaux vers inspirés au P. Longhaye, au matin d'une première messe [1] :

> « Mais jusqu'à l'éternelle aurore
> Laisse-moi, toute fraîche encore,
> La fleur de ce premier matin... »

Quiconque a vu le P. Henri, Joyard célébrer le saint

[1]. Hommages d'un prêtre à ses confrères.

UN VŒU DE NOUVEAU PRÊTRE...

> *« J'espère ne pas m'accoutumer*
> *à dire la Sainte Messe. »*

1.

Qui me rendra ta jeune sève,
O fleur de mes premiers désirs ?
Qui me rendra — n'est-ce qu'un rêve ? —
Le parfum des anciens plaisirs ?
Oui, rêve; oui, chimère; oui, démence;
L'inexorable accoutumance
Courbe tout de son poids immense,
Glace tout sous son froid niveau.
C'est la loi : rien ne trouve grâce,
Tout languit, tout s'use, tout passe,
Et ma faiblesse est vite lasse
D'un bonheur qui n'est plus nouveau.

2.

Mais quoi! le bonheur tout céleste
Que Jésus me fait aujourd'hui,
Languira-t-il avec le reste?
Grâce du moins, grâce pour lui!

sacrifice dans les dernières années de sa vie, tous ceux
qui, comme moi, ont pu envier sa foi profonde et les ar-
deurs de son âme, lorsque, prosterné à deux genoux sur
les dalles, immobile, recueilli, absorbé en Dieu, il faisait

Ah! ce temps qui ronge et qui broie,
Qu'il m'arrache comme une proie
Tout plaisir, toute humaine joie,
Je lui livre ce vil butin.
Prends, despote; emporte, dévore;
Mais jusqu'à l'éternelle aurore
Laisse-moi, toute fraîche encore,
La fleur de ce premier matin.

3.

Rencontre intime du bon Maître,
Cœur à cœur, baiser matinal,
Tout cela pour moi, pour un prêtre,
Lentement deviendrait banal!
L'astre dont la clarté m'inonde,
Dont je sens la chaleur féconde,
N'aurait plus, ô honte profonde!
Qu'un rayon pâle et refroidi!
Parce que les jours vont se suivre,
Le calice où la foi s'enivre
N'aurait pour moi qui dois en vivre,
Qu'un reste d'arôme affadi!

4.

Aurais-je donc, moi, cendre et terre,
Faible esprit, cœur plus faible encor,
Touché le fond du grand mystère
De l'inépuisable trésor?
Mais à l'aspect d'un Dieu victime,
Le chérubin, au vol sublime,
Pris du vertige de l'abîme,
Se perd dans cette immensité.

sa longue action de grâces, peuvent affirmer sans crainte
que le jeune prêtre n'avait pas laissé s'affadir, par l'accoutumance, l'arôme divin qu'exhalait son beau calice au matin
de sa première messe. *Calix meus quam præclarus et ine-*

Non, point de borne à la carrière,
Montons, montons, jamais arrière,
Toujours plus haut dans la lumière,
Dans la foi, dans la charité.

5.

Foi, charité sacerdotales,
Jusqu'au bout vous irez croissant ;
Il n'est point de forces fatales ;
Je suis libre et Dieu tout-puissant.
Jésus sera toujours le même,
Clarté, bonté, beauté suprême ;
Et moi, comme aujourd'hui je l'aime,
Je veux, je puis l'aimer sans fin.
Tout meurt en moi, mais je suis prêtre,
Je puise à la source de l'être.
Boire un sang divin, c'est renaître
Et je le bois, ce sang divin.

6.

Chaque jour, il faut à la vie
Le pain qui vient de vous, Seigneur
Il faut à l'âme inassouvie
Quelques parcelles de bonheur.
L'âme les cherche, haletante,
Et du souvenir à l'attente,
Elle oscille toujours flottante,
Mendiant sa goutte de miel.
Prêtre, ma part est assurée :
Aliment de ma faim sacrée,
Chaque jour la manne adorée
A mon ordre pleuvra du ciel.

brians! telle était sa devise quotidienne. S'il aimait tant son cher Fourvière, c'est qu'il y retrouvait les joies si vives et si pures de son sacerdotal printemps. C'est pour le même motif qu'il écrivait :

— « J'aime Lyon. La foi y est vive encore, les auditoires plus sérieux qu'ailleurs, les œuvres multiples et florissantes. Dieu m'y a fait rencontrer de belles âmes, quelques

7.

Du pèlerin et de l'apôtre
J'ai le viatique immortel;
Je vivrai d'une messe à l'autre,
J'irai de l'autel à l'autel,
Qu'il soit le port dont, sous l'orage,
On évoque la douce image,
Pour se rendre force et courage,
Par l'espérance du retour !
Qu'il soit l'Eden où tout commence,
Mais un Eden que la clémence,
Toujours nouveau toujours immense,
Aux bannis rouvre chaque jour !

8.

Et quand, au lieu du sacrifice
Je traînerai des pas tremblants
Quand sur l'hostie et le calice
J'inclinerai des cheveux blancs;
Sous le faix d'une chair usée,
Quand fléchira l'âme épuisée,
Sang de Dieu, vivante rosée,
Fais-la revivre et refleurir.
Que ton pur attrait lui demeure !
Ah ! si jamais il faut qu'il meure,
Maître des temps, hâte mon heure,
Car avant lui, je veux mourir !

P. LONGHAYE.

1. Chez l'auteur, Hales Place, Canterbery.

amitiés solides et saintes qui me réconcilieraient avec l'humanité... et puis, c'est le berceau de ma vie sacerdotale! »

Henri Joyard était donc prêtre. Pour achever ses études théologiques, il dut passer une quatrième année à Fourvière, afin d'y préparer et d'y subir un grand examen sur toutes les matières de philosophie et de théologie. Plus d'une fois, néanmoins, il eut l'occasion d'exercer son zèle, soit dans les catéchismes qu'il faisait au dehors, soit en prêchant le dimanche, dans la chapelle de Notre-Dame de Fourvière.

C'était alors l'usage que les jeunes Pères fussent invités à y donner de temps en temps l'instruction aux pieux associés de l'Archiconfrérie. Le P. Joyard s'y fit entendre plusieurs fois, et il réussit assez bien, s'il faut s'en rapporter au jugement du bedeau de l'époque, lequel, un peu familier avec les débutants de la chaire, donnait volontiers son appréciation sur la valeur de leur éloquence. L'un d'eux demeura court après un magnifique exorde débité avec toute la *furia* française ; le bedeau, en le reconduisant à la sacristie lui dit philosophiquement :

— « Allez! allez! ce n'est pas la première fois que cela arrive et ce ne sera pas non plus la dernière. Consolez-vous! Quand je vous ai entendu commencer, je me suis dit : « S'il va jusqu'au bout, c'est le plus fort de tous! mais vous n'êtes pas allé jusqu'au bout. Ce sera pour une autre fois. »

Le P. Joyard fut payé d'une autre monnaie. Le bedeau étant en retard, il était monté en chaire sans être accompagné par lui : — « Mon Père, lui dit le bedeau après l'instruction, vous êtes arrivé le premier au pied de la chaire, et pourtant ceux qui vous écoutaient ont bien remarqué que vous n'êtes pas le premier venu. »

Ce bedeau n'était point sot.

XVII

LE TROISIÈME AN. — PRIS POUR UN ESPION. — TRONCHIENNES EN 1870. — LE R. P. PETIT. — BATAILLE DE WATERLOO.

En quittant la maison de Fourvière, le P. Joyard fut nommé professeur de philosophie au collège d'Avignon. Là encore, la préparation de ses cours, qu'il donnait avec une rare clarté, ne l'empêcha pas, au moins pendant la dernière année, de prêcher chaque dimanche aux élèves. Plusieurs sermons de fête, en diverses paroisses de la ville, achevèrent de mettre en évidence le talent du jeune orateur. Et ce fut l'entière conviction des supérieurs que Dieu, manifestement, l'avait destiné au ministère de la prédication plutôt qu'à celui de l'enseignement professoral.

Mais avant d'y être appliqué d'une façon exclusive, il lui restait une étape à franchir : l'Institut l'appelle *le troisième an*. Peut-être quelques lecteurs ou lectrices se demanderont-ils ce que des religieux, qui ont généralement de trente à trente-cinq ans, sinon plus, peuvent bien faire ou apprendre pendant ce troisième an mystérieux. Un mot d'explication.

Saint Ignace a très sagement voulu qu'il y eût comme un double noviciat pour chacun des religieux de sa Compagnie. Entre le premier et le second s'écoule la période des études littéraires, philosophiques, théologiques ; les années de régence et de professorat dans les collèges. Cette période finie, et avant de prononcer les vœux publics qui le fixeront au degré marqué par les constitutions, il faut que l'ouvrier de Dieu soit remis une seconde fois dans le moule de la vie religieuse. Une seconde fois, il devra sortir de la vie active, s'enfermer à Manrèse, y faire les Exercices de trente jours ; puis s'occuper intensivement de sa sanctification et, dans le silence et la vie cachée de Nazareth, se préparer aux labeurs de l'apostolat.

Compléter, raffermir, perfectionner l'œuvre du premier noviciat ; réparer au besoin les pertes spirituelles survenues dans l'intervalle ; donner à l'âme son maximum d'énergie dans la lutte contre soi-même, de générosité dans l'amour de Notre-Seigneur, de zèle pour le salut du prochain : tel est le but de la troisième probation.

Nul, à moins de l'avoir courageusement subie et traversée, ne saurait imaginer tout ce que cette dernière épreuve procure à l'âme de lumière et de paix, de force et de bonheur. C'est comme le point de départ d'une vie plus parfaite, un champ ouvert à des progrès nouveaux ; c'est tout à la fois l'appel et l'amorce à des ascensions toujours plus hautes. Quand il institua ce second noviciat, saint Ignace fit preuve d'une admirable sagesse, il eut une inspiration de génie. Disons mieux : c'est l'Esprit-Saint lui-même qui l'éclaira d'un rayon de sa divine lumière. On l'a bien compris, dans ces derniers temps surtout ; et plus d'un institut contemporain s'applaudit d'avoir adopté, sur ce point, les règles et les méthodes de la Compagnie de Jésus.

Ce fut au mois d'octobre de l'année terrible, que le P. Henri Joyard fut désigné pour la troisième probation. L'armée allemande avait envahi le territoire. Paris était assiégé. Rome était tombée au pouvoir de la Révolution. Impossible de trouver soit en France, soit en Italie, un lieu de refuge pour les Pères du troisième an. On décida de les envoyer en Belgique.

Le P. Henri Joyard et quatorze de ses confrères s'acheminèrent vers Tronchiennes, aux environs de Gand. L'investissement de Paris et d'Amiens obligeait à faire un long détour. Le P. Joyard, en costume civil, fut forcé, afin de pénétrer en Belgique, de traverser la Normandie pour, de là, se rendre à Lille. A Rouen, il lui survint une assez désagréable aventure. En allant à Notre-Dame de Bon-Secours faire ses dévotions, il lia conversation avec ses voisins d'omnibus :

— « Ne craignait-on pas l'arrivée prochaine des Prussiens? Avait-on songé à prendre des mesures de défense? Y avait-il des troupes et de l'artillerie en nombre suffisant pour protéger la ville contre un coup de main? etc., etc. »

Le questionneur avait des yeux bleus, des cheveux blonds, une carnation plutôt germanique, un costume bizarre. Il n'en fallait pas davantage pour éveiller les soupçons. Sûrement, c'était un espion déguisé. A peine était-il descendu de voiture qu'on lui mit la main au collet, en le sommant d'exhiber son passeport. Son passeport! mais il était sûr de l'avoir là dans son portefeuille. Hélas! plus de portefeuille. Passeport et portefeuille, l'un contenant l'autre, s'étaient égarés, avaient été oubliés, mais où? que faire? Le prétendu espion, en désespoir de cause, se réclama du supérieur des Jésuites de Rouen. Il fallait examiner la chose de plus près.

L'espion fut conduit, puis consigné à la Résidence avec défense formelle de sortir et de continuer sa route avant d'avoir prouvé son identité par des pièces officielles. Heu-

reusement, le P. Joyard eut la pensée que peut-être il avait
oublié son portefeuille en prenant son billet de chemin de
fer au Mans. Il télégraphia au chef de gare. Le portefeuille,
en effet, avait été retrouvé. Il revint avec le passeport,
et le bon Père, après trois ou quatre jours d'arrêts forcés,
put continuer mélancoliquement sa route. Peut-être se sou-
venait-il de ce fâcheux incident et de quelques autres du
même genre, dont il prétendait être assez coutumier, lorsqu'il écrivait plaisamment à un de ses amis :

— « Vous vous plaignez de n'avoir pas de chance, parce
que vous avez eu trois déceptions en six mois. Heureux
homme que vous êtes ! ça ne fait pas même ma ration à
moi pour une semaine ! »

Hélas ! en cette affreuse année 1870-1871, des déceptions
bien autrement cruelles se succédaient coup sur coup. Jamais troisième an ne fut plus douloureux que celui des pauvres Pères français à Tronchiennes ; spécialement pour le
P. Henri Joyard, qui avait hérité, de l'ancien officier roya-
liste, une âme ardemment passionnée pour les gloires de
son pays, une âme de soldat. De savoir que, par delà la
frontière, la malheureuse France agonisait sous le talon de
l'étranger, que des défaites, sans nom et sans fin, souffletaient
le drapeau national, lui était un cauchemar dont il ne parvenait pas à se distraire, une souffrance qui navrait son
cœur. Autant qu'il le pouvait pourtant, il s'efforçait de dissimuler sa blessure, car le patriotisme aussi a ses pudeurs.

Il convenait de bonne grâce, qu'en toute autre circonstance,
le séjour de Tronchiennes lui eût paru délicieux. Avec ses
jardins et ses allées ombreuses, les rideaux de peupliers et
les vertes prairies qui l'environnent, la vieille abbaye bâtie
au bord de la Lys, petite rivière dormant entre ses rives
fleuries, produit une impression profonde de paix et de re-

cueillement. Tout y favorise les graves pensées et les élans
de l'âme vers Dieu.

Mais le principal charme de Tronchiennes, ce n'était pas
la tranquillité toute monacale du lieu, ni le mystique parfum des cloîtres, c'était la présence d'un religieux au visage
empreint de sérénité et de douceur, à la physionomie jeune
encore sous des cheveux très blancs. Chargé pendant de
longues années de la direction du troisième an, cet homme
de Dieu a pu former des centaines de religieux. Il n'en
est pas un seul qui n'ait gardé l'ineffaçable souvenir de sa
bonté exquise, de ses exemplaires vertus, de ses fortes
leçons. Quand nous aurons dit qu'il a doté la Belgique de
l'œuvre admirable des retraites d'hommes, fondé les ré-
collections mensuelles du clergé, nous aurons suffisamment
désigné le bon et saint religieux, si justement surnommé
le saint François de Sales des Flandres. Doué d'une
longévité merveilleuse, malgré le poids de ses quatre-vingt-
six ans, il est encore debout, écrivant, prêchant, travaillant,
comme s'il pouvait défier la mort ou comme si la mort
l'avait oublié. Bien que trente-huit ans se soient écoulés
depuis lors, lui, non plus, n'a pas perdu le souvenir de *son
très cher fils*, le P. Henri Joyard.

Dès le premier jour, le R. P. Adolphe Petit comprit tout
ce qu'il y avait de riche et de généreux, dans cette nature
ardente mais impressionnable, sujette parfois à des accès
de tristesse, de pessimisme et d'abattement voisins du désespoir, mais capable aussi des plus héroïques sacrifices.
Il travailla à l'établir solidement dans la confiance en Dieu;
à l'équilibrer peu à peu dans le calme et la maîtrise de lui-
même.

C'est à l'école du troisième an, auprès de ce guide expérimenté et parfaitement versé dans la science des voies sur-

naturelles, que le P. Joyard puisa, en partie du moins, l'ascétisme doux et fort, les méthodes et les industries dont il fit plus tard bénéficier un si grand nombre d'âmes. Aussi conserva-t-il toujours la plus tendre affection et la plus filiale reconnaissance à son vénéré et bien-aimé Père Instructeur. A plusieurs reprises, il profita de ses voyages soit en Belgique, soit dans le nord de la France, pour se rendre auprès de lui, tant il était désireux de lui ouvrir son âme et de recevoir ses précieux conseils.

Durant son séjour à Tronchiennes, le P. Joyard conquit bien vite l'estime, la sympathie générale. Sa fine bonhomie, ses saillies amusantes et sa grande bonté de cœur lui faisaient pardonner toutes les vivacités de son caractère. Dix ans après son passage dans la vieille abbaye on racontait encore le trait suivant :

C'était au lendemain de je ne sais plus quelle victoire des Prussiens : le P. Joyard, contre son habitude, gardait le silence; de grosses larmes roulaient dans ses yeux. Oubliant que des Français étaient là, quelques Pères belges vantaient la supériorité de l'armée allemande, des généraux allemands, des soldats allemands, de la tactique allemande.

— « Si vous permettez, dit tout à coup le P. Joyard, nous parlerons d'autre chose : je vais vous raconter la bataille de Waterloo, d'après la dernière documentation, aussi solide que celle de vos Bollandistes...

— « Le matin de Waterloo, Napoléon se rendit sur une légère éminence d'où l'on dominait le champ de bataille et les environs; là il s'assit devant une petite table, et sûr de la victoire, il commença une partie d'échecs avec un de ses généraux. Un instant après, arrive un estafette au triple galop : — « Qu'est-ce? dit le petit Caporal, en poussant un fantassin d'ivoire.

— « Sire, ce sont les Anglais. Les habits rouges vont charger.

— « Nous en aurons raison, dit l'empereur ; à vous de jouer, général Drouot. »

« Deuxième estafette au triple galop : — « Sire, Bernadotte et les Suédois sont à une demi-lieue !

— « Bernadotte ! nous n'en ferons qu'une bouchée. »

« Troisième estafette : — « Sire, la première colonne de l'armée autrichienne paraît à l'horizon ! » Napoléon hausse les épaules et fait manœuvrer la reine.

« Quatrième estafette : — « Sire ! c'est Blücher et sa division !

— « Je ferai donner la *brigade de fer*, répond l'empereur, et se levant il dit : *échec ! et mat !* »

Alors, prenant sa lorgnette tranquillement, il interroge l'horizon du côté de Bruxelles. Il aperçoit dans le lointain un 5ᵉ corps d'armée s'avançant en bon ordre.

— « Qu'est-ce encore? s'écrie-t-il légèrement impatienté. »

« Un cinquième estafette survient : — « Sire, ce sont les Belges ! » A ces mots l'empereur pâlit, et d'une voix étranglée par l'émotion : — « Les Belges ! ce sont les premiers soldats du monde ! Si nous avons les Belges sur le dos nous sommes f...lambés ! »

La leçon fut comprise : on s'abstint désormais de commenter les victoires prussiennes devant les Pères français, et personne ne garda rancune au P. Joyard de sa spirituelle boutade.

Quand vint le Carême, il fut chargé des prédications quadragésimales dans la principale église de Mons. Il ne parlait d'abord que le dimanche, mais vers la fin de la station on lui demanda plusieurs retraites successives qui furent très suivies et produisirent de grands fruits. Aussi, plus tard, fut-il souvent appelé à exercer en Belgique le ministère si fructueux des retraites. Bruxelles, Verviers, Namur, d'autres villes encore, voulurent l'entendre à plusieurs reprises

XVIII

LYON. — HEUREUX DÉBUTS. — UNE RETRAITE
A CLERMONT. — DERNIERS VŒUX.

Au mois d'août 1871, le P. Joyard revint à Lyon. La
grande ville était rentrée dans le calme, et l'ordre ré-
tabli. Les Pères jésuites, emprisonnés pendant la Commune, avaient repris possession de leur résidence de Sainte-
Hélène. Un externat venait d'y être fondé, et déjà il comptait
une centaine d'élèves choisis. Dans la magnifique chapelle
bâtie par le P. Pailloux, les fidèles accouraient chaque
dimanche entendre la parole de Dieu. On résolut d'y établir
des conférences religieuses destinées aux fidèles de tout sexe
et de tout rang, désireux de s'instruire plus à fond des vérités de la foi. On jeta les yeux sur le P. Joyard, dont le
zèle et le talent étaient déjà suffisamment connus. Il fut
donc attaché à la résidence, et chargé de suppléer le
P. Monnin, l'historien bien connu du saint curé d'Ars, dans
la direction des Enfants de Marie du Sacré-Cœur.

Le P. Joyard, si j'en crois le témoignage discret des
lettres annuelles, s'acquitta fort bien de sa mission : on vit
grandir l'auditoire et s'augmenter l'empressement et l'attention des auditeurs : *Frequentior adfuit studiosior au-
ditorum cœtus.* Tel fut son succès, raconte un de ses auditeurs de l'époque, que beaucoup de familles changèrent

l'heure de leur déjeuner afin de pouvoir l'entendre. Au reste, ce ne fut pas seulement à Sainte-Hélène qu'il dut annoncer la parole de Dieu. A peine était-il fixé à Lyon, que de toutes parts il fut invité à prêcher.

De 1872 à 1873, il ne donna pas moins de quinze retraites : Jeunes économes, Dames du Calvaire, Enfants de Marie, communautés de religieux et de religieuses, furent tour à tour évangélisées par lui; et on le redemandait à l'envi. Nombreuses sont les communautés où, à partir de ce moment, il fut appelé, jusqu'à quinze fois, à donner les saints exercices, sans s'user jamais. On connaissait sa doctrine; le fond était à peu près toujours le même, n'importe : il paraissait toujours nouveau, toujours pratique ; il était toujours compris et goûté des âmes les plus simples comme des plus élevées. Dans certaines communautés enseignantes, très nombreuses, il était nécessaire d'avoir chaque année plusieurs retraites annuelles. Si le P. Joyard ne pouvait toutes les promettre, c'était à qui pourrait obtenir la permission de suivre la sienne. Et cet extraordinaire succès ne tenait point à la personne du prédicateur, ni à certaines qualités extérieures qui gagnent promptement la bienveillance et la sympathie. Sans doute il était bon, bon comme on l'est rarement, mais sa bonté se cachait souvent sous une enveloppe assez rude, qui d'abord tenait à distance et commandait une crainte respectueuse, plus que tout autre sentiment. Voici à ce sujet le témoignage d'une vénérable religieuse qui l'a bien connu.

— « C'était en 1872 ou 1873 que le P. Joyard, vint pour la première fois, prêcher une retraite dans notre maison-mère de Clermont. Il remplaçait un de ses confrères empêché au dernier moment. Les exercices devaient être suivis par un grand nombre de religieuses, professes, jeunes sœurs, novices. Le Père parut un peu effarouché de cet auditoire si peu homogène. Aussi à peine arrivé, il voulut s'enfermer dans sa chambre, afin de se livrer au travail de la préparation que demandait, selon lui, cet auditoire bigarré. La maîtresse des novices crut de son devoir d'aller lui offrir son respect, afin de lui donner un court aperçu de l'esprit et des besoins du noviciat. Elle fut accueillie plutôt fraîchement :

— « J'en sais assez long! Ça va bien, merci! »

Notre mère générale, craignant d'être bousculée à son tour, ne lui fit pas de visite. Avec les personnes du service, le Père n'échangeait que des monosyllabes. Trois jours se passèrent ainsi. A la fin, la solitude qui régnait autour de lui, et que, par discrétion, nul n'osait troubler, lui parut singulière et anormale.

— « Qu'est-ce que c'est que cette maison? s'écria-t-il d'un air assez bourru. Personne ne vient me voir, personne ne me dit un mot, ni supérieure, ni assistante, ni maîtresse des novices. C'est étrange! ça ne s'est jamais vu! »

Notre Révérende Mère et son Assistante comprirent qu'il était temps d'aborder ce terrible prédicateur. Notre Mère le fit avec simplicité et bonhomie. — « Mon Révérend Père, si nous ne sommes pas venues plus tôt, c'est peut-être votre faute.

— « Ma faute, mais comment?

— « Oui, mon Révérend Père, c'est que vous êtes un peu comme la châtaigne. La châtaigne est très bonne, mais pas quand elle est dans sa coque toute hérissée de piquants. Nous n'osions pas nous y frotter! »

Désarmé par cette petite boutade, le Père répondit en souriant :

— « Mère, désormais je serai pour vous comme la châtaigne qui est dans le commerce. Vous pouvez y compter. »

Et depuis ce jour, notre Congrégation n'eut pas d'ami plus dévoué. Cette retraite si étrangement commencée fit beaucoup de bien et fut suivie d'un grand nombre d'autres. On se souvient encore de quelques-uns de ses mots : ils se gravaient dans la mémoire et n'en sortaient plus. Par exemple :

— « Quand on a besoin de patience, il faut la faire soi-même. »

— « Au service des créatures, on ne fait pas ses frais ! »

— « Dans l'œuvre du salut chacun est à ses pièces ! »

— « Pour avoir du beau temps dans la vie religieuse, il faut deux choses : 1° porter son soleil dans sa poche, c'est-à-dire avoir un grand amour pour Notre-Seigneur; 2° savoir avaler en silence des soupes invraisemblables. »

Le P. Joyard n'ignorait pas que son premier abord intimidait parfois les personnes qui ne le connaissaient pas ou le connaissaient peu, témoin ce qu'il écrivait plaisamment vers la fin de sa vie :

— « Je vous verrai bien volontiers partout où la bonne Providence me donnera de vous rencontrer. Mais — ceci soit dit une fois pour toutes — soyez assez bonne, assez amie de la vérité, pour faire tomber la légende fabriquée, sur mon compte, par des espèces de sensitives : légende de mes mauvais accueils au premier moment. Si vous vous imaginez que je suis ravi de savoir qu'en m'abordant vous vous déployez en tirailleurs ! que peut-être vous tirez au sort, pour savoir laquelle des deux recevra le premier choc ! Il faut que vous me supposiez une nature de Huron, de Canaque, ou quelque chose d'approchant. »

Il n'en reste pas moins que le bon Père exerçait autour de lui, dès qu'on avait triomphé de la première impression, une influence singulière, une sorte d'attraction faite de respect, de confiance, de sympathie surnaturelle. Cela tenait à son impeccable franchise, à sa parfaite loyauté, à son esprit de foi, qui perçait même à travers les petites taquineries et les propos enjoués. Tout lui était bon pour trouver le chemin d'une âme. Mais on était surtout gagné par l'originalité et la justesse de ses conseils, autant que par l'irrésistible conviction qu'il voulait du bien, le plus grand bien à son auditoire et à chacun de ceux qui l'écoutaient.

Encore que tout fût distingué dans sa façon de parler, il n'y avait aucune recherche autre que celle de donner à ses pensées un tour qui les pût mieux faire saisir, comprendre et retenir. Il s'oubliait lui-même, et l'on pouvait dire de lui qu'il était autant à la place de ses auditeurs qu'à la sienne même. Grâce au soin qu'il mettait à entrer dans l'âme de son auditoire et grâce aussi à un don d'observation très aigu, on aurait pu croire qu'il avait vécu dans chacun des milieux auxquels il s'adressait. Témoin le fait suivant :

— « L'autre jour, écrivait-il, je suis allé voir une bonne personne malade, et elle m'a raconté ce qui suit. L'année dernière j'ai donné à Grenoble une retraite aux domestiques. J'aime beaucoup ces auditoires populaires, et j'y suis allé de tout mon cœur, pratique par-ci, pratique par-là. Ces braves filles, paraît-il, ont été contentes ; mais elles ne peuvent pas comprendre que je connaisse si bien leur petit monde. Elles ont fini par dire entre elles :

— « Il faut que le Père ait été en service comme nous, autrement il ne saurait pas tout ce qu'il nous dit ! »

— « J'ai été fort sensible à cette appréciation. Une de ces bonnes domestiques me disait encore : — « Mon Père, toutes vos instructions sont du pain bénit ! »

Avec de telles qualités il n'est donc pas étonnant que les

débuts du P. Joyard aient eu un grand succès, succès qui ira toujours en s'affirmant, nous le verrons bientôt.

Cette année 1872 fut marquée par un événement capital dans la vie d'un jésuite. Le 2 février 1872 entre les mains du Révérend Père Provincial de Lyon, le P. Henri fit ses grands vœux et prit rang parmi les profès de la Compagnie de Jésus.

Dans la nombreuse assistance, qui emplissait l'église de la rue Sainte-Hélène, on remarquait plusieurs membres de sa famille et des hommes du monde, bien connus dans toutes les œuvres catholiques de Lyon. Le soir, dans une fête de famille, intime et joyeuse, un vétéran de la chaire, un prédicateur à la parole apostolique et puissante, dont le souvenir n'est pas encore oublié, le P. Nègre, improvisa en l'honneur du nouveau profès, des couplets charmants et très applaudis!

XIX

PRÉDICATIONS — CORRESPONDANCE SPIRITUELLE DU P. JOYARD 1872-1875. — CARÊME DE MARSEILLE ET D'ANNECY.

Le P. Henri Joyard eut toujours un genre de prédication extrêmement personnel. Même quand il s'inspirait d'autrui, il ne ressemblait qu'à lui-même. Un fond de doctrine solide, riche et très évangélique, une manière de le présenter et de le faire valoir, neuve, vivante et extrêmement pratique : voilà ce qui constituait l'originalité de son talent. Il s'était fait de l'éloquence de la chaire une théorie plus ou moins raisonnée, mais certainement très particulière. Nous l'avons déjà dit, il n'aimait pas beaucoup ce qu'on appelle la grande prédication ; du moins, il ne se sentait aucune aptitude spéciale pour y réussir et y faire du bien. Écoutons-le lui-même :

— « Un sermon de charité et un sermon à quête, c'est tout ce qu'il y a de plus contraire à mon tempérament. Les prédicateurs beaux hommes, ayant leur affaire bien préparée et une voix dont ils sont sûrs, peuvent se risquer. Je ne suis pas du nombre. »

Quoiqu'il ait donné, avec succès, un très grand nombre de sermons de charité, beaucoup de stations d'Avent et de Carême, il semblait surtout fait pour le ministère si fructueux des retraites. C'est là qu'il déploya, dès le principe, un ensemble de qualités que l'on rencontre rarement, et qui lui assurèrent une réputation vraiment extraordinaire. Il est le créateur d'un genre. Prêcher *à la Joyard* est, dans un grand nombre de paroisses et de communautés, le meilleur éloge que l'on sache faire d'un prédicateur, et aussi, la meilleure attestation du bien opéré par lui dans les âmes.

Le P. Joyard passa quatre ans dans la résidence de Lyon, puis deux ans dans celle de Marseille. Incessamment occupé de prédications, animé d'un zèle ardent, il dut bien vite ajouter à son travail celui de la correspondance épistolaire. En vain essaya-t-il, d'abord, de se dérober à ce qu'il considérait comme un temps perdu, ou à peu près; la volonté de Dieu et l'obéissance à ses supérieurs l'obligèrent bientôt à ne pas se refuser à ce genre d'apostolat. Nous trouvons dans une lettre qu'il écrivait, au mois d'août 1872, la réponse suivante à une personne très affligée, rencontrée sur sa route, et qui le priait de la diriger désormais au milieu de ses terribles épreuves.

— « *Votre position me fait peur*, et je tromperai certainement votre attente. Il se peut que parfois Dieu m'inspire au confessionnal et en chaire des mots qui vont au cœur: mais dans mes lettres, qui d'ailleurs sont fort rares, je ne puis jamais trouver une phrase qui touche et qui fasse du bien... — « Vous avez, me dites-vous, une grande expérience ». — Non, Madame, je n'ai pas une grande expérience. Quand je vous ai rencontrée, je faisais mes premières armes dans le ministère. Jusqu'alors j'avais été toujours employé à l'enseignement. J'avais confessé quelquefois en passant, mais je n'avais dirigé aucune âme. Depuis lors, si j'ai beaucoup prêché, je n'ai pas consacré beaucoup de temps à entendre des confessions.

« Si vous étiez une âme ordinaire, je vous écrirais sans

trembler une lettre de bons conseils à tout hasard, mais en somme je suis effrayé d'avoir à me prononcer à distance, et de me trouver peut-être en désaccord avec un homme très pieux et plus expérimenté que moi. »

Cependant après avoir prié, réfléchi et consulté, comme il s'agissait d'une âme très éprouvée et qu'il croyait appelée à une haute perfection, il finit par répondre affirmativement mais en posant ses conditions.

— « J'accepte l'échange de lettres que vous me proposez. Mais laissez-moi en toute liberté vous dire mes conditions. Je ne suis pas prêtre séculier, j'ai des règles et ces règles n'encouragent guère les correspondances de direction. Il faut que les Supérieurs approuvent cette correspondance épistolaire. Peut-être la règle vous paraîtra-t-elle sévère, à vous qui êtes bonne et discrète, mais croyez que la règle est simplement prudente. Ne soyez point surprise de trouver dans mes lettres une sécheresse didactique. Depuis que j'ai vu comment sont interprétées, ou plutôt ont été interprétées des lettres d'ailleurs inoffensives [1], j'ai pris la résolution *d'être trop prudent afin de l'être assez.* Indiquez-moi toujours les points précis sur lesquels vous voulez que j'insiste. En vous répondant, je serai aussi exact que possible, et cependant vous me trouverez négligent ; promettez-moi d'interpréter bénignement tout retard et de ne pas désespérer d'avoir une réponse. »

Il ajoutait : — « Il m'est impossible de vous fixer les époques où vous devez m'écrire. Voici pourquoi. Peu de personnes peuvent plus facilement que vous se passer de direction. Vous avez dans l'âme une sincérité absolue, de l'élan

1. Allusion à des lettres saisies, au moment de la Commune, dans la maison des Pères de la rue Sainte-Hélène, et publiées ensuite dans les journaux avec des commentaires pleins de perfidie.

vers le bien. Vous recevez volontiers et vous gardez longtemps les impressions vers le mieux ; vous n'avez pas l'ombre
d'un scrupule. Dès lors vous pouvez vous soutenir sans
être constamment remontée.

« Certaines personnes passent leur temps à s'enfermer
dans un dédale dont elles multiplient les circuits. Il faut
sans cesse les dégager, les remettre sur le droit chemin,
et cette besogne délicate n'est jamais faite une fois pour
toutes. En vous, rien de semblable, et par conséquent je ne
vois pas la nécessité ni même l'utilité d'une correspondance
régulière. Il vaut beaucoup mieux noter les points sur lesquels vous croyez devoir m'écrire. Quand vous aurez recueilli la matière d'une lettre, usez de la plus grande liberté.
Écrivez-moi lorsque vous *avez quelque chose* à me dire, et
consultez votre âme plutôt que le calendrier...

« Maintenant, permettez-moi de continuer l'entretien auquel vous faites allusion. Oui ! soyez sûre, bien sûre que Dieu
a de grandes vues sur vous, que vous devez être une *grande
chrétienne* et voilà pourquoi vous avez rencontré un *immense sacrifice.*

« Mais ce sacrifice n'est venu s'imposer à votre cœur, de la
part de Dieu, que lorsque vous étiez assez forte pour ne pas
défaillir. Or ce sacrifice, dont Dieu seul connait la profondeur et peut récompenser le mérite, malgré cette nuit qui
règne dans votre âme, ce sacrifice, dis-je, est un appel direct
à la vie intérieure, au tête à tête avec Dieu ! »

Le P. Joyard n'eut jamais à se repentir d'avoir accepté la
mission de diriger cette grande chrétienne. Il eut la consolation de la voir s'élever toujours plus haut dans son essor
vers la perfection. Puissent quelques âmes bénéficier des
conseils et des encouragements qu'elle en reçut et qui nous
ont été conservés.

— « Vous me demandez ce que j'entends par la *vie inté-rieure*. Rien de plus simple. La vie intérieure consiste à donner à notre vie extérieure une âme, un ressort, un modèle, un but : cette âme, c'est Dieu. Il est présent en nous, quand nous sommes en état de grâce, d'une présence aussi réelle que mystérieuse. Par la foi nous nous emparons de ce fait, et sous le regard de Dieu, pour plaire à Dieu, nous acceptons nos peines petites et grandes, nous remplissons ces mille petits devoirs dont la série compose notre histoire. Alors tout s'éclaire, tout s'agrandit, tout s'embellit. L'exquis, mais cet exquis n'est guère possible, ce serait de ne jamais perdre de vue notre bon Dieu qui, pour être voilé, n'en est pas moins là, en nous, si près de nous ! Malheureusement les distractions, les soucis, les peines, les joies viennent souvent accaparer toute notre âme ! Que faire alors ? revenir à Dieu le plus tôt possible, nous élancer vers lui par de courtes aspirations, prendre patience avec nous-même, tendre toujours sans jamais nous lasser à une union plus continue avec Dieu. Rien de plus simple, rien de plus pratique.

« Je suis sûr que cette vie est déjà la vôtre, mais encore est-il que la mort de votre petite sainte est une invitation à mener cette vie intérieure d'une façon plus intense et plus constante. Vous voulez être avec votre chère A., penser à ce qu'elle voit, aimer ce qu'elle aime, espérer ce qu'elle possède ; vous voulez vous unir à elle, vous rencontrer avec elle. Eh ! mon Dieu ! ne voyez-vous pas combien la vie intérieure vous servira merveilleusement, et comme votre douleur maternelle vous fera une douce nécessité d'être toujours avec Dieu ?

« Vous me demandez si vous devez passer plus de temps à l'église. Je ne crois pas. La Sainte Messe tous les jours, le soir une petite visite au Saint-Sacrement, quand la chose est facile, c'est tout ce que vous devez vous imposer. Il y a en vous une femme pieuse, mais il n'y a pas l'étoffe (d'ailleurs de qualité fort équivoque) d'une dévote. La *grande chrétienne!* Voilà mon mot et votre affaire! la grande chrétienne à la hauteur de tous les sacrifices, capable de cette fidélité sèche et sans goût que vous me décrivez, marchant dans la foi et dans la confiance, malgré les sévérités de la bonne Providence.

« Je crois que vous ferez bien de consacrer, *chez vous*, un peu de temps à une petite *méditation*, dix minutes, un quart d'heure pour débuter. Commencez bien toutes vos prières par la foi en Dieu, qui entend, qui écoute, qui s'intéresse à ce que nous disons et qui exauce. Commencez aussi avec la conviction pratique que la prière n'est pas un *monologue* dans le désert, mais une parole vivante et vécue que notre âme dit à Dieu.

« Il est temps de finir. Laissez-moi encore vous donner un conseil. Bien que vous ayez l'âme assez forte pour vous passer des consolations que donne ou que peut donner la piété, je crois que vous devez vous efforcer d'arriver à ce que les auteurs ascétiques appellent le goût de Dieu! *Goûter Dieu! Savourer Dieu!* C'est un baume médicinal qui parfume l'âme et adoucit bien des douleurs sans les faire oublier. Je vous répète, faites donc d'A... un trait d'union entre Dieu et vous. Parlez-lui de cette enfant qu'il aime bien plus que vous ne pouvez le faire. Essayez de n'être pas un peu jalouse de Dieu qui a voulu la mettre dans son beau ciel. Enfin, par un procédé transcendantal, malgré le brisement de votre cœur, aimez Dieu, non seulement parce qu'il est Lui, mais aussi parce qu'Il a fait le bonheur de votre sainte et pure enfant... »

Ceux qui ont entendu l'auteur de ces extraits n'auront pas de peine à y reconnaître *du Joyard tout pur*. Les autres nous sauront gré de leur servir une doctrine si substantielle et si savoureuse. C'est un plaisir que nous ne leur épargnerons pas.

Dans des circonstances à peu près analogues, et presque dans le même temps, il écrivait à une autre personne dont l'âme et le corps avaient terriblement souffert :

— « Pour prier de tout son cœur, de toute son âme et de toutes ses forces, pour faire une prière dont on soit à peu près content, il faut que le corps ne soit pas trop écrasé par la souffrance, ni le cœur trop abattu par l'affliction. L'abattement physique et moral ne constitue pas cet état de bienêtre où la prière est douce et facile, où l'âme monte et demeure sans effort dans les régions toujours sereines de la foi. Ne vous étonnez donc pas et surtout ne vous découragez pas de vos aridités. Dieu sait ce que valent nos prières. Cependant nous pouvons dire, sans crainte de nous tromper, que ces oraisons froides et désolées, où tout nous manque, pensée et sentiment, où nous nous faisons l'effet de remonter sans succès un courant rapide, sont bien plus méritoires, supposent bien plus de fidélité à Dieu, que ces prières qui sont à elles-mêmes leur première récompense. Ainsi donc courage, et allez en avant quand même.

» Si vous ne savez que dire à Dieu, faites comme Notre-Seigneur au jardin des Oliviers. Cherchez une formule qui exprime brièvement l'état de votre âme, et puis *recommencez* lentement, persévérez dans cette prière humble et aride, jusqu'à ce qu'il plaise à Dieu de mettre dans votre âme quelqu'une de ces *modulations* dont parle l'auteur de l'Imitation au chapitre L du III⁰ livre. Lisez ce chapitre : il vous fera du bien.

« Et puis, en cherchant bien ne trouveriez-vous pas des choses bien intéressantes à dire à Notre-Seigneur? Ne pourriez-vous pas, dans vos visites au Saint-Sacrement, lui *raconter* votre âme, ses peines, ses espérances, ses désirs, ses défaillances? Tout cela sans art : de grâce, ne soyez pas *formaliste*, évitez la raideur *officielle*. Ne pourriez-vous pas aussi lui parler de Lui. Essayez par exemple de raconter la Passion à Notre-Seigneur :

— « C'est vous qui à Gethsémani, etc. », bien lentement, bien simplement, après avoir fait un grand acte de foi à la présence réelle. Il y a là, si je ne me trompe, une mine où vous trouverez de vrais trésors, et rien ne saurait mieux vous initier à la si sainte et si salutaire pratique de la méditation. »

Le P. Joyard mettait dans sa correspondance, aussi bien que dans ses entretiens, une rondeur charmante :

— « Mon cher ami, s'il me fallait retrouver les motifs qui m'ont fait vous donner telle ou telle décision, tel ou tel conseil, je serais bien à plaindre. Quelquefois je vois simplement que je ne dis pas une sottise. D'autres fois j'ai une lumière un peu plus forte. Il m'arrive aussi de faire comme les médecins, qui, ne pouvant donner un remède vraiment utile, prescrivent, pour ne pas décourager un malade, quelque potion parfaitement inoffensive. *Faire comme on peut*, voilà, dirait M. de la Palisse, le résumé de bien des vies. Le bon Dieu se sert de tout pour le bien. Mais il a sa manière à lui de voir et d'apprécier. Souvent une généralité, à laquelle nous attachons fort peu d'importance, est juste ce qu'il faut dire à une pauvre âme, dont la position compliquée semblerait demander des conseils longuement mûris et très spéciaux. D'autres fois nous croyons faire merveille et Dieu nous laisse à notre impuissance. »

S'apercevait-il qu'il avait froissé, que tel conseil, ou telle décision, donnés par lui, manquaient d'opportunité ou étaient mal compris, il était le premier à se le reprocher et à en demander pardon avec une humilité touchante :

— « Dieu m'est témoin que j'aurais voulu vous être utile à tous, et que rarement j'ai autant désiré être auprès des âmes l'instrument de la grâce. Et voilà que je ne fais rien qui vaille, que je suis lourd, sot, maladroit, que je brise des cœurs malades, que j'envenime une situation déjà tendue : c'est à désespérer de moi. Pardonnez-moi tout. Quant à espérer vous faire un bien quelconque, je voudrais ne pas y renoncer, mais vraiment ne croyez-vous pas que vous vous êtes totalement trompés sur mon compte? Ce qui arrive, je l'avais vaguement prévu :

« Confiez-moi des troupiers, leurs maîtresses, des femmes revenant de loin, des jeunes gens lancés et exposés à toutes les chutes, je suis votre homme ; mais ne me demandez pas un travail trop délicat pour lequel je n'ai pas la moindre aptitude. Je vois bien que les *âmes exquises* n'ont rien à attendre de moi. Vous ne sauriez croire combien tout ce qui m'arrive m'ôte la confiance que je devrais avoir en moi-même, pour donner hardiment l'importante retraite qui m'occupe en ce moment ! »

Une autre fois il écrit :

— « Quand mes réponses seront *à côté*, quand mes *oracles* seront *par trop obscurs*, revenez à la charge, rien n'est plus légitime et vous en avez bien le droit; mais, de grâce, ayez l'air de me demander une chose nouvelle et non un commentaire sur mon texte. En cela, je ne plaide pas la cause de mon amour-propre; mais il me faut un certain aplomb, que je n'aurai jamais, si je suis condamné à constater trop souvent, que je ne suis pas clair et que mes conseils ne sont pas *sur mesure*. »

Mais aussi, comme il exprime délicatement la joie qu'il éprouve d'avoir pu faire un peu de bien!

— « Au risque de vous étonner je vous dirai que j'ai beaucoup étudié en vous les vues de la Providence. Elles sont admirables. Notre-Seigneur vous aime beaucoup : il vous a traitée comme les âmes d'élite. Et qui plus est, il vous a donné de voir clair dans une situation qui, pour d'autres, aurait été une nuit pleine de menaces et de terreurs. Quand je vois comment nous nous sommes rencontrés, et la part qui m'est échue dans tout ce qui vous concerne, j'éprouve une grande joie, parce qu'il n'est pas possible que Notre-Seigneur ne m'aime pas un peu, puisqu'il a voulu que je fasse quelque chose pour des âmes qui lui sont si chères. Je ne sais trop pourquoi je vous dis cela, mais enfin c'est une vérité que je suis bien aise de ne pas avoir gardée pour moi. »

Citons encore :

— « ... Soyez calme et douce dans votre douleur renouvelée par ce triste anniversaire. Ce deuil qui a brisé toute votre vie a été pour vous comme le *grand sacrement*. Que de choses Dieu vous a dites et que de choses il a faites, parce que vous avez été condamnée à cette immolation! Tout n'est pas fini... Vous êtes désormais incapable de ne pas vivre *en dedans*. Dieu, tous vos souvenirs, vos douleurs, vos affections, voilà ce que vous trouvez en vous. Si Dieu était absent, vous pourriez vous plaindre, mais Dieu est là! et il y est en plein... Laissez-vous vivre à la bonne; ne raffinez sur rien. Ne cherchez pas à être tout à fait sans défauts et sans petites défaillances. Il est bon que nous soyons humiliés et que nous sentions tout le besoin que nous avons de Dieu. Après cela, que vous retrouviez quelquefois dans un livre de piété la description de ce qui se passe en vous, l'orgueil n'a rien à voir dans tout cela. — *Vous êtes fille de la grâce*. Remerciez, et n'ambitionnez pas une humilité qui ferait de vous une ingrate. La Sainte Vierge était bien humble et cependant elle a chanté son radieux *Magnificat* : Dieu a fait en moi de grandes choses, et toutes les générations m'appelleront bienheureuse!

« … L'état de votre âme, malgré toutes les variations dont vous cherchez peut-être un peu trop à vous rendre compte, est toujours excellent. Vous aurez certainement remarqué que les jours, les heures, les minutes quelquefois, se suivent et ne se ressemblent pas. Il y a dans l'action du Saint-Esprit des soudainetés, des changements de direction qui étonnent, qu'on ne comprend pas. L'important n'est pas de comprendre mais de se livrer. De plus, votre état physique n'est pas étranger à tous les phénomènes que vous remarquez dans votre âme. Soyez patiente et douce avec vous-même; ne vous taquinez pas trop et ne chargez votre conscience que de ce qui serait en vous *volontairement* imparfait.

« Dites bien à votre excellente fille qu'elle doit devenir très tolérante, très patiente; qu'elle ne doit jamais *demander le maximum de la peine;* qu'elle doit réagir, pour conserver la paix de l'âme, contre certaines indignations légitimes peut-être, mais dangereuses dans leur manifestation. Dites-lui aussi qu'elle doit savoir prendre son parti de bien des chose, que ni la douceur ni la vérité ne pourront brusquement modifier. Toute justice, toute vérité ne triomphent pas sur la terre. Le bien n'aura le dernier mot que dans l'éternité. Sans doute une chose est bien ou mal : mais pour ne pas admettre d'innombrables nuances et des circonstances atténuantes presque à l'infini, il faut n'avoir jamais vu qu'une très belle âme, toujours limpide, toujours droite, toujours sûre d'elle-même. A mesure que je prends de l'expérience, je deviens moins difficile et plus miséricordieux!... et puis il faut voir le résultat auquel on arrive en s'inspirant uniquement de la justice! »

Il y avait deux ans que le P. Joyard avait commencé son apostolat à Lyon. Chaque année, dans l'église de la Résidence, il avait prêché six ou sept mois, tous les dimanches, sans parler des neuvaines du Sacré-Cœur, triduums et autres prédications de circonstance. Le reste du temps avait été consacré à des ministères qui l'avaient appelé dans huit ou dix pays différents : Thoissey, Mâcon, Bourg, Autun, Voiron, Clermont, etc., etc. Un travail aussi continu l'avait épuisé au physique et au moral. Obligé, la plupart du temps, ainsi qu'il disait : *de pétrir et de cuire son pain au fur et à mesure,* il s'était véritablement surmené le cerveau. Les supérieurs jugèrent bon de lui accorder un peu de repos. Aussi écrivait-il le 9 juin 1873 :

— « Dès les premiers jours de juillet, je partirai pour La Louvesc, et j'y passerai deux mois à travailler à me refaire, à me recommencer, car je suis depuis longtemps à bout de moi-même et condamné à vivre d'expédients. Mais qu'est-ce que La Louvesc? me direz-vous. On peut très bien savoir la géographie et ignorer que La Louvesc est un tout petit village situé dans les montagnes de l'Ardèche et entouré de forêts de sapins. Saint François Régis y est mort, et son tombeau est visité chaque année par 40 ou 50.000 pèlerins.

« Nous avons à La Louvesc une maison où je serai parfaitement tranquille, solitaire au milieu d'une nature sauvage et grandiose. J'espère y trouver non seulement du temps et de la facilité pour y faire des provisions intellectuelles, mais surtout bien des grâces dont je ressens de jour en jour plus vivement le besoin. A mesure que j'avance, je trouve plus difficile l'art de conduire les âmes à Dieu. Descendre dans certains cœurs, panser certaines blessures, produire des résurrections, des ascensions, des pentecôtes, c'est une entreprise de nature à effrayer la faiblesse humaine. En face d'un semblable travail, que l'homme est peu de chose sans la grâce de Dieu! Comme j'ai besoin de prier et que l'on prie pour moi! »

— « Le séjour à La Louvesc, écrivait-il au moment de redescendre, m'a procuré une bienheureuse tranquillité dont je n'avais pour ainsi dire pas l'idée. Je n'ai pas pu faire tous les travaux que j'avais projetés, mais je n'ai pas perdu mon temps; ce qui ne m'empêche pas de voir arriver avec un indicible effroi le mois de septembre et d'octobre, et surtout les prédications sur place qu'il faudra reprendre au mois de novembre. »

A peine rentré à Lyon, *son port d'attache*, le P. Joyard reprit sa vie de travail. Le travail ne manquait pas à la résidence de la rue Sainte-Hélène. Il serait difficile de donner une idée de l'activité féconde qui y régnait, durant cette période de 1873 à 1880. Sous le gouvernement du R. P. Gautrelet, de sainte mémoire, auquel succéda plus tard le R. P. Monnot, quarante-sept religieux se dépensaient, sans compter, aux divers emplois du ministère des âmes et de l'enseignement de la jeunesse. On n'y comptait pas moins de dix associations florissantes, comprenant hommes et femmes, jeunes gens et jeunes filles de tous les rangs de la société. La chapelle était toute grande ouverte au public : aussi bien, le samedi et la veille des fêtes, les confessionnaux étaient-ils littéralement assiégés. Le dimanche on y accourait en foule pour y entendre la parole de Dieu. Un mois ne s'écoulait guère sans qu'on y vînt encore suivre les exercices d'une retraite, d'une neuvaine ou d'un triduum.

En 1872, Mgr Ginouilhac, l'archevêque de Lyon, voulut y prêcher lui-même le panégyrique de saint Ignace. Après avoir, en finissant, décerné à la Compagnie de Jésus les plus beaux éloges, pour la pureté de sa doctrine, la sagesse et l'ardeur de son zèle, il se félicita hautement de posséder dans sa ville archiépiscopale, des auxiliaires de son clergé si vaillants, si dévoués.

Parmi les œuvres qu'il se plut à louer particulièrement, il n'oublia pas de signaler *les Écoles du soir*, en faveur de la classe ouvrière. Chaque soir, en effet, quand les ombres de la nuit étaient tombées, de tous les points de la ville, des bandes de grands écoliers se dirigeaient vers la rue Sainte-Hélène : ils venaient remplir les classes laissées vides par les élèves de l'externat rentrés dans leur famille. Là, de 8 à 10 heures, plus de 300 jeunes ouvriers, employés ou apprentis, recevaient un enseignement théorique et pratique, approprié à leur intelligence et à leurs besoins. Les cours étaient donnés par une douzaine de professeurs, choisis avec grand soin et payés sur un budget, qu'alimentaient l'argent mignon des enfants de l'externat et une loterie annuelle, qui ne produisait pas moins, chaque année, de 6 à 7.000 francs.

Le créateur de cette œuvre si belle et si nécessaire est mort récemment, avec la joie de l'avoir magnifiquement implantée dans une grande ville industrielle, et le regret de n'avoir pu la ressusciter à Lyon [1] ! C'était un connovice et un ami du P. Joyard. Nul doute que ce dernier ne lui ait plus d'une fois prêté le concours de sa parole. Chaque

1. Le R. P. Croizier.

dimanche, en effet, après s'être livrés dans la cour de l'externat à des jeux bruyants, nos écoliers se rendaient à l'église, pour y chanter les vêpres d'une façon non moins sonore et y entendre une courte instruction.

En ce milieu, si favorable à l'exercice de son activité, le P. Joyard était dans son véritable élément. C'est là qu'il vécut durant quatre années. Mais ses courses au dehors ne tardèrent pas à devenir plus fréquentes. Il dut renoncer à ces conférences dominicales auxquelles il était rompu, et se résoudre à aborder la prédication des stations de carême.

— « Cette perspective m'épouvante, écrivait-il, mais il faut toujours préférer ce que Dieu demande. » Il avait été désigné pour prêcher le carême à la Primatiale. Il eût cent fois préféré un carême dans une petite ville : *Cette immense église lui faisait peur.* Aussi finit-il par obtenir de son supérieur une autre destination. Mais s'il avait pu, selon son expression, *décrocher* le carême de Saint-Jean, il ne put refuser celui de Saint-Charles à Marseille.

Il écrivait de Marseille vers la fin de mars 1874 :

— « J'ai eu ici des débuts fort laborieux et presque inquiétants. Mais rien n'est bon comme de savourer l'humiliation. C'est alors que Notre-Seigneur se prépare à bénir. Aujourd'hui j'ai à peu près conquis ma petite position : les gens viennent plus nombreux et l'on me dit que ça va bien. Mon curé est content. Je n'en ai pas moins besoin de compter sur vos prières. Réunir quelques indifférents au pied de la chaire, n'est pas un résultat. Il faudrait aller jusqu'aux âmes ! et, ici, que d'âmes sont empêtrées, pardonnez-moi le mot, dans les richesses et les commodités de la vie. Cette paroisse de Saint-Charles est assez drôlement composée. Il y a de l'excellent, mais en quantité modeste. Monde financier, monde de l'agiotage, monde du théâtre, monde du plaisir, vous comprenez que tous ces chrétiens-là sont peu amateurs de sermons !

« Que je voudrais, ajoutait-il, vous envoyer notre soleil de Marseille. Comme vos rhumatismes seraient vite guéris ! Quand on respire cet air et qu'on voit ce ciel limpide, Lyon ressemble à un mauvais rêve. Et pourtant c'est une réalité que j'aime, que je désire retrouver. Je crois cependant que je m'habituerais bien vite à Marseille. Nous y avons une maison où nos Pères travaillent beaucoup, et, somme toute, vu le caractère des naturels du pays, il est peut-être moins difficile de prendre racine ici qu'à Lyon. Comme je n'en suis pas là, je ne pousse pas plus loin cette étude. »

L'année suivante, le P. Joyard, qui aimait les bonnes petites villes, fut servi à souhait : on l'envoya à Annecy. Le bon évêque, M⁅ʳ⁆ Magnin, qui avait entendu parler de lui, l'avait demandé nommément pour le carême.

D'Annecy il écrivait le 7 mars : — « Je suis assez content de mon carême. La difficulté n'est pas d'être assez fort pour ces excellents Savoyards, mais de vaincre leur apathie — je parle surtout des hommes. Monseigneur est d'une bonté parfaite, son entourage fort aimable, le pays ravissant. Je me trouverais très heureux, si je n'avais la manie — plût à Dieu que ce ne fût qu'une manie ! — d'être partout malheureux et ennuyé. Je ne suis pas mûr pour le ciel ! Mais je ne trouve pas belle la terre. S'il n'y avait pas des devoirs à remplir, si Dieu ne m'avait pas fait connaître quelques bonnes et belles âmes, — je serais parfois tenté de maudire le jour de ma naissance. Vous ne me connaissiez pas sous ce jour ! Je sais compatir à la douleur des autres parce que je sais bien ce qu'est la souffrance ! »

Vers la fin de la station il écrivait encore : — « Mon carême va tout doucement. La retraite des hommes est la grosse affaire : je n'en suis pas encore là ! »

Dix jours plus tard, nous trouvons sous sa plume cette note mélancolique : — « Mes chers hommes ne m'ont pas inondé de consolations. Les assises m'ont fait une rude concurrence. On y jugeait une affaire qui a passionné l'opinion publique, et les séances se sont prolongées jusqu'à 2 heures du matin. Il s'agissait de deux personnes, la mère et la fille qui, par une série d'empoisonnements, ont fait disparaître plusieurs de leurs parents afin d'avoir leur héritage. Il y avait plus de foule et d'encombrement au palais qu'autour de ma chaire ! J'ai fait de mon mieux ! Il n'y a plus qu'à me résigner ! »

Le P. Joyard n'avait point, comme on le voit, une petite faiblesse assez commune, dit-on, parmi les ouvriers évangéliques. A tort ou à raison, on prétend que les prédicateurs ont une tendance presque irrésistible à voir double, du haut de la chaire. Le désir bien naturel qu'ils éprouvent d'évangéliser les foules se confond parfois avec la douce illusion d'avoir ces foules devant eux : 300 personnes remplissent, à la combler, une enceinte qui en pourrait contenir 1.200. Les chiffres de prédicateurs jouissent d'une assez médiocre réputation. Le P. Joyard avait trop d'esprit et de bon sens pour tomber dans ce travers. Quand il croyait avoir réussi, il le disait à son supérieur avec une bonhomie charmante : — « Mon Révérend Père, la retraite a été bonne, elle a fait du bien : je vous le dis, autrement vous ne le sauriez pas, et il est fort possible que vous teniez à le savoir. »

Mais en dehors de là, nul n'était plus réservé et plus modeste à propos de ses prédications. Un jour, un de ses amis lui écrivait pour se plaindre qu'il ne l'eût pas averti qu'il devait prêcher un sermon dans sa paroisse.

— « Mon cher ami, lui fut-il répondu : 1° Je ne savais pas que toute la ville pût assister à cette cérémonie de vêture ; 2° jamais je n'ai osé inviter mes amis à venir entendre un seul de mes sermons, et cela, parce que je ne voudrais ni les ennuyer ni perdre leur estime ; 3° si je prévenais quelqu'un quand je dois prêcher, je me trouverais coupable et capable d'une fatuité. Or je puis bien être un triple niais, mais j'ai — comment dirai-je? — la fatuité de ne pas me croire fat du tout! »

Par contre, il aimait assez à narrer ses mésaventures en éloquence.

— « J'ai fait tout dernièrement, une expérience bien propre à m'affermir dans l'humilité. J'ai été appelé dans une petite ville, de 10.000 âmes, où je n'avais pas trop mal réussi une première fois. Le curé tenait, ou du moins disait tenir essentiellement à moi. Il me voulait, il n'en voulait pas d'autre. Il n'y avait que moi! Aussi témoignait-il une extrême frayeur qu'un empêchement me survint au dernier moment. Je suis allé dans sa paroisse. Il s'agissait, après tout, d'une chose qui était bien dans mes petits moyens, d'une retraite générale. Mais cette retraite n'était pas dans les traditions du pays. Qu'est-il arrivé? un fiasco solennel et tel que, si mon amour-propre avait quelque chose à voir dans mes prédications, j'aurais été découragé pour bien longtemps! »

Deuxième fiasco :

« Le Bourg d'Oisans est un pays sauvage, où je tâche, en compagnie d'un de nos Pères — c'était le bon P. Sambin — d'amener *les naturels du pays* à gagner leur jubilé. Si j'ai jamais eu ce que le monde appelle un succès, j'expie paisiblement toute ma gloire. Peut-être même l'expiation sera-t-elle surabondante, car ma gloire est bien pâle et le sentiment du succès peu développé chez moi. »

Autre aveu :

— « Je donne en ce moment une assez grosse retraite à des dames de charité. Elles se réunissent dans une grande église. Or je n'ai plus ni voix ni verve. Je suis condamné à me mettre hors de moi pour avoir un peu de chaleur. Mais au lieu d'avoir une chaleur bienfaisante et émue, je parle comme un furieux, et, loin de guérir, je crois que j'écorche. Oh! ne plaignez pas les villes qui seront privées de ma présence. Que Notre-Seigneur ait pitié de nous ! En avançant dans la vie, on sent de plus en plus qu'il faut s'appuyer sur Dieu, se reposer en Lui, se nourrir de sa divine volonté! Dieu est tout. Nous ne sommes rien que de pauvres instruments faisant une œuvre dont nous ignorons la nature. Nous poursuivons un but et nous en atteignons un autre. Qu'importe, pourvu que l'instrument soit conduit par Dieu qui, Lui, sait tout ce qu'il fait, pourquoi il le fait et où il veut arriver ! »

XX

EN RÉSIDENCE A MARSEILLE. — LES INVENTIONS DU P. JOYARD. — SA BONNE HUMEUR. — SUCCÈS DE SON CARÊME A BOURG.

Le bon Père eut, vers la fin de 1875, l'occasion de pratiquer, pour son propre compte, la doctrine qu'il savait si bien enseigner aux autres, du haut de la chaire, au confessionnal et partout : « — Faire ce que Dieu veut, vouloir ce que Dieu fait! »

Il dut quitter Lyon. Ses supérieurs l'avaient attaché à la Résidence de Marseille. Dans cette dernière ville il avait laissé des souvenirs qui n'étaient point effacés. Il y fut accueilli avec joie. Comme on le chargea des prédications dominicales et de plusieurs autres œuvres fort intéressantes, il ne tarda pas à devenir le prédicateur populaire et préféré de la Résidence. Dix ans après, on parlait encore de ses sermons et des spirituelles saillies dont il usait, pour réveiller ou soutenir l'attention de son auditoire. Seule la popularité extraordinaire du P. Dorgues éclipsa quelque peu, plus tard, sans la faire cependant oublier, celle du P. Joyard. Il débuta par la retraite des Enfants de Marie qui eut un plein succès, puisqu'elle lui inspira les lignes suivantes — et nous savons qu'il ne songeait pas à s'en faire accroire sur les résultats de son éloquence :

— « Ma retraite d'Enfants de Marie est un des ministères qui m'ont donné le plus de consolations. *Quand ces natures méridionales sont pures, ou purifiées par le repentir, et mûries par la douleur ; elles sont exquises.* Je n'ai pas eu un grand mérite à leur promettre encore la retraite prochaine. Il y avait chez ces bonnes dames une telle vivacité d'attention que je croyais voir toutes mes paroles se réfléchir dans leurs âmes. »

Pas étonnant qu'il écrive peu après :

— « Je m'habitue à Marseille. Les gens n'y sont pas très sérieux, mais ils sont bons enfants. Ici, le soleil anime, réchauffe, embellit, réjouit tout. Les journaux nous racontent des choses affreuses de votre hiver à Lyon. Notre température à nous demeure douce et notre ciel serein ; nous n'avons pas même de feu dans nos chambres ! Deux fois une neige sans consistance est venue poudrer à blanc les toits durant quelques heures.

« En somme, je suis fort content de ce qui n'est pas moi. Quand je peux m'oublier, tout va bien. Dès que je sens qu'il faut me porter moi-même, je me trouve lourd, très lourd ; mais comme il y a longtemps que je suis chargé de ce fardeau, je ressemble au galérien qui est habitué à son boulet. »

Au reste il n'avait guère le temps de retomber sur luimême et de se tâter le pouls en médecin tant pis. Il n'y avait pas un mois qu'il était *marseillais* et il avait déjà prêché quarante fois. De Marseille, il avait fait la traversée de la Corse pour donner à Bastia une série de prédications. Il en revenait avec une bonne œuvre sur les bras. Il y avait rencontré une pauvre orpheline aveugle, d'un physique intéressant, mais qu'il fallait absolument soustraire à un milieu corrompu, et, tout naturellement, il avait pris l'engagement de la faire entrer dans un établissement de charité. Après mille démarches infructueuses, il réussit enfin à trouver, et la maison et la somme nécessaire, pour la pension annuelle !

Ce n'était point son seul souci. Il avait maintenant à prêcher le mois de Marie à la Résidence, un mois de Marie très suivi, et il lui fallait composer ses instructions au jour le jour. Peut-être, est-ce cette pénible obligation qui lui inspira la boutade suivante. Quelqu'un lui ayant demandé conseil sur le choix d'un mois de Marie, à lire en famille :

— « Je n'en connais aucun, qui me plaise, répondit-il. Mais celui qui me plaît le moins, c'est sans conteste celui que je prêche en ce moment. »

Il paraît que les auditeurs n'en furent point aussi mécontents, puisqu'il pouvait écrire après l'avoir terminé.

— « Mes braves Marseillais m'ont donné de grandes joies. J'ai eu tous les jours un auditoire de grande fête. Je ne connais rien de beau comme ces cantiques simples, chantés à l'unisson par tout un peuple sans distinction, hommes, femmes et enfants. Cette magnifique prière, chantée par un millier de voix, a le don de m'émouvoir profondément. Il faut convenir que les gens du Midi ont vraiment du très bon. J'espère maintenant pouvoir garder le silence pendant quelques semaines. »

Il avait légitimement conquis le droit de se taire. Son larynx paraissait assez sérieusement endommagé. Les médecins, au lieu de lui permettre une seconde villégiature au tombeau de saint François Régis, comme il l'avait demandé, l'envoyèrent, malgré ses vives répugnances, aux eaux de Cauterets.

Il n'y fit du reste qu'une saison :

— « La Faculté m'a envoyé aux eaux, écrivait-il. Si je vous

disais que cela ne m'ennuie pas, je vous mentirais effrontément. Heureusement j'ai apporté quelques livres pour me distraire et nous faisons des excursions dans la montagne. N'empêche que cette vie matérielle me semble bête et j'ai hâte d'en avoir fini. »

Aussi l'année suivante, annonçait-il triomphalement qu'il n'irait plus à Cauterets : il avait découvert un spécifique selon lui merveilleux.

— « Non ! je n'irai point aux eaux, cette année, ni les années suivantes. Je ne crois pas assez à leur efficacité pour m'imposer un pareil ennui. Je fais usage d'un remède excellent, simple et économique ; l'eau de goudron ! Je trouve que c'est suffisant. Et puis le soleil de Marseille met dans l'air mille influences salutaires. »

L'eau de goudron, les inhalations de goudron ont fourni au P. Joyard un thème inépuisable. Pendant près de vingt ans, il en fut le zélé propagateur et ne cessa d'en prêcher la vertu. Il menait sa campagne en faveur du goudron avec un brio charmant. C'était un trait de sa nature. Quand il croyait avoir découvert un système ou une méthode de guérison, qu'il s'agît de l'âme ou du corps, il aurait voulu en faire bénéficier l'univers ! Il fit ainsi *trois découvertes* bien connues de tous ses amis :

La première, fut celle du goudron à l'usage des larynx délicats ou fatigués :

— « Rien de meilleur, disait-il, que de vivre dans une atmosphère imprégnée des senteurs ultra-bienfaisantes du goudron. Voici comment il faut s'y prendre » ... et il indiquait, au besoin, il installait lui-même, l'appareil très primitif qu'il avait imaginé dans ce but.

La deuxième — ce fut l'invention du porte-plume, fait avec de simples roseaux coupés à même, au bord des étangs marécageux. Il en avait toujours une provision avec lui :

— « J'ai un si grand nombre de clients, écrivait-il à un de ses convertis au *porte-plume modèle*, qu'il me faudrait toute une moisson de roseaux. »

Mais la plus précieuse de ses découvertes — à vrai dire, elle était d'un de ses amis : il n'en a été que le panégyriste ardent et convaincu — ce fut celle du bonnet de soie, presque aussi léger qu'une plume, à l'usage de ceux qui sont affligés ou menacés de calvitie. Écoutons ce pittoresque boniment !

— « Découverte fort utile, quand on est sujet à s'enrhumer pour un oui ou pour un non. Je ne suis jamais enrhumé et je le suis toujours. Donnez-moi des cheveux et je serai moins sensible au froid et à l'humidité !... et c'est pourquoi vos bonnets, c'est-à-dire mes bonnets, sont tout ce qu'il y a de parfait au monde dans ce genre. Dites à votre père qu'il a eu un trait de génie, et que je ne comprends pas que les chapeliers ecclésiastiques s'obstinent à tailler leurs bonnets dans du velours. Ces bonnets, ils font l'admiration de tous ceux qui les voient : élégance, simplicité, propreté rien ne leur manque !... »

La fille de son ami se chargeait de les lui confectionner et d'en confectionner aussi pour quelques privilégiés du bon Père, généralement dépourvus de cheveux comme lui.

— « Il y a trois ou quatre jours, pendant une longue insomnie, en cherchant des allumettes, j'ai renversé un pot de goudron sur un de mes bonnets : il ne m'en reste plus qu'un. Votre fille peut renouveler ma provision : ma tête n'a ni grossi, ni diminué, elle est seulement un peu plus vide ! »

Cependant pour que le P. Joyard fût tout à fait content de ses bonnets, il fallait bien se garder d'y mettre la moindre fioriture ;

— « Je conjure Mlle M... de faire disparaître les broderies de mon bonnet. Jamais je ne mettrai un objet d'art sur ma tête. Une noble simplicité me suffit. Me voyez-vous avec un bonnet illustré? Quant à moi, il me semble que si je me voyais, je ne me reconnaîtrais plus! »

Il y avait dans l'âme du P. Joyard un mélange de tristesse et de gaieté : ses lettres d'habitude gardent les mêmes nuances. Si austère que soit le sujet traité, si graves, les conseils et les leçons qu'il y donne, il est rare qu'elles ne soient traversées d'un bon sourire, agrémentées de quelques piquantes ou plaisantes réflexions. Il se souvient que le sourire est près des larmes : sa plume passe tour à tour et sans effort du ton sérieux au trait finement aimable. Exemple entre mille :

— « Vous voulez des conseils manuscrits. J'ai bien envie de vous en envoyer une trentaine, mais ce serait trop cruel de ma part : je me contenterai de vous dire : Ma pauvre enfant, il y a des heures où il faut faire de la *grande adoration*, s'agenouiller au pied de la Croix, et dire à Dieu : Vous êtes le maître et vous êtes bon! A mesure que les âmes montent, elles voient toute la vérité renfermée dans des formules si simples qu'elles en paraissent banales. Les âmes qui débutent, ou qui ne peuvent prendre leur vol, demandent de jolies choses, des choses ingénieuses sur la douleur... »

Et la lettre finit le plus drôlement du monde... — « Il faut que je vous dise qu'il m'est absolument impossible d'avoir du style quand je me sers de papier rayé. La pensée que je dois suivre la ligne me met hors de moi. Ceci tient à une disposition organique et psychologique, à laquelle vous devez déjà de n'avoir jamais eu de vers de moi.

Oui! la perspective d'une rime à trouver, d'une rime

inévitable, a éteint toutes les flammes poétiques que l'enthousiasme, la douleur, etc., etc., ont pu allumer dans mon âme. Je crois que je suis fait pour l'état sauvage : j'ai horreur de la civilisation. Pourtant j'aime assez les chemins de fer et bien des choses que les sauvages ignorent... Je m'arrête et je vous prie de me pardonner une lettre qui m'inspire de sérieuses inquiétudes sur l'état de mes facultés. Veuillez la détruire : il n'est pas nécessaire que la postérité sache que vous respectiez un homme si faible en littérature.

« J'oubliais de vous dire, que quand je suis les lignes, ça me gêne; quand je ne les suis pas, ça m'humilie. En somme je suis bien malheureux que l'on ait acheté ce vilain papier. En terminant, je me permets de vous offrir mes *civilités empressées*. Offrir n'est peut-être pas le mot propre. Mais les *civilités empressées*, c'est une expression qui me paraît heureuse... et trouvée! »

Ne dirait-on pas du Veuillot de la *Correspondance épistolaire?* Cette lettre est datée de 1877.

Une petite ville que le P. Joyard a beaucoup aimée et où sa mémoire est restée en bénédiction, c'est la ville de Bourg-en-Bresse. De Marseille, le P. Joyard y vint prêcher, en 1876, un de ses plus fructueux carêmes. Des témoignages nombreux, et tout particulièrement autorisés, attestent encore aujourd'hui l'extraordinaire impression que fit, dans la cité Bressane, sa parole originale et éminemment apostolique ; succès d'autant plus remarquable que les Bressans ne sont rien moins qu'enthousiastes par nature.

L'heure du sermon arrivée, on voyait petits bonnets blancs, semblables à filets pour papillons et chapeaux élégants, hommes en sabots et messieurs distingués, s'engouffrer pêle-mêle dans la vaste église de Notre-Dame, remplie comme au jour de Pâques. Et l'on pouvait remarquer, dans l'auditoire, des hommes bien connus par leur indifférence ou leur incrédulité, attirés qu'ils étaient, par un genre de prédication qui avait le don de les éclairer en les charmant. Un bon nombre retrouvèrent la foi et se montrèrent depuis lors d'excellents catholiques.

Quoique l'heure des instructions de la semaine fût tardive et la distance entre Brou et Notre-Dame assez considérable, le vénérable supérieur du grand séminaire dut, cette année-là, rompre avec tous les usages et permettre aux élèves de quatrième année de suivre tous les sermons de la station. Les professeurs de Brou n'étaient pas les moins empressés à venir goûter l'éloquence si neuve et si solide du prédicateur.

L'un d'eux, prêtre fort distingué, conserve encore les notes qu'il prit alors et dont il s'est servi bien souvent, me disait-il, surtout quand il avait à prêcher sur la foi, ou bien sur l'adorable mystère de la Sainte-Eucharistie, sujets qu'affectionnait le P. Joyard et dont il parlait admirablement. Un jeune prêtre de vingt-quatre ans, à qui la chaire de dogme venait d'être confiée, allait aussi l'entendre, et recevait volontiers ses conseils et ses encouragements. Devenu évêque aujourd'hui, il écrivait récemment :

— « Je n'ai point oublié le très spirituel et très apostolique P. Joyard ! C'est lui qui m'a poussé à l'étude de Suarez. Prenez-le, me disait-il, il est long, mais ne vous laissez pas rebuter : vous y trouverez tout. *Patientiam habe et omnia reddam tibi* [1]. »

En ce temps-là, le mépris transcendant, de la théologie en général et de la scolastique en particulier, n'était pas encore à l'ordre du jour, parmi les gens qui se piquent de haute

____

1. Mgr Sevin, évêque de Châlons-sur-Marne.

érudition. Penser comme Bossuet « de celui en qui on entend toute la tradition » ne semblait pas un signe de mentalité inférieure ! Et ce ne fut pas un des moindres étonnements ni une des moindres tristesses du P. Joyard, vers la fin de sa vie, que le dénigrement jeté sur les glorieux in-folio des siècles chrétiens par les minces revues de l'érudition moderniste !

Clergé et fidèles de Bourg conservèrent, du carême si fécond de 1876, un souvenir durable et reconnaissant. Après Grenoble et Lyon, Bourg est certainement la ville où le P. Joyard a le plus souvent exercé son zèle et répandu son âme et son cœur.

Il ne s'écoulait guère une année sans qu'il y revînt évangéliser tour à tour ou la paroisse, ou le grand séminaire, ou les diverses communautés de la ville, en particulier, la maison mère des religieuses de Saint-Joseph et les Enfants de Marie de la Visitation.

XXI

IL EST NOMMÉ SUPÉRIEUR A GRENOBLE. — SON PLAN DE VIE. — RÉSIDENCE. — QUELQUES PHYSIONOMIES DE JÉSUITES.

Le succès du carême de Bourg avait été si grand, qu'on travaillait activement à y ramener le P. Joyard deux années plus tard. Tout était sur le point d'aboutir : le curé avait fait sa demande ; il attendait du provincial de Lyon une réponse catégorique, lorsque le Père écrivit à la personne chargée de négocier l'affaire :

— « Je me promettais de vous rassurer sur le point qui vous intéresse, quand, à Digne, m'est arrivé un avis très officiel m'annonçant un changement de résidence et de position. En ce qui concerne le carême, le changement de résidence est à peu près sans conséquence, mais il n'en est plus de même si, en changeant de ville, je trouve une situation qui ne me permette pas de m'absenter quarante jours consécutifs. J'ai cru devoir faire à mes supérieurs majeurs des observations respectueuses et bien fondées. Cela a pris du temps et entretenu dans mon esprit une incertitude qui ne m'a pas permis de vous écrire plus tôt. Aujourd'hui (14 juillet), il est à peu près sûr, malgré tout ce que j'ai pu dire ou faire, que je quitterai Marseille pour me rapprocher de votre pays. Je ne serai plus qu'à trente lieues de Lyon, mais dans l'impossibilité de prêcher des carêmes hors de la ville où je devrai résider. Ces lignes vous paraîtront peut-être éminemment discrètes et vous allez faire des conjectures. Je ne vous défends pas ces sortes d'exercices d'esprit qui ne mènent à rien, mais je vous conseille d'en user modérément. Quand je pourrai en dire davantage, je le ferai. »

Le mot de l'énigme fut bientôt révélé : il était nommé supérieur de la Résidence de Grenoble. En annonçant cette nouvelle, il ajoutait : « Il faut espérer que les *honneurs* ne me gâteront pas ! »

Avait-il réellement peur de ce péril? Ce qui est certain, c'est qu'il ne voulut pas se rendre à Grenoble sans avoir fait une sérieuse retraite — la meilleure qu'il eût faite de longtemps — écrit-il dans ses notes spirituelles. Il y arrêta les principes qu'il entendait suivre, dans sa ligne de conduite. Il les a consignés dans un petit écrit retrouvé heureusement et intitulé :

Quelques vérités dont je dois me convaincre profondément et faire la lumière pratique de ma vie, dans la nouvelle position à laquelle me condamne la volonté de mes supérieurs.

DIEU.

« Je n'existe que par Dieu et pour Dieu. Je dois donc ici-bas ne faire que ce que Dieu veut. Or il veut que je le loue, que je le serve, que je le respecte, que je l'aime et que, par là, je me sauve !

« Prêtre et religieux, je ne puis assez louer, aimer et servir Dieu, si par moi d'autres ne le louent, ne l'aiment et ne le servent !

« Supérieur, je dois faire que mes frères aiment, louent,

servent Dieu, et, comme ils sont prêtres et apôtres, je dois procurer, par eux, le salut du prochain et la gloire de Dieu !

« Je suis donc, je dois être, une force : transmettant directement et indirectement aux âmes l'action divine qui les sauvera.

« Le jour donc où je cesserai de tendre à mon salut, à la gloire de Dieu par le salut de mon prochain, par le salut et l'activité saintement féconde de ceux dont je suis chargé, les espérances de Dieu sont ruinées, ses droits sont violés, le sang de Jésus-Christ demeure stérile pour certaines âmes. »

LES CRÉATURES.

« Toute créature doit me conduire à Dieu. Si je m'en sers pour entretenir mes forces et ma santé, ce n'est pas moi, ce vil néant, cette sentine d'iniquités, que j'ai à soigner, *c'est l'instrument de Dieu.* Sommeil, nourriture, vêtements, remèdes, honnêtes distractions, tout cela ne peut avoir pour but, que de me rendre apte à atteindre ma fin qui est de me sauver et de sauver les autres !

« Le renoncement, la mortification, le sacrifice me sont nécessaires : ils attestent la préférence que je donne à Dieu. Ils me marquent du signe de la croix. Ils me donnent autorité sur mon corps qu'il faut mater et dompter.

« Si parfois je jouis des créatures par la contemplation, c'est Dieu que je dois voir, chercher et goûter. Si je me trouve conduit devant des spectacles, qui me montrent les merveilles de la nature, de l'art ou de l'industrie, ce ne sera pas *pour voir et avoir vu,* mais parce que l'ignorance ne peut pas m'être utile et qu'il faut mettre dans mon esprit, les éléments d'une conversation qui ne soit pas sans quelque agrément. Il me sera plus facile, de la sorte, de prendre de l'ascendant sur les âmes.

« Toutes mes relations doivent avoir une connexion immédiate ou médiate avec mon but. Je ne peux avoir de relations purement agréables. Celles qui sont utiles doivent être dépouillées de ce qui les rendant trop agréables en ferait un danger.

« En un mot, *je ne dois voir personne, ne m'intéresser à personne que pour aller à Dieu et conduire à Dieu*. Je ne dois voir et m'intéresser que dans la mesure, où je pourrai aller et conduire à Dieu. Ce qui serait de nature à flatter mon amour-propre, ou à réjouir mollement mon cœur ; ce qui provoquerait une reconnaissance, une affection ne remontant pas jusqu'à Dieu est mauvais, injuste, désordonné !

« Si Dieu, par mes supérieurs, m'assigne un poste que je crois ne pas pouvoir occuper utilement, mes observations faites à qui de droit, il ne me reste qu'à me sanctifier, afin que sa grâce produise ses effets par un mauvais instrument, et à exploiter, dans la souffrance et l'humiliation, ce qu'il peut y avoir en moi de force, d'intelligence, de savoir-faire ! »

LE RELIGIEUX.

« Tertullien parle quelque part du poids du baptême qui pèse sur le chrétien. Combien est plus lourd le poids des bienfaits que porte le religieux ! Ce que Dieu met dans la formation du religieux, légitime les plus hautes exigences divines et donne un fondement à des espérances plus que surhumaines. »

« De quelque côté qu'il regarde : sa vocation, les grâces reçues, l'attente du monde, celle des personnes qui viennent à lui et lui donnent leur confiance, les moyens dont il dispose, la famille religieuse à laquelle il appartient et qui lui a tout donné, son bonheur, son salut : tout, l'appelle à être un saint.

« Il ne peut se traîner dans la médiocrité ou le mal, sans trahir les intérêts de Dieu, ses serments, le bien des âmes ; sans porter la responsabilité de tant de grâces, de tant de puissants moyens demeurés, par sa faute, stériles ! A Grenoble serai-je enfin un religieux ? J'ai bonne volonté. J'espère que le sentiment et le poids de la responsabilité agiront puissamment sur moi.

« O Jésus, saisissez-moi, enchaînez-moi ! que je sois *à Vous, pour Vous, en tout, toujours et partout.* Que l'on vous connaisse, que l'on vous aime par moi, mais nulle part mieux que chez moi !

« O Jésus me voici prêt à vous obéir. Je suis envoyé, j'ai mission. J'ai confiance en vous, mais en vous seul. Aidez-moi à ne jamais trahir ni votre vérité ni votre morale ! Préservez-moi de la tentation de me faire, au détriment du bien, une réputation de bonté !

« Il ne m'appartient pas d'ouvrir des chemins conduisant au ciel. Vous les avez ouverts, Vous, ô mon unique Maître ! Je peux les indiquer, je dois y faire entrer. Montrer une voie large, ce n'est pas ouvrir un chemin qui conduit à la vie éternelle, c'est engager les âmes sur la route de la perdition. *Jamais !* »

Ces quelques lignes nous ont fait entrevoir quelle âme de prêtre, de religieux et d'apôtre, le P. Joyard, sous des dehors souvent un peu brusques, apportait à la résidence de Grenoble.

Il y venait en fils obéissant, non sans avoir conjuré qu'on mît sur d'autres épaules que les siennes le fardeau de la supériorité. Il semble cependant qu'il était fait pour Grenoble et Grenoble pour lui. — « J'aime Grenoble! » combien de fois cet aveu n'est-il pas tombé de sa plume, sous les formes les plus variées et les plus charmantes, celles-ci entre autres :

— « J'aime Grenoble et tout ce monde qui me témoigne 100.000.000.000.000.000 de fois — je ne compte pas les zéros, cela vous regarde — plus de confiance que je n'en mérite! »

Sans ajouter à l'unité un nombre aussi formidable de zéros, on peut dire que le P. Joyard, à son tour, a largement payé sa dette d'affection et de dévoûment envers Grenoble.

— « Grenoble! écrivait-il un jour, essaierai-je de vous en dire les beautés? Non! A ceux qui ne l'ont pas vu aucune peinture n'en pourrait donner l'idée. A ceux qui le connaissent toute description est inutile. Il est impossible de jamais plus l'oublier. »

En y arrivant le 25 septembre 1877, il n'y venait point pour la première fois. Il y avait prêché une retraite trois années auparavant. Après y avoir vécu, neuf ans consécutifs, il y reparut presque chaque année, une ou plusieurs fois, jusqu'à la fin de sa vie; et le cher pays de Grenoble, avec son incomparable décor de forêts et de rochers géants, de cimes neigeuses et de superbes montagnes aux croupes verdoyantes, lui semblait toujours plus beau, plus ravissant. Et volontiers, sans doute, s'il n'eût cédé qu'au plaisir de contempler une belle nature, il eût fait comme le vieux général Yermoloff.

Devenu catholique, l'ancien gouverneur du Caucase, obligé de quitter la Russie, vint fixer sa demeure dans la capitale du Dauphiné. Après avoir doté son pays d'adoption d'une maison de Petites Sœurs des pauvres, établie aux portes de la ville, il bâtit non loin de là, sur les flancs du Rachais, une paisible villa : — « afin de pouvoir chaque jour, disait-il, bénir et louer Dieu en contemplant une des plus belles merveilles de la création ! »

En venant à Grenoble, le P. Joyard n'ignorait pas les liens étroits qui, jadis, avaient uni la cité grenobloise à la Compagnie de Jésus. L'ancien collège des Pères, devenu le lycée, et une rue, non encore débaptisée du vieux Grenoble, conservaient le souvenir des anciens Jésuites. Il savait aussi que depuis trente-sept ans, un saint prêtre, dont la tombe est toujours visitée des fidèles, toujours couverte de fleurs et de naïves prières, le vénéré M. Gerin, curé de la Cathédrale, avait travaillé de tout son pouvoir, à rétablir, à quelques pas de son église, une nouvelle Résidence de la Compagnie de Jésus.

Sixième supérieur de cette Résidence, à peine était-il installé dans sa modeste chambre, place de Tilleuls, 11, qu'on lui annonça la visite d'un curé de la ville. C'était le chanoine Martin, curé de Saint-Louis, bien connu par ses vertus sacerdotales, la fermeté de ses principes ultramontains et la noble indépendance de son caractère. Ami déclaré des religieux, en général, des Jésuites en particulier, il voulait être un des premiers à saluer le successeur du P. de Nolhac. Séduit par l'accueil simple et cordial du jeune supérieur, il se plut à lui rappeler une parole dite un jour par le saint curé Gerin [1], au milieu d'un dîner de confrères :

« Messieurs, il y a quelques années, l'un d'entre vous m'a
« prédit que j'allais sûrement tuer ma paroisse, ruiner mes
« pauvres, vider mon église, en installant à deux pas de la

---

1. Raconté, le soir même de l'entretien, par M. le curé de Saint-Louis, à l'un de ses vicaires.

« cathédrale, une chapelle de Jésuites. Or, il y a dix ans
« que les bons Pères sont là fort occupés, je crois. Eh bien !
« je puis vous affirmer que jamais je n'ai reçu plus d'aumô-
« nes, ni vu plus de monde soit à Notre-Dame soit autour
« de mon confessionnal : ce qui prouve qu'en multipliant
« les foyers de zèle, tout le monde y gagne, les âmes d'abord
« et les curés aussi. »

Après avoir offert son filial et respectueux hommage à
Mgr Fava, qui l'accueillit avec la plus grande bonté, le
P. Joyard s'empressa de se rendre auprès des divers curés
de la ville. Sa bonne humeur, sa loyale franchise produisirent partout la meilleure impression. Quand on apprit
que, de sa propre initiative, il avait décidé que désormais,
à l'heure de la messe paroissiale du dimanche, ni office, ni
instruction quelconque n'auraient lieu dans la chapelle du
Gesu, tout le monde lui en sut gré, particulièrement le
curé de la Cathédrale, qui lui en témoigna hautement sa
pleine satisfaction.

En peu de temps, le P. Joyard conquit l'estime et
la confiance des prêtres et des fidèles grenoblois. Chaque
jour, il voyait grandir l'affluence des fidèles accourus pour
entendre sa parole, grossir. le nombre des âmes qui récla-
maient ses conseils au tribunal de la pénitence. Aussi pouvait-il écrire trois mois après son arrivée : « Je suis de plus
en plus content de mon petit Grenoble. »

La Résidence était alors composée de huit Pères et de
quatre Frères coadjuteurs. Les noms des PP. Sambin.
Fayollat, Futy, de Damas, ne seront jamais oubliés à Grenoble, tant qu'il y restera un seul des prêtres ou des fidèles
qui les connurent jadis!

Le *P. Sambin !* Qui ne voit encore passer dans les rues,
ce grand corps maigre et osseux, vêtu d'une soutane trop

courte et élimée? Qui ne se rappelle cette physionomie
d'ascète, aux traits irréguliers, qu'éclairaient des yeux vifs
et d'une limpidité d'azur? Ce pauvre religieux pâle, qui s'en
allait ainsi tout recueilli en Dieu, cachait sous l'extérieur
timide et embarrassé d'un enfant — il en avait gardé la voix
et le sourire, — une grande science et une extraordinaire puissance de volonté. Théologien capable d'écrire l'histoire du
Concile du Vatican, juriste assez fort pour créer et diriger
la *Revue des Institutions et du droit*, il était tout à la fois
le confesseur des enfants des écoles, le directeur recherché des âmes mystiques, le conseiller d'un grand nombre
de prêtres et d'hommes du barreau. Entre temps, il travaillait à fonder des cercles ouvriers et une famille de *Petites
Sœurs* pour les usines. Il était, de plus, ministre et procureur perpétuel dans cette résidence de Grenoble, où il passa
à peu près toute son existence religieuse. C'était, comme
on l'a dit, un *doux obstiné*, humble et modeste, travailleur
sans éclat et sans bruit, mais ne se lassant jamais de lutter
pour les âmes, pour la Sainte Église et pour Dieu!

A côté de lui, voici un autre dauphinois : c'est le *P. Fayollat*, neveu de M⁰ʳ Chatrousse, évêque de Valence, saint
homme et orateur distingué, dont le P. Joyard lui-même a
tracé ce portrait : — « Je ne m'étonne pas que vous ayez été
satisfait du P. Fayollat. Il réussit fort bien partout où il
passe. Indépendamment de sa valeur réelle, très réelle, ses
grands traits, sa face émaciée et ascétique lui assurent
d'emblée la sympathie de son auditoire. Je connais bien
mon homme. Il est intelligent, travailleur, très pieux, très
modeste. Si Dieu le bénit comme il le mérite, il fera partout le plus grand bien, et puis il est doué d'un si bel organe, d'une voix si heureuse. »

Comment oublier le *P. Futy?* Robuste et gai savoyard,

il ne payait guère de mine, mais il était tout pétri d'esprit et de bon sens. Puissant orateur, son impeccable logique, sa nerveuse et superbe éloquence émerveillaient et secouaient les plus beaux auditoires de cathédrales. Causeur charmant, ses fines saillies, ses histoires piquantes et savoureuses faisaient la joie du bon cardinal Caverot, de Mgr Cotton et de beaucoup d'autres. Confesseur *pour hommes*, sa direction sûre et éclairée, ses conseils, toujours empreints de sagesse et de miséricorde évangélique, lui valaient la confiance d'un grand nombre de pénitents, prêtres et laïques.

Mentionnons encore deux figures de ce temps-là : le *P. Charles de Damas*, aumônier militaire, homme d'un courage à toute épreuve et d'un dévoûment héroïque. Il n'hésita pas, en 1870, à s'enfermer dans Belfort, où deux fois par jour, malgré une pluie de bombes, il faisait par tous les temps, sa tournée de blessés et de malades [1]. Frappé luimême d'un éclat d'obus, il en garda toute sa vie, un ulcère à la jambe, qui se rouvrait fréquemment et avança l'heure de son trépas.

Le *P. Bayle*, enfin, religieux qui semblait n'exister que pour personnifier la douceur et la modestie, bibliophile et érudit délicat, mais, surtout, homme intérieur qui, après avoir vécu saintement, mourut comme un Berchmans. Quand il comprit que le dernier moment était venu, il demanda qu'on voulût bien le relever sur son oreiller, mettre son crucifix, son chapelet et la Règle entre ses mains ; cela fait, dans la demi-obscurité de sa chambre, il se prépara à s'en aller à Dieu : sans secousse, comme une lampe qui

---

1. Témoignage donné à l'auteur par M. le colonel Jacquemet alors commandant de la place de Belfort.

s'éteint il passa du silence de l'oraison à la béatifique contemplation de l'éternelle Beauté!

C'étaient aussi des figures bien connues à Grenoble, que celles des bons frères coadjuteurs, si chers au P. Joyard, et qu'il nommait fréquemment dans sa correspondance.

Le frère *Lachamp* doux et modeste; le frère *Aubert*, dont l'intelligence égalait la piété! Et ce bon vieil auvergnat, nommé *Peuf*, brave homme s'il en fut, malgré son air consterné, dont le P. Joyard disait plaisamment : — « C'est l'air qu'il a le jour, la nuit; quand il est content et quand il ne l'est pas! »

Il y avait encore un brave Alsacien, nommé *Nicolas*. Plus tard, le P. Joyard annonçait ainsi sa mort à une grande dame qui avait pu le voir à Cannes.

— « Vous souvenez-vous du bon frère, à barbe blanche, qui faisait des chapelets et soignait nos géraniums? Il vient de mourir. Je l'avais connu en Algérie; plus tard il fut mon cuisinier à Grenoble. Quand on me l'offrit à Cannes, je l'acceptai avec joie. Il avait l'âme la plus innocente et la plus candide du monde. Je le pleure sincèrement, car je l'aimais beaucoup. » Et il ajoutait mélancoliquement : — « Voilà en peu de jours, bon nombre d'anciens qui sont disparus. Je ne saurai bientôt plus à qui parler du passé, avec qui échanger des souvenirs de jeunesse! »

Les lecteurs grenoblois, me sauront gré d'avoir un instant fait repasser sous leurs yeux ces bons Pères et Frères, qui firent autrefois tant de bien parmi eux, et furent à des titres divers, les collaborateurs fidèles du P. Joyard.

XXII

ACTIVITÉ DU P. JOYARD. — SON HUMOUR.

Ce n'est point sans raison que le nouveau supérieur s'attachait si vite à cette résidence, dont le gouvernement lui était confié. Il y régnait alors une activité très féconde. Elle était le centre de diverses œuvres, toutes parfaitement organisées et florissantes : Cercle ouvrier, Œuvre militaire de Saint-Michel, Association des Mères chrétiennes, des Enfants de Marie, de la Bonne mort, du Sacré-Cœur, de l'Apostolat de la prière. Le mois de saint Joseph et celui du Sacré-Cœur y étaient prêchés tous les jours. Plusieurs retraites s'y donnaient ainsi que des neuvaines. Le bien qui se faisait sur place était considérable, sans parler du ministère que remplissait au dehors le personnel de la Résidence. Qu'il suffise de rappeler que dans la petite chapelle de la place des Tilleuls, il se distribuait par an, plus de 30.000 communions. L'on y entendait un très grand nombre de confessions.

L'arrivée du P. Joyard, jeune encore, dans toute l'ardeur de son zèle et la force de son talent, ne pouvait manquer d'imprimer une nouvelle impulsion à toutes les œuvres. Les années 1878-1879 furent tout particulièrement signalées par des fruits de salut et de sanctification, grâce aux diverses retraites qu'il donna avec grand succès, soit au Gesu, soit en diverses paroisses de la ville. Il ne voulut confier à personne la mission d'évangéliser les prisons de Grenoble. Une retraite prêchée, successivement, aux détenus des deux sexes produisit une grande impression, amena un bon nombre de retours et réjouit vivement le cœur du vénérable aumônier, le chanoine Bergeret, chevalier de la Légion d'honneur.

Pour mener de front le double apostolat, qu'il entendait continuer à Grenoble et au dehors, le P. Joyard se traça la ligne de conduite suivante : Pendant les dernières semaines de Carême et de l'Avent, il se faisait une loi d'être à son poste, ainsi que la veille des principales fêtes. Le reste de l'année, il acceptait au dehors des prédications de diverses sortes, mais échelonnées de façon qu'il pût être régulièrement à son confessionnal, et passer au moins quarante-huit heures à Grenoble.

En son absence, des indications précises permettaient de le rencontrer quand on avait vraiment besoin de lui. Les mois de juillet, d'août et de septembre étaient à peu près entièrement affectés à une série de retraites, qui s'enchaînaient les unes aux autres, sans lui laisser d'autre loisir que celui d'aller d'un lieu à l'autre. C'est ce qu'il appelait son *chargement* de la saison d'été. C'est ainsi qu'il arrivait, en moyenne, à donner de trente à trente-cinq retraites chaque année, sans compter les autres instructions qu'exigeaient les réunions d'Enfants de Marie, de Mères chrétiennes et les sermons de circonstance.

Son extraordinaire activité, non sans beaucoup de surmenage et de fatigues, lui permettait de suffire à tout. Tel fut son labeur à Grenoble et jusqu'à la fin de sa vie, excepté durant son séjour en exil. Même alors, il trouvait moyen de prêcher huit ou dix grosses retraites pendant les vacances de juillet, août et septembre.

Aussi ne faut-il point s'étonner de rencontrer de temps en temps, sous sa plume, des passages comme celui-ci :

— « Il est 9 h. un quart ; mon bréviaire n'est pas terminé. Je n'ai pas préparé mon instruction pour demain ; j'ai la tête pleine de fatigue et de sommeil. Je tiens à vous dire que je suis furieux contre ma vie ; mon caractère se gâte : je deviens méchant, excepté pourtant pour les pécheurs et mes chers pauvres et malheureux.

« Je crois que je deviens totalement bête. Les jours s'en vont ; on les voit partir sans avoir pu se mettre en règle pour rien. Je suis effrayé de ce que j'ai à préparer pendant ces deux mois. Avec cela, il me faut sans cesse prêcher *sur place*, deux fois aujourd'hui et tous les jours... aussi je deviens d'un négligé sans pareil. A la garde de Dieu ! Je suis heureux de n'avoir pas de gloire à soigner ! ! ! »

Une autre fois : — « Sur huit que nous sommes, cinq sont absents, l'un des trois qui restent, est aumônier militaire, l'autre ordinairement confiné dans la bibliothèque ; votre très humble serviteur doit faire la besogne courante, descendre au parloir, aller au confessionnal, etc... Dans les rares minutes de loisir laissées par ses œuvres, ses confessions, ses lettres d'affaires... il tâche de jeter quelques idées sur le papier en vue d'une retraite qu'il va prêcher pour la quatrième fois.

« Ce très humble serviteur part demain, n'a pas mis en ordre sa chambre, ses papiers ; il a passé huit heures au confessionnal, et il vous écrit quand il devrait dormir innocemment. »

Et l'un des principaux reproches que cet homme-là s'adressait dans ses examens particuliers, c'était d'être un « *dormeur*, un *paresseux* et un *gourmand* ». Le bon Dieu, pour ces péchés-là, a dû être bien miséricordieux envers le P. Joyard... et nous-mêmes peut-être serons-nous moins tentés désormais de lui faire le très grave reproche... de n'avoir pas écrit tous ses sermons, *très lisiblement et tout au long!*

Pauvre cher Père, il se plaignait encore que cette vie fiévreuse mettait son âme à sec. La veille de commencer sa propre retraite, se recommandant aux prières de ses amis, il leur disait :

— « Si quelqu'un me donnait mes sujets de méditation, j'aurais moins de peine, mais partir de soi ou d'un livre, ne pas subir l'action d'une autre âme, c'est dur, quand on a une tête aussi fatiguée, aussi lourde, aussi je ne sais quoi que la mienne. Le coup de fouet de l'action me met en mouvement mais dans le repos il me semble que je suis une masse inerte. C'est peu flatteur d'avoir un Père comme ça. Mais que voulez-vous! Il faut me prendre comme je suis, ou bien prier Dieu de me changer!!!

« Hélas! je suis un pauvre homme, incapable de rendre service aux gens, qui ne poussent pas la bonne volonté à mon égard jusqu'à l'aveuglement. Cette réflexion, malgré sa profonde justesse, n'est pas sans me faire souffrir et j'ai quelque peine à m'y résigner!!! Mon meilleur profit dans ma carrière, c'est la sympathie de quelques âmes qui parlent de moi à Notre-Seigneur.

« Ne supposez pas que je n'ai pas besoin de votre intercession auprès de Dieu. Quand je considère ce que je conseille, ce que j'obtiens des âmes, le peu que je donne, sachant bien ce qu'il faut donner, je suis épouvanté et je résume tous mes sentiments en cette bonne prière : « Jésus, ayez pitié de moi! »

N'oublions pas, si nous ne voulons point exagérer cette note d'humilité, — qui revient souvent sous la plume et sur

les lèvres du P. Joyard, — qu'il avait l'âme très sensible, la
conscience fort délicate, une imagination extrêmement vive ;
qu'en plus, il avait passé par des crises de scrupules et qu'il
savait mieux que personne ce que sont les souffrances morales. C'est ce qui lui faisait donner cette appréciation de
lui-même : — « Nulle part, je ne serai très mal, nulle part je
ne serai très bien. Pour être bien il faudrait que je ne fusse
pas moi, et rien ne me permet d'espérer un pareil changement. Comme je porterai partout mes mauvaises oreilles et
une tête qui fait peur, même aux gens que j'aime le plus,
il y aura toujours pour moi des difficultés. A la garde de
Dieu ! »

A quoi on aurait pu lui répondre, très justement, ce qu'il
répondait lui-même à une de ses filles spirituelles :

— « Vous seriez la meilleure fille du monde, si vous n'aviez
pas à grogner, à jet continu, contre quelqu'un ou quelque
chose. Ce qui atténue votre tort, c'est que toujours ou à
peu près, vous grognez contre vous-même. Mais si la charité
y gagne, l'agrément de vous lire y perd, attendu que ce
n'est pas assez varié ! Vous vous jugez très mal ; vous êtes
très injuste pour vous-même et vous manquez votre but, si
votre but est de me donner une mauvaise opinion de vous !
Vous vous trompez, ma fille, si vous croyez que, dans la vie
de foi et d'union avec Dieu, les choses vont d'elles-mêmes
et se passent constamment en douceur. Non ! non ! non ! Il y
a des aridités, des pentes abruptes à gravir. Parfois l'horizon, bien que très étendu, n'offre rien qui repose le regard.
On va *quand même* à force de volonté. On est fidèle *malgré
tout*. On fait comme si la sensibilité était doucement affec-
tée ; et dans cet état, qui n'est pas pour nous plaire beaucoup, Dieu est admirablement glorifié. Continuez à marcher
comme vous le faites, par votre petit temps gris et froid.

Au ciel il fera toujours beau. Sur la terre il fait souvent beau, quand nous croyons le temps détestable. En somme ça va bien. Courage ! »

Je suppose que ceux auxquels le bon Père ouvrait sa belle âme, dans *ces heures de temps gris et froid*, ont dû souvent lui dire la même chose : ça va bien. Courage ! S'il savait si bien conseiller aux autres la conduite à tenir pour traverser ces temps sombres et maussades, c'est qu'il avait les leçons de sa propre expérience.

Aussi le lendemain du jour où il s'est écrié : — « Je suis ahuri ! si je prêche, c'est en vertu de la vitesse acquise !... », écoutons-le donner, ce qu'il appelait la *poussée*, à une âme, qui ne sortait d'une épreuve que pour en rencontrer bientôt une autre plus crucifiante. Comme on sent bien que ce langage si convaincu et si élevé vient du cœur, et non pas seulement du cerveau !!!

« — Ma pauvre enfant, avec vous Dieu procède sans se gêner, et il vous traite, non comme une bonne âme ordinaire, mais comme les âmes de choix, en qui les plus terribles grâces peuvent fructifier ! »

« Que faire ? Demeurez unie à Notre-Seigneur, et dites-lui sur tous les tons : — « Faites ce que vous voudrez, comme vous voudrez. » — Livrez-vous, abandonnez-vous ; c'est le moment de travailler merveilleusement à votre sanctification personnelle. Travaillez aussi à la conversion d'innombrables pécheurs que vous ne connaissez pas. Travaillez, c'est-à-dire souffrez beaucoup pour les vôtres. Les souffrances de l'épouse et de la mère ont une incomparable puissance. Vous ne savez quelles épreuves vous traverserez un jour. Semez des bénédictions qui lèveront à leur heure !

« Dieu est bon ! s'il éprouve les âmes qu'il aime, il ne

les accable pas. Vous verrez peu à peu l'avenir s'éclaircir. D'ailleurs, quel que doive être cet avenir, vous allez au-devant de lui, avec des provisions d'amour de Dieu, d'intelligence de la croix, de mépris de tout ce qui n'a pas un beau retentissement éternel. Pour vous la douleur n'est plus un problème ; vous savez pourquoi nous devons pleurer ici-bas, pourquoi il faut laisser derrière nous des traces ensanglantées. Vous savez pourquoi vient une heure, où pour avoir une réunion de famille, il faudrait mener au cimetière ceux qui survivent.

« Et puis, n'admirez-vous pas comme Dieu vous a aidée. Vous avez fait de l'impossible avec un calme miraculeux. Pourquoi ? Parce que vous avez eu la grande force qui vient de l'union avec Dieu, *du cœur-à-cœur* avec Dieu, et dans vos moments les plus durs, souvenez-vous-en bien, Dieu, le véritable ami, a tout porté ! et la croix et la pauvre femme que la croix aurait broyée.

« Ah ! ma fille, Dieu vous aime, et si jamais vous vous disiez : — « Je me contenterai d'être chrétienne ; je ne veux pas devenir une sainte », — vous seriez terriblement ingrate.

« Vous dites que vous priez peu ; je ne suis pas de votre avis, je crois que vous priez sans cesse ; votre vie prie, vos tristesses prient et vous êtes toujours dans l'attitude où Dieu désire vous voir. Je ne puis vous donner qu'un seul conseil utile : — « Continuez. »

De rencontrer sur sa route des âmes capables de comprendre ce langage et de se tenir à ces hauteurs, c'était, on en conviendra, une de ces nobles jouissances qui font oublier bien des déceptions et dédommagent des plus rudes sacrifices. De ces âmes, je ne crois pas que beaucoup d'ouvriers apostoliques en aient trouvé autant que le

P. Joyard, sur leur chemin. Il disait lui-même avec humilité et candeur : — « Je finis par croire que Notre-Seigneur m'aime un peu, quand il veut bien se servir de moi pour coopérer, malgré ma misère, à de pareils desseins ! »

Au reste le bon Père avait trop de ressort, une foi trop vive, une trop grande connaissance des voies spirituelles, pour rester sous le coup des tristesses débilitantes.

Quand il n'en pouvait plus, — il en fait l'aveu quelque part, — il courait à son crucifix, sa grande dévotion, ou bien au tabernacle... les brumes se dissipaient. Le soleil de nouveau brillait dans son âme, et alors il avait une gaieté charmante, communicative, que nous sommes ravis de retrouver jusque dans ses lettres de direction.

Lui demande-t-on des nouvelles de sa santé, il répond :

> « Sommeil parfait !
> Appétit scandaleux !
> Digestion irréprochable !
>
> ———————
>
> Total = 3 points d'admiration !!! »

Un de ses amis lui écrit, qu'il vient d'avoir, coup sur coup, plusieurs déceptions fort désagréables.

— « Des déceptions, mon pauvre ami, la vie en est faite: pas entièrement, car il faut laisser un peu de place pour les cheminées qui tombent sur la tête, et pour les pavés que nous lancent nos amis. Mais enfin, ce n'est presque pas exagérer de dire, que la vie est faite de déceptions.

« Si vous me demandez pourquoi je parle de cheminées et de pavés, je vous répondrai que mon imagination est très calme, que je suis incapable d'inventer quoi que ce soit et que j'ai de bonnes raisons pour me plaindre des cheminées et des pavés. Mais ça ne fait rien. Il faut trois se-

maines pour se remettre, après quoi on n'y pense plus!
Et pendant qu'on y pense il y a moyen de s'arranger avec
Dieu, qui sait très bien, quand il nous est bon de recevoir
une cheminée sur la tête ou un pavé sur la figure. »

Une autre fois il écrit en post-scriptum d'une lettre
très sérieuse.

— « J'évangélise de bonnes vieilles sœurs, infirmes,
avariées. Ce sont des amies du bon Dieu, qui souffrent après avoir travaillé. N'importe! je crois que je
produis des merveilles. On parle d'hypnotisme, de
passes magnétiques... Tout cela n'est rien. Un regard et
trois paroles, c'est assez! Voilà une partie de mon cher
auditoire endormi. Je me trémousse pour leur procurer un
sommeil agité : peine perdue! Au fond, je les calomnie.
Elles font ce qu'elles peuvent, moi aussi, et *nous nous
entendons bien*. Dieu me pardonne! je crois que je viens
de faire un calembour, moi qui les ai en horreur!...
Et puis, il n'y a pas que *mes vieilles* : sur 150, il y
a bien 25 jeunesses relatives. »

C'est à ces bonnes vieilles sœurs de Vernaison et de
Brignais qu'il disait un jour :

— « Voyez-vous, mes sœurs, vous commencez à prendre de l'âge.
Mais, pour votre consolation, je vous avouerai très simplement que
je vous aime mieux, comme cela, que toute cette jeunesse que l'on
rencontre dans d'autres maisons. Qu'est-ce donc après tout que ces
fleurs du printemps et ces fruits précoces? Les premières cerises?
Elles sont d'un beau rouge, oui, je le veux bien; ça plaît à l'œil, et
les petites filles s'amusent à s'en faire des pendants d'oreilles. Mais
au dedans, sous cette peau vermeille, il n'y a rien, mes sœurs, rien
qu'un peu d'eau, à peine sucrée! — Et ces lilas, ces muguets?
quelle frivolité! une odeur assez capiteuse... qui indispose; des
grappes de méchantes corolles qui ressemblent à des grelots de
folie, quand le vent les agite...

Ah! combien je préfère les fleurs d'automne et les fruits d'hiver!... Une délicieuse pomme reinette, grise de couleur, c'est vrai, extérieurement un peu ridée, mais qu'on peut mordre à belles dents et dont l'exquise saveur emplit la bouche! Et ces chrysanthèmes splendides qui s'ouvrent en novembre. En voilà des formes sérieuses, largement épanouies! Point de parfum, sans doute, si ce n'est peut-être une légère senteur amère de camomille, qui a son charme. Point de couleurs éclatantes non plus, parfois même des teintes sombres, mais chaudes et profondes, et plus souvent, de délicates nuances de vieux pastel... »

Or, le soir, une bonne vieille religieuse, toute ratatinée, toute branlante vint le trouver à la sacristie et lui dit, d'une voix chevrotante :

— « Mon Père, il faut que je vous remercie de votre belle conférence. Quel bien, quel plaisir, vous nous avez fait à toutes! Vous m'avez tant consolée! J'aime à être une fleur de chrysanthème! »

Rappelons encore une de ses plus jolies boutades. Il prêchait une retraite à 5 ou 600 frères des Écoles chrétiennes. C'était à la conférence de 3 heures; il faisait une chaleur étouffante; quelques auditeurs dormaient de façon à troubler le sommeil de leurs voisins. Le cher Frère Assistant faisait des signes désespérés pour qu'on les réveillât. Le P. Joyard s'en aperçut; s'interrompant alors il se tourna vers lui : — « Mon cher Frère, tenez-vous en paix. C'est moi qui les endors, laissez-moi le soin de les réveiller! » On devine le résultat.

Il avait laissé longtemps sans réponse plusieurs lettres qui lui étaient envoyées d'une ville où sa parole était fort appréciée et faisait grand bien. Quelqu'un imagina de lui envoyer une sorte d'ultimatum pour le relancer.

Voici comment il répliqua :

— « Mon enfant, si vous croyez que votre lettre arrive à propos, vous vous trompez étrangement. J'allais justement écrire à tout mon cher monde de N. Je voyais

venir un moment de quasi liberté avec une joie toute
fraîche, toute jeune, car les circonstances ne m'y ont
pas habitué. Je me disais : — « Ma réputation va se re-
dorer, on verra que quand j'ai promis, je tiens! » — Et
voilà votre lettre qui vient troubler la petite fête intime
que j'étais en train de me donner. Si j'écris, c'est que
j'ai été relancé, malmené! Si j'écris, c'est Mlle X. qui en a
tout le mérite. C'est elle qui me fait marcher, faut voir! —
« Vous avez peur de cet homme! moi, je le mène tambour
battant. C'est un vrai noyer, on n'en n'a rien sans coups de
gaule, etc... etc... » — Je vous entends et je m'y vois! Vous
croyez que c'est agréable. Et puis les fluxions vous gâtent
dans tous les sens. Jamais, sans votre fluxion, vous
n'auriez tant d'aplomb, mais vous dites : « — Le bon Père
me ménagera à cause de ma fluxion et alors je n'ai pas
à me gêner! »

— « J'en dirais long sur ce ton là. Moi je n'ai pas de
fluxion, mais je voudrais bien en avoir une, deux, trois,
quatre. Car, en vérité, c'est commode d'avoir tant de
fluxions. D'abord cela rend excessivement intéressant et
puis cela autorise un tas de libertés; et enfin, on a beau
avoir tort, si l'offensé use du droit de légitime défense,
il a l'air d'un assassin, d'un monstre. — « Comment traiter ainsi une personne qui a une fluxion! Quel sans
cœur!

« Adieu, mon enfant, soignez bien votre fluxion. Faites-
la durer. Écrivez-moi que cela ne va pas plus mal, et,
par le retour du courrier, vous aurez peut-être une lettre
de huit pages serrées! »

Les huit pages serrées, quoi qu'il en dise, seront
rares désormais; son labeur, loin de diminuer, augmente
tous les jours et bien souvent, à moins qu'il ne s'agisse

d'affaires graves et pressantes, il sera dans la nécessité
de s'excuser auprès de ses correspondants :

— « Si je vous néglige, je ne vous oublie pas, et si
vous aviez reçu toutes les lettres que j'ai voulu vous
écrire, vous croiriez charitablement que quelque bonne
âme me fournit ma provision de papier. Loin de là.
Le papier est fort cher, comm e tout le reste. Il est de
bonne administration de faire de petites économies! »

XXIII

MENACES DE PERSÉCUTION. — EXPULSION.

Il y avait deux ans passés que le P. Joyard était à Grenoble quand il écrivait : — « Il me semble que j'aime de plus en plus ce pays-là, — excepté quand il pleut. — Nos œuvres sont en bon état et intéressantes. L'équilibre moral des natures dauphinoises me plaît. »

Tout hélas! ne lui plaisait pas au même degré, témoin ce cri d'indignation qui lui échappe dans une de ses lettres :

— « Je viens de voir un malade rue Voltaire. Grenoble possède une rue Voltaire! C'était il y a quelques années la rue Saint-Vincent de Paul. Que c'est noble et intelligent, ces substitutions! L'ami, l'apôtre, le père des petits, des pauvres, des abandonnés remplacé par cet ignoble Voltaire qui a été l'insulteur de Dieu et du peuple, le flagorneur du Roi de Prusse... et cela en république! »

A ce moment-là, le P. Joyard pouvait s'attendre à pire encore, et dans un avenir prochain. Débaptiser les rues n'était qu'un jeu auquel on s'essayait, avant de procéder à l'exécution d'un plan infernal, depuis longtemps élaboré dans les loges. En 1878, on pouvait déjà définir le régime républicain comme le fit quelques années plus tard, Mᵍʳ l'archevêque d'Aix : — « Nous ne sommes pas en République, mais en Franc-maçonnerie. »— La triple ossature qui constitue, paraît-il, la charpente du régime, n'avait pas encore trouvé sa formule définitive : *le Bloc!* mais elle régnait déjà sous le nom des *363*. C'était à Grenoble qu'avait été prononcé le fameux dilemme jeté comme un défi à la tête de celui qui personnifiait « *l'ordre moral* ». C'est de la même bouche qu'était tombée, peu d'années auparavant, à l'autre bout de la vallée de l'Isère, la fameuse devise d'où sont sorties toutes les odieuses tyrannies, toutes les persécutions religieuses qui désolent et ruinent la France depuis quarante ans : — « Le Cléricalisme, voilà l'Ennemi! »

La série des fameuses *lois intangibles* était amorcée, avec une clairvoyance diabolique. La secte, sous l'étiquette menteuse de la neutralité scolaire, avait dirigé ses premières attaques contre l'âme des enfants. Il était clair qu'on ne s'arrêterait pas là.

Plusieurs fois, sous les fenêtres de l'humble Résidence des bandes de communards étaient allées rugir : — « A bas les Jésuites. »

Le *Réveil du Dauphiné*, l'organe maçonnique de toute la région, ne cessait de dénoncer « *La maison Loyola comme un repaire où se tramaient toutes sortes de noirs desseins, contre la liberté*, etc., etc... *c'était à coup sûr le rendez-vous de tous les réactionnaires, de tous les ennemis de la République. Il importait d'étouffer ce foyer d'intolérance !!!* »

Eh! non, le bon P. Joyard *ne nourrissait aucun noir dessein* contre le gouvernement de son pays. Sans doute il écrivait alors à un fonctionnaire revoqué, mais c'était dans un but fort innocent : qu'on en juge.

— « Si vous avez du temps, étudiez la question : poules et poulaillers! Je voudrais avoir un petit poulailler et quelques poules au fond de notre petit jardin ; d'abord parce que nous n'avons aucune bête dans la maison, pas même un chat ; ensuite deux de nos bons Frères seraient enchantés de cette distraction utile. Quant au profit, il est assez problématique, et ce n'est pas l'intérêt qui me guide en cette affaire. Si vous pouvez me donner quelques bons conseils, je les recevrai avec reconnaissance. »

Le projet aboutit. Les conseils donnés furent suivis de point en point, et la petite résidence s'enrichit de quelques poules, et de quelques poussins. Picotant, caquettant et se battant parfois, les pauvres gallinacées devinrent bientôt la joie des récréations. Elles fournissaient matière à d'intarissables causeries, où chacun disait son mot et manifestait ses préférences.

Elles eurent même la gloire, plus tard, de partager les épreuves de la persécution. Laissées sous scellés au moment de l'expulsion des Pères, elles auraient péri par la faim, si quelques voisins charitables, n'eussent grimpé sur le mur pour leur jeter un peu de grain. Aussi sont-elles restées longtemps légendaires à Grenoble. Une fois sorties de leur prison, chacun se disputait l'honneur de leur offrir une généreuse hospitalité !

Mais n'anticipons pas. L'année qui précéda l'exécution des décrets, la dernière que devait passer le P. Joyard, dans cette Résidence des Tilleuls, ne fut pas la moins féconde.

Les menaces qui planaient sur les Jésuites eurent pour résultat de les rendre sympathiques à une quantité de gens qui les avaient ignorés jusque-là, ou ne les aimaient guère, mais que révoltaient l'injustice et l'hypocrisie des fameux décrets.

Les Jésuites étaient vraiment devenus populaires parmi tous les gens de bien, sans distinction. En certains jours la chapelle ne pouvait contenir l'assistance. Parmi eux ne craignaient pas de se montrer des officiers de tout grade et des professeurs distingués des Facultés de l'État. Devant un tel courant de sympathie, quelques-uns en venaient à espérer que le gouvernement n'oserait pas fermer la Résidence. Le P. Joyard, ne se faisait aucune illusion, et voici ce qu'il écrivait un an avant la promulgation des décrets de Jules Ferry :

— « Vous faites des vœux pour que nous soyons épargnés. Nous ne le serons pas, et parfois, il me prend une folle ou sainte envie que tout aille le plus mal possible pour nous. Épargnés! Nous! mais nous sommes les plus faciles à atteindre et les moins défendus. Si nous ne sommes rien pour satisfaire la convoitise d'un peuple égaré, nous paraissons être beaucoup pour satisfaire sa haine. A la garde de Dieu! »

Six mois avant l'échéance des décrets de proscription :

— « Il ne fait pas bon vivre en des temps incertains et troublés comme les nôtres. Les triomphes de l'injustice et du mensonge ont je ne sais quoi, qui semble briser notre ressort moral ; et si la foi chrétienne ne nous rendait notre courage et ne soutenait notre espérance, par la certitude que l'injustice ne saurait éternellement prévaloir, l'affaissement, suivi d'un morne désespoir, deviendrait le terme fatal où conduirait la force brutale des hommes et des choses. Il faut espérer quand même. En des heures si sombres, il ne suffit pas de s'attacher à Dieu! il faut se *cramponner* à Lui. Vous me demandez ce que je prévois. Je serais le plus téméraire des hommes, si je vous disais ce qui arrivera. Peut-être

plus de menaces retentissantes que de faits accomplis ; peut-
être aussi seront-ils entraînés plus loin qu'ils ne voulaient
aller. En somme rien de gai ni de rassurant dans l'avenir. »

A cette même époque, quelqu'un lui envoya les œuvres de
Doudan, qu'il ne connaissait pas, en ajoutant : — « Il ne
tient pas beaucoup aux Jésuites ! » — Manière élégante de
dire qu'il les déteste !

— « Ça ne fait rien, répondit-il. Il se dit tant de bêtises
sur notre compte ; on s'amuse à nous donner une telle importance que bien des gens peuvent être tentés de nous étudier, comme la plus formidable institution, qui ait jamais
paru sur la terre. Mais je ne m'étonne de rien, je suis on ne
peut plus large et tolérant. Est-ce que je n'ai pas fait l'autre
jour une lettre impossible pour rendre service à un avocat
juif et radical de mon pays ! »

Au mois de mai 1880, le P. Joyard écrit :

— « Je rentrerai à Grenoble le 16 juin et je resterai à mon
poste jusqu'au bout. Qu'arrivera-t-il après? Dieu le sait.
Quoi qu'il arrive, je tâcherai de profiter de l'épreuve pour
le bien de mon âme. En attendant, je m'occupe le plus que
je peux, tout en prenant les précautions que je dois prendre. Je suis à Corenc chez les religieuses de la Providence;
j'ai sous les yeux une des plus belles pages de la création.
C'est vraiment l'homme qui souille l'œuvre de Dieu ! »

Il ajoutait en *post-scriptum :* — « Je vous recommande
la lecture des lettres du P. Clair à Paul Bert. Elles sont à
répandre, afin que l'on sache bien que les accusations dont
on nous charge sont de pures calomnies, que n'excusent ni
l'ignorance ni la bonne foi. Car ignorance et bonne foi n'ont
rien à voir dans ces vénimeux pamphlets. »

Quelques jours plus tard, il écrivait encore, — c'était un
mois avant l'expulsion :

— « Peut-être serai-je condamné à des loisirs forcés ! En attendant, j'aurai à prêcher 75 fois avant la fin de juin, sans compter beaucoup de petits mots. Que vous dire? Vivons sous le regard de Dieu, confions-nous en Lui, donnons-Lui tout et tout en détail avec le plus d'amour possible. Avec cela, quoi qu'il arrive on va vite! et haut! et loin! mais le difficile est de ne pas tomber, de ne pas se traîner. Il serait si bon d'avoir des ailes, et l'on n'en a pas toujours. Nous volons, oui! mais non pas comme les oiseaux, nous volons comme les sauterelles et c'est fâcheux. Allons au mieux, ayons au moins le désir d'y aller et humilions-nous avec confiance, de ce qu'il y a de médiocre, de vulgaire dans notre vie. Voilà tout mon sermon. Ce qu'il y a de drôle, c'est qu'en vous écrivant, il me semble que je m'écris à moi-même. Cette circonstance vous expliquera pourquoi je suis si peu flatteur. »

EXPULSION.

En prévision du triste événement qui se préparait et qui allait, pour bien longtemps, fermer la chapelle de la Résidence, le Père supérieur voulut ménager un dernier triomphe au Dieu de l'Eucharistie. Il demanda à Mgr Fava l'autorisation de devancer la fête de l'Adoration perpétuelle. Elle fut fixée au 29 juin, veille du jour marqué pour l'exécution des décrets. La chapelle était magnifiquement décorée; les autels, garnis d'une profusion de lumières et de fleurs, envoyées par l'élite des familles grenobloises. Monseigneur voulut lui-même y célébrer la sainte messe, devant une assistance qui débordait jusque sur la place des Tilleuls, et qui, presque tout entière, reçut la sainte communion de sa main. Le vaillant prélat prit la parole et prononça un très beau discours sur les épreuves de l'Église. Il se fit, en termes émus, l'interprète reconnaissant de tous les fidèles de sa ville épiscopale et de son diocèse envers la Compagnie de Jésus.

— « Partout, s'écria-t-il, où la divine Providence a conduit mes pas de missionnaire et d'évêque, Dieu m'a fait la grâce de rencontrer la science, le zèle, la vertu de cette chère Compagnie ; d'être le témoin des grandes choses qu'elle opère partout, pour la diffusion de l'Évangile et le salut des âmes. Des enfants de saint Ignace de Loyola, il faut dire ce que disait Fénelon : « Leurs mérites sont trop grands pour ne pas leur susciter toujours des envieux et des ennemis. »

« Oui ! mes bien-aimés Pères, c'est parce que votre Institut n'a jamais cessé de combattre au premier rang pour Jésus-Christ et son Église ; c'est parce que vous êtes toujours sur la brèche en face de l'ennemi, que vous êtes à la veille de souffrir persécution. Tous ici, nous souffrons de la violation de vos droits, des attentats qui menacent votre liberté ; mais nul n'en souffre plus que moi, nul ne déplore plus amèrement les blessures faites à votre cœur de prêtres et de citoyens français... Mais l'injustice n'a qu'un temps : Puissent nos douleurs et les vôtres être agréées du ciel, comme un hommage de réparation, et obtenir bientôt la paix à la Sainte Église et le bonheur à notre patrie ! »

Au soir de cette journée de prières et d'ardentes supplications, le P. Joyard prit à son tour la parole. Mgr l'évêque et les vicaires généraux, tous les curés de la ville et un grand nombre de prêtres, les hommes les plus honorables de la cité avaient pris place dans le chœur : Jamais pareille assistance n'avait encore rempli la chapelle des Jésuites.

Le P. Joyard eut beaucoup de peine à contenir son émotion. Par instant, sa voix était comme étouffée de sanglots. Cependant pas une seule parole amère ne sortit de ses lèvres. Avec une délicatesse de sentiments et une élévation de pensées qui firent couler bien des larmes, il remercia longuement Notre-Seigneur de tout le bien qui s'était fait dans cette humble chapelle; puis avec une expression de foi et de confiance émouvantes, il le conjura d'y ramener bientôt, et cette foule d'amis si fidèles, si généreux, si empressés à consoler ses serviteurs persécutés au jour de leur affliction, et les persécuteurs eux-mêmes revenus de leur égarement.

— « Il y a longtemps, dit-il en terminant, que mes frères et moi, nous avons contracté envers le Dauphiné, et spécialement envers cette chère ville de Grenoble, une dette de reconnaissance et d'inaltérable affection. Aujourd'hui cette dette déjà si lourde, s'est accrue au point de nous rendre à jamais insolvables. Pour moi, dans tous les lieux d'exil où sa main pourra me conduire, je ne demande à Notre-Seigneur qu'une seule chose : c'est d'avoir toujours un coin de terre et une pierre d'autel: c'est d'y pouvoir monter tous les jours aussi longtemps que je vivrai! Et tous les jours, je le jure, ce sera ma joie, ma consolation suprême d'y offrir mon adorable Sauveur, avec ses larmes, et avec son sang, de l'y offrir pour le triomphe de l'Église ma mère, pour le salut de la France, ma seconde mère ici-bas, pour vous, Monseigneur, et votre noble clergé, qui nous donnez aujourd'hui d'inoubliables preuves de sainte et courageuse affection, pour cette ville de Grenoble, enfin, à laquelle nous attachent désormais des liens si chers et si étroits que nul pouvoir ne saurait les briser! »

Profondément émue, la foule se retira, à l'exception de quelques messieurs qui avaient sollicité la permission de passer cette dernière nuit, la nuit de Gethsémani, en compagnie des proscrits du lendemain.

Le jour suivant, dès 3 heures 1/2 du matin, la police était sur pied et barrait l'entrée de toutes les rues qui conduisaient à la place des Tilleuls. Chacune des deux entrées de la résidence était gardée par des sergents de ville qui avaient reçu l'ordre de ne laisser pénétrer personne dans l'intérieur. Sommés d'exhiber cet ordre qu'ils ne pouvaient montrer, ils durent laisser passer quelques amis des Pères, venus pour les assister et protester en faveur du droit et de la liberté [1].

Ici qu'il nous soit permis d'exprimer un regret. Malgré tout le respect que nous avons pour la chère et vénérée mémoire du P. Joyard, nous pensons qu'il eut tort de ne pas faire fermer et barricader solidement les portes de la maison, donnant l'une sur la place des Tilleuls, l'autre sur la rue Bayard. C'était le désir, sinon l'ordre des supérieurs majeurs, que tout en évitant les voies de fait, la résistance fût aussi énergique que possible. L'effraction brutale des portes eût obligé les persécuteurs à se démasquer, à revêtir de tout son révoltant caractère l'odieux brigandage perpétré. D'autres conseils et d'autres raisons prévalurent dans l'esprit du P. Joyard : il était bien excusable après tout. Aucun précédent n'était là pour lui tracer la voie. Il se contenta donc de tenir fermée la porte intérieure qui donnait entrée dans la clôture et conduisait à l'habitation des religieux.

Quatre heures sonnaient, à l'horloge de la cathédrale, quand le commissaire central, nommé Fricandet, escorté des commissaires du quartier, vint frapper à la porte de la Résidence.

---

1. Tout ce récit, en substance, est tiré des journaux de l'époque et de la *Semaine religieuse de Grenoble*.

— Que demandez-vous?

— Je veux parler au supérieur.

La porte s'ouvre et le voilà dans le vestibule, en face du R. P. Joyard et du P. Sambin, tous deux locataires de la maison, en vertu d'un bail en bonne et due forme, passé avec M. Chaper, ancien député de l'Isère, propriétaire de l'immeuble. Alors d'une voix mal assurée, le commissaire donne lecture d'un arrêté de M. Léonce Ribert, préfet de l'Isère, portant exécution du décret du 29 mars et sommant le P. Joyard d'avoir à y obtempérer sur l'heure. Les deux religieux déclarent énergiquement, qu'ils sont décidés à faire respecter tous leurs droits; qu'ils ne sortiront pas avant que les tribunaux n'aient prononcé entre eux et l'administration : c'est la loi.

— Vous voulez donc nous obliger à recourir à la force?

— Si vous avez la force, nous avons notre droit : oui ou non, sommes-nous citoyens français comme vous? Oui ou non, notre bail est-il en règle?

— Il ne s'agit pas de cela. Je suis chargé de vous expulser : Je ne puis laisser dans l'immeuble que le propriétaire. Êtes-vous propriétaires?

— Nous l'avons déjà dit, nous sommes locataires.

— Alors il faut sortir. Nous expulsons les locataires comme les autres?

— Pourquoi cette restriction arbitraire? Nous ne sortirons pas.

Alors un huissier, M. Brunet-Manquat, s'avance, et, au nom des locataires, signifie au commissaire central une assignation en référé. Ennuyé de la tournure que prennent les choses, impatient d'en finir, le commissaire refuse d'abord de laisser la parole à l'huissier. Mais ce dernier insiste en faisant remarquer qu'il est officier ministériel et qu'il a le droit de parler au nom de la loi. Il continue sa lecture pendant que le commissaire l'écoute de mauvaise grâce. L'assignation est remise entre les mains de M. Fricandet qui la fait porter aussitôt à la préfecture.

Nonobstant, et quoique la justice soit maintenant saisie l'œuvre de violence continue :

— « Vous commettez un abus de pouvoir, Monsieur, dit un des avocats présents. »

Aussitôt le commissaire donne l'ordre d'expulser les messieurs qui sont là, une vingtaine environ. Ils refusent énergiquement de sortir, et ils demandent s'il y a aussi contre eux un arrêt préfectoral. Le commissaire alors s'avance sur le perron et fait un signe à la nuée d'agents qui stationnent sur la place des Tilleuls. Une escouade accourt, cerne les visiteurs, les accule à la porte et finalement les jette dehors. Deux témoins seulement demeurent avec l'huissier.

Reste maintenant à expulser les religieux. Le P. Joyard déclare qu'il ne sortira que le dernier de tous, et seulement par la violence. Impossible de pénétrer plus avant ; la porte de la communauté est fermée : il faut la forcer. Le commissaire envoie chercher un serrurier. Le malheureux arrive avec un énorme trousseau de crochets et de rossignols. Enfin, la porte finit par céder. Les agents envahissent l'escalier, montent jusqu'au second étage où sont les cellules des religieux. Ils frappent à la porte d'une cellule : point de réponse. Ils entrent quand même et ils voient, dans chacune des pauvres chambrettes, un Père Jésuite tranquillement assis devant sa table de travail.

Six fois de suite, la même opération se renouvelle et six fois s'engage le dialogue suivant :

— Qui êtes-vous, Messieurs ?

— Commissaires de police.

— Que désirez-vous?

— Vous faire sortir.

— Mais je suis chez moi !

— Sortez! Et on leur met la main sur l'épaule.

A l'un des Pères qui fait quelques observations, un commissaire de quartier répond :

— Vous voyez bien que votre situation est impossible!

— Non, non, répond-il, et j'en sais dont la situation est plus impossible que la mienne : je ne voudrais pas être à leur place !

Le pauvre commissaire convient que, s'il avait de quoi vivre autrement, on ne le verrait pas occupé à pareille besogne.

Déjà quatre cellules ont été vidées. Il en reste deux encore. Dans l'une d'elles, se trouve un religieux [1], grand de taille, l'œil vif et les cheveux grisonnants. Il n'a pas l'air de vouloir sortir de bonne grâce; il paraît occupé à réciter son bréviaire. Par quelques phrases bien senties, l'un des commissaires essaie de lui faire comprendre que toute résistance est inutile. — « Je le sais, répondit-il, expulsez-moi, puisque c'est votre métier, mais faites-moi grâce de vos sermons. »

Conduit par un agent de police un dernier Père s'avance vers la porte de sa chambre [2]. Arrivé sur le seuil il s'arrête; invité à le franchir, — « je vous en prie, dit-il, avec une fine courtoisie, veuillez sortir le premier, je suis chez moi ! Après vous, Monsieur ! »

L'opération n'était pas finie; les religieux étaient chassés

1. Le R. P. Darlin.
2. Le R. P. Charles de Damas.

de leur demeure, mais il fallait encore en expulser deux
personnes. La première, c'était l'honorable et vaillant député de l'Isère, M. Chaper.

Durant ces mauvais jours — c'est un devoir de le rappeler
ici — M. Chaper se montra d'un dévoûment, pour les Pères,
d'une générosité, d'une délicatesse au-dessus de tout éloge.
Aussi le P. Joyard avait-il voué à ce grand chrétien et à
sa noble famille, la plus vive et la plus religieuse reconnaissance.

M. Chaper, ayant pris assez vivement la défense de ses locataires, le commissaire central, survenu au milieu de la
discussion, osa le menacer de le faire conduire au poste entre deux sergents de ville.

— « Faites donc », répondit froidement l'ancien député.

Le fonctionnaire comprit qu'il avait fait une gaffe, rougit
jusqu'aux oreilles, et se contenta de le faire expulser comme
un vulgaire Jésuite. Ainsi fut-il fait.

Puis ce fut le tour de Mgr Fava qui expliqua ainsi sa présence au commissaire :

— « Les Pères Jésuites sont mes amis et mes collaborateurs
dévoués. Puisque l'administration les met en état de vaga-
bondage forcé, mon devoir est de venir au-devant d'eux et
de leur offrir un asile dans mon palais épiscopal, jusqu'à ce
qu'ils aient trouvé un domicile. »

Pendant qu'on procédait aux dernières expulsions, les
Pères déjà chassés de leur demeure, et une centaine d'hommes environ, attendaient sur la place des Tilleuls. Dès que
Monseigneur apparut sur le seuil de la Résidence, donnant
le bras au R. P. Joyard, tout ce cortège se mit en marche
vers l'Évêché. Il était environ 5 heures et quart. Il avait
fallu plus d'une heure pour mettre huit personnes hors de
leur domicile. Le cortège arriva sur la place Notre-Dame et

la traversa lentement entre deux rangs de spectateurs, la plupart attristés et découverts devant les victimes de l'oppression. Pas un cri, pas une manifestation hostile : un silence respectueux et consterné, tel qu'il convient en une journée de deuil, où la majesté du droit a été outrageusement foulée aux pieds, où une liberté sainte a été frappée à mort! Hélas! ce n'était qu'un début! Après elle, combien d'autres devaient périr.

Pendant ce temps, les agents du préfet, visitant la maison de la cave au grenier, procédaient en grande hâte à l'apposition des scellés. Scellés sur la chapelle! Scellés sur la sacristie! Scellés sur toutes les portes, y compris celles qui menaient au jardin et à la basse-cour! Scellés à l'intérieur, scellés à l'extérieur. On assure même qu'ils essayèrent de mettre la cire préfectorale sur l'entrée d'un mystérieux souterrain qui devait, affirmait l'un d'entre eux, très documenté par la lecture du *Juif errant*, conduire de la Résidence à l'Évêché.

Enfin l'opération se termina vers 7 heures du matin. Des groupes d'hommes et de femmes s'étaient formés aux environs de la Résidence, tandis que deux sergents de ville se promenaient gravement, l'un devant la porte de la rue Bayard, l'autre devant celle de la place des Tilleuls. Ils veillaient sur les sceaux de l'État. La précaution n'était pas inutile, non qu'il y eût grand danger qu'on voulût les rompre, mais parce qu'il était urgent d'empêcher les bons Français de s'approcher des dits scellés, d'un peu trop près. Sinon, ils auraient pu lire sur la cire rouge ces mots très distinctement imprimés : *Liberté! Égalité! Fraternité!* et s'écrier comme autrefois, je ne sais quel ami de la Révolution : — « O liberté! ô égalité, ô fraternité, que de crimes l'on commet en votre nom! »

Ce fut sans doute un pareil sentiment qui poussa M. Fritz Maisonville, républicain sincère et libéral, rédacteur de *l'Impartial Dauphinois*, à venir à l'évêché dans la matinée même de ce jour saluer les victimes de l'expulsion [1].

Le chanoine Rey, déjà vénéré comme un saint, était venu s'enfermer avec les Jésuites, au matin de l'expulsion. Quand le commissaire de police lui demanda :

— Et vous, êtes-vous aussi un Jésuite ?

— Non, Monsieur, mais je voudrais l'être aujourd'hui ; du moins je suis de ceux qui les aiment et qui s'indignent de les voir traiter comme des malfaiteurs.

Alors brutalement on l'avait pris par les épaules et jeté dehors. En rentrant chez lui, pâle d'indignation et de douleur, il faillit se trouver mal. Un tel homme méritait bien d'avoir un expulsé pour commensal. C'est chez lui que s'installa le P. Joyard, dans un modeste appartement, situé au deuxième du n° 7 de la place des Tilleuls, à deux pas et presque en face de la Résidence. On y accédait par un étroit escalier en colimaçon, bien connu de ceux qui, pendant trois ans, y vinrent entretenir le bon Père supérieur.

1. Témoignage de M. le chanoine Méresse, secrétaire de M<sup> Fava.

XXIV

APRÈS LA DISPERSION. — AU Nᵒ 7 DE LA PLACE DES TILLEULS. — DEUX AMIS. — UN CADEAU A ROSALIE.

Quelques jours après son installation auprès de son saint et généreux ami, le P. Joyard écrivait :

— « Nous voilà dispersés et nous le serons aussi longtemps qu'il plaira à Dieu. Ma vie est brisée, je tâche d'en rapprocher quelques débris et d'en recoudre les morceaux. Que Dieu ait pitié de nous. La grâce de la persécution demande à l'âme humaine une terrible coopération. Soyons à Dieu quand même, et toujours davantage, à mesure que la terre se couvre d'ombres plus épaisses et plus menaçantes.

« Nous sommes dans un nouveau étrangement difficile. Tout a des inconvénients; les inconvénients du parti que l'on a pris s'imposent et vous barrent le chemin. Ceux qu'aurait produits le parti que l'on n'a pas voulu prendre, demeurant dans la région des possibles, paraissent moins gênants. Nécessité d'agir, regret ou tristesse d'avoir agi; questions morales, questions religieuses, questions financières; tout se mêle et fait une sorte de pâte-noire et amère, qu'il faut lentement savourer le jour et, surtout la nuit !

« Après avoir passé par le Jardin des Oliviers, craintes, tristesse, ennui et dégoût, je me trouve présentement dans une sorte d'ahurissement et de stupéfaction. Je me demande toujours si je rêve; s'il est bien vrai que je suis chassé de chez moi, que j'aie le droit d'habiter dans une maison où je ne puis entrer et qui est là, à deux pas de la petite chambre qu'on m'a offerte. »

A Grenoble cependant, grâce à l'influence qu'exerçait le P. Joyard, la situation était relativement acceptable, bien meilleure en tous cas, qu'en beaucoup d'autres villes. Le pauvre Père en convenait lui-même.

— « Je cherche à modifier nos œuvres pour les sauver. La sympathie du Clergé et de la population m'a rendu tout possible. Je ne le dirai jamais assez. Le Clergé a été admirable de bonté pour nous ! Et si cela continue, nous ne manquerons pas de consolations au milieu de nos cruelles épreuves ! »

Être réduit à l'impuissance, ne pouvoir pas travailler au salut du prochain ni se dépenser au service de Dieu et de l'Église, c'était bien, plus que tout le reste, la grande épreuve que redoutait le P. Joyard.

— « Ne serons-nous pas jugés dangereux, disait-il, tant que nous pourrons encourager quelques âmes et leur montrer le ciel ? »

Il n'en fut rien, heureusement. Le travail de la prédication, bien loin de diminuer, alla toujours en augmentant. M. Waldeck-Rousseau, ni son successeur, n'avaient encore fait mettre à l'ordre du jour cette extrême prudence, trop semblable à la panique, qui plus tard, devait interdire la chaire à tout religieux non préalablement immunisé par le bénéfice de la sécularisation. Non seulement, à Grenoble les chaires restèrent ouvertes aux expulsés, mais chacun des curés de la ville, avec une bienveillance et une spontanéité édifiantes, s'empressa de mettre à leur disposition, et un confessionnal et son église elle-même.

En 1880, chaque paroisse de Grenoble avait un confessionnal occupé par un Jésuite. Que dis-je? Une fois tous les mois, une semaine chaque année, tantôt une église tantôt l'autre, était mise à l'entière disposition du P. Joyard. Il y pouvait réunir chacune des Œuvres ou Associations qui, auparavant, avaient leur centre au Gesu de la place des Tilleuls. Il était chez lui. Instructions de chaque mois, retraites annuelles, fêtes et anniversaires, tout s'y passait comme jadis à la Résidence. L'union la plus étroite ne cessa jamais de régner entre le Clergé grenoblois et les religieux expulsés.

Mais comment raconter la douce et fraternelle intimité qui, durant trois années entières, lia ces deux hommes, le Chanoine et le Jésuite? L'un et l'autre étaient pleins d'intelligence et de vertu, mais tous les deux étaient bouillants par caractère et vifs comme la poudre; l'un et l'autre brûlaient de zèle et d'amour pour l'Eglise, mais tous deux, plus d'une fois, se trouvaient divisés sur la façon de la mieux servir. L'un plutôt sympathique aux idées libérales, condisciple et ami du P. Didon son compatriote, admirateur fervent de Montalembert et Dupanloup; l'autre, pas du tout libéral, excepté envers les pauvres, grand lecteur et admirateur passionné de Louis Veuillot; l'autre enfin, qui a laissé la page suivante si pleine de franchise et d'humour :

— « Non ! je n'écrirai jamais comme le P. Lacordaire, pour plusieurs raisons, dont la première, c'est que la chose me serait impossible. Nous avions un brave homme de Père qui disait volontiers : « Je n'aime pas les conférences de Lacordaire, et, à moins que la sainte obéissance ne me l'ordonne, je ne prêcherai jamais comme lui. » — La sainte obéissance a fait bien des merveilles, mais elle n'a jamais produit que je sache, des résultats si imprévus. Or, j'ai d'aussi

bonnes raisons que cet excellent homme, pour ne pas écrir
comme le P. Lacordaire. Faites-en votre petit deuil. Jamais
vous n'aurez de moi, rien qui vaille la peine d'être lu atten-
tivement, qui ait quelque ombre de valeur littéraire. Et
puis, le P. Lacordaire, dont j'admire le beau talent, a écrit
bien des choses que je n'écrirais pas, s'il était en mon
pouvoir de les écrire, même comme lui! »

C'est assez dire que sur bien des points, M. le Chanoine et le bon Père ne pensaient pas exactement de
même : que de fois, mais avec quelle courtoisie! ils bri-
sèrent des lances, tantôt pour exercer la finesse de leur
esprit, tantôt pour défendre ce qu'ils croyaient être la vérité! Et pourtant, jamais entre eux il n'y eut l'ombre d'un
nuage, et quand il s'agissait de l'amour de Notre-Seigneur
et du dévoûment envers la Sainte Église, comme alors
leurs âmes vibraient à l'unisson!

Il est un point cependant sur lequel ils ne purent jamais
être d'accord. Le P. Joyard n'ignorait pas que M. le chanoine Rey n'avait que des rentes tout à fait modestes;
aussi n'avait-il accepté l'hospitalité offerte, qu'à la condition
de payer intégralement une pension convenable. De son
côté, le généreux Chanoine exigeait qu'elle fût réduite au
strict minimum. Pour laisser à son hôte la douce illusion
qu'il en serait ainsi, le P. Joyard imagina de lui jouer un
tour de sa façon. La rondeur de ses manières, sa bonté et
ses saillies spirituelles, lui avaient bien vite gagné la confiance de Rosalie, domestique du Chanoine, nature fine et dévouée. Il en fit son innocente complice. De temps en temps,
il lui remettait un billet de 100 francs, et, de ce ton bref
qui n'admettait pas de réplique :

— « Rosalie, vous ferez passer ça dans le ménage! Mais
vous vous arrangerez de façon que votre maître n'en sach

pas un mot. Gare à vous si vous avez le malheur de me trahir ! Nous sommes brouillés jusqu'à la fin du monde. »

Un jour, s'imaginant qu'elle avait « vendu la mèche », il lui fit une scène et la gronda si fort que la pauvre fille en versa des larmes. Quelques instants après, le Père qui ne se souvenait plus de rien, la rencontre les yeux tout rouges :

— « Mais qu'avez-vous, ma pauvre Rosalie ? Voyons qu'est-il arrivé ? Quelqu'un vous a fait de la peine ? Ce n'est pas moi au moins ? »

— « Pour être vif, il était vif (disait-elle), mais jamais je n'ai connu personne, qui craignît moins la peine, quand il s'agissait de rendre service à quelqu'un, surtout aux pauvres gens. J'avais une sœur à Lyon, malade, éloignée de Dieu, dans une situation triste et misérable à tous les points de vue. Je m'étais rendue auprès d'elle pour l'engager à se réconcilier avec Dieu, mais sans succès. A mon retour le Père m'interrogea :

— Est-ce que votre sœur a besoin d'un secours ?

— Mon Père, elle a surtout besoin de secours pour son âme qui est plus malade que son corps.

— Eh bien ! je m'en vais prêcher à Bourg : je m'arrêterai quelques heures à Lyon pour aller la voir ; soyez tranquille et priez bien ! Où demeure-t-elle ?

— Rue Ney, tel numéro.

« Le lendemain, il télégraphiait à M. Rey qu'il venait de parcourir tous les numéros depuis 1 jusqu'à 40, sans trouver la malade...

« On s'était trompé de numéro ou il l'avait oublié. Dès qu'il fut renseigné plus exactement, il se remit de nouveau en campagne, parvint auprès de la malheureuse, la décida à faire une confession générale, et lui fit administrer les sacrements. Il ne la quitta pas sans lui laisser un peu d'argent pour se procurer remèdes et douceurs.

« Ma sœur m'écrivit pour me remercier de lui avoir envoyé ce bon curé : — « *Jamais,* disait-elle, *elle n'avait rencontré son pareil. Tu ne saurais croire combien il a été bon et comme je suis heureuse maintenant !* »

« Quelques semaines plus tard, ma sœur touchait à ses derniers moments ; elle me fit écrire qu'elle voudrait bien revoir le curé à qui elle s'était confessée ; qu'elle avait besoin de lui confier quelque chose qui lui pesait sur la conscience ! *Le bon curé* n'était pas alors à Lyon. Néanmoins, dès qu'il apprit que la malade le réclamait, il accourut auprès d'elle, l'encouragea, la confessa et ne repartit qu'après lui avoir rendu la paix et l'avoir doucement préparée à paraître devant Dieu. Le lendemain il m'écrivit pour m'annoncer qu'elle était morte dans les meilleures dispositions, et qu'il avait célébré la messe pour son âme le matin même ! Comment pourrait-on oublier un pareil dévoûment ?

« Pendant trois ans qu'il est demeuré ici, j'ai pu l'observer de bien près, il m'a toujours grandement édifiée. Sans être jamais familier il aimait un peu à me taquiner et il m'appelait « boîte à malice ». Il se levait ordinairement de grand matin. Il disait la messe à la Cathédrale. Ensuite il se rendait à son confessionnal dans la chapelle de Saint-François. Ordinairement, il rentrait fort tard dans la matinée. Le dimanche il allait au confessionnal, mais uniquement *pour les ouvrières et les pauvres gens.*

« C'était une affaire entendue. Si une dame en robe de soie se présentait : — « Vous reviendrez une autre fois, lui disait-il, vous avez du temps dans la semaine, ces pauvres filles n'en ont pas. » — Quand il était à Grenoble, il recevait beaucoup de monde, des messieurs, des dames et pas mal de petites gens auxquels il devait en secret faire bien des aumônes. Il ne faisait point de distinction entre les riches et les pauvres, sinon qu'il bousculait quelquefois les premiers et jamais les autres.

« En 1881, le prédicateur qui devait prêcher les retraites pastorales fit défaut au dernier moment. Monseigneur eut recours au P. Joyard qui n'osa pas refuser. Mais c'était la première fois qu'il devait remplir ce ministère : il était bien ennuyé. M. Rey l'encourageait beaucoup. Le Père n'ayant que deux jours devant lui, s'enferma dans sa chambre et me dit (c'est moi qui ouvrais la porte aux visiteurs) : — « Rosalie, sachez que je n'y suis *pour personne*, vous avez bien compris *pour personne*, tout ce qu'il y a de *plus personne*. »

« Or une grande dame, qui venait assez souvent, se présenta : je fis ma commission, mais elle insista en disant qu'elle avait quelque chose de très pressé à dire au Père supérieur, à propos d'une œuvre.

— « Eh bien ! Madame, voici sa chambre : frappez vous-même, si vous voulez. Pour moi je n'ose pas me risquer. Pendant qu'elle s'avance pour frapper, moi je recule en me disant :

« En voilà une qui va être bien reçue!... Toc! Toc! — Personne ne répond. Toc! Toc!

« Gare! » je me dis. Cette fois la porte s'ouvre :

— « Pardon de vous déranger, mon Révérend Père ! Est-il vrai que vous n'y êtes pas et que vous ne recevez personne?

— « Oui! Madame », et la porte se referma en claquant au nez de la visiteuse. Elle s'en alla peu contente. Mais ceux qui furent bien contents, ce furent les retraitants. Car cette année-là, M. Rey disait que le P. Joyard s'était surpassé, qu'il avait ravi tous les prêtres, et fait un très grand bien!

« Il faut que je vous dise encore un trait du P. Joyard qui me concerne un peu. Comme j'étais chargée du service de la porte de sa chambre et de la cuisine, j'avais bien du travail. Une des Enfants de Marie, qui était obligée de venir assez souvent, eut l'idée de me faire un cadeau aux environs du jour de l'an. Mais elle voulut d'abord prendre conseil du P. Joyard. C'est elle qui me l'a raconté plus tard.

— Mon Père, j'ai envie d'offrir un cadeau à Rosalie.

— Vous ferez très bien, vous la dérangez assez souvent, la pauvre fille ; mais, je vous en préviens, ne lui offrez pas de l'argent, vous la blesseriez.

— Ce n'est pas de l'argent non plus que je veux lui donner.

— Parfait, Madame, mais quoi alors ?

— J'ai pensé qu'un chapelet de nacre, monté sur argent avec une jolie croix lui ferait plaisir !

— Bêtise, Madame, bêtise ! Je vous croyais intelligente, vous m'étonnez.

— Mais, mon Père, expliquez-vous !

— Mais, chère Madame, vous ne comprenez donc pas que vous allez offrir à Rosalie un cadeau parfaitement inutile. Rosalie a un chapelet, deux chapelets, trois chapelets ; elle en a peut-être une douzaine ! Elle a besoin de votre chapelet de nacre comme moi j'ai besoin d'un casque de pompier ! Madame, achetez-lui une robe bien étoffée pour l'hiver. Il ne fait pas chaud dans ce pays ; j'en sais quelque chose : j'ai en ce moment trois rhumes superposés les uns sur les autres. Avec cette robe de laine bien chaude, Rosalie pourra aller chaque matin à la première messe de la Cathédrale, sans risquer d'y attraper une fluxion de poitrine... et elle priera pour vous, votre mari et vos enfants, tandis qu'elle mettrait votre joli chapelet de nacre, avec sa jolie croix d'argent, au fond d'un tiroir et n'y penserait plus.

— Mon Père, vous avez raison.

— Oui, Madame, il faut être pratique même dans les cadeaux que l'on fait aux braves gens! — Puis en la congédiant avec un geste gracieux et un fin sourire : — « Adieu, Madame, merci pour Rosalie et pour moi! »... Rosalie eut, tout à la fois, la robe et le chapelet.

XXV

AMOUR DU P. JOYARD POUR LES PAUVRES. HISTOIRE D'UNE VACHE.

Le P. Joyard aimait beaucoup faire l'aumône en nature. Comme il connaissait un bon nombre de familles pauvres ou dans une situation de quasi indigence, soigneusement dissimulée, il se procurait par les Enfants de Marie, une quantité de vêtements, robes, manteaux, etc., et il les faisait distribuer secrètement. Qui pourrait dire combien de misères cachées ont été assistées et secourues ainsi? Avec la permission des supérieurs, il avait son budget des pauvres qu'il établissait aussi large que possible : « Plus je donne, disait-il, et plus je reçois. » Et, en vérité, Notre-Seigneur faisait affluer les aumônes entre ses mains. Il lui en venait de sa famille et un peu de partout. Voulait-il donner une preuve particulière de confiance à une des nombreuses personnes qu'il dirigeait, il lui mettait sur les bras une famille pauvre, ou une personne malheureuse à visiter et à soulager :

— « Ma chère enfant, je cherche une dame bonne et charitable qui veuille s'intéresser à de pauvres malheureuses que j'ai sauvées autrefois. Il y a là une vieille tante paralysée et deux nièces, qui sont hors d'état de gagner leur vie; la plupart du temps, elles n'ont pas même assez de force, à elles deux, pour soulever leur pauvre infirme! Tout ce monde demeure rue X..., 2, je ne sais plus à quel étage; les pauvres femmes n'ont aucune maladie infectieuse. Je m'imagine qu'il y aurait pour vous et pour L. un bon acte de charité à faire. Pardonnez-moi de vous avoir donné la préférence sur tant d'autres dames, à qui j'aurais pu m'adresser. Ne me maudissez pas trop. Qui sait? Peut-être un jour vous me remercierez... »

Un autre jour il écrit : — « Il est bien juste que je vous envoie 50 francs pour les pauvres G..., puisque c'est moi qui les ai mis sur vos bras. Je n'ai pu les donner à votre mari, quand il est venu me voir il y a cinq ou six jours; autrement il ne me serait pas resté 5 francs, pour répondre aux nombreuses demandes que je reçois à chaque instant! »

A un charitable pourvoyeur des aumônes qu'il destinait à sa nombreuse famille de pauvres :

— « Je vous remercie de votre chèque, écrivait-il, il me fait grand plaisir, parce que ma bourse des Bonnes Œuvres a été soumise cet hiver à de rudes épreuves, d'où elle n'est pas sortie en fort bon état. Bien des personnes qui m'aident à faire le bien disparaissent peu à peu. Je vous remercie doublement d'avoir pensé à mes malheureux qui, eux, me sont joliment fidèles. »

Le passage suivant, d'une lettre écrite en 1901 va montrer jusqu'à quel point ils lui demeuraient fidèles.

— « Priez beaucoup pour une de mes *pauvresses* qui vient de mourir et dont le sort éternel m'inquiète. On m'écrit qu'elle a reçu les secours religieux. Je n'ai jamais pu faire un bien réel à cette âme. Pendant vingt-huit ans, elle a été pour moi un ennui, un souci, un embarras. Impossible de trouver une personne moins raisonnable. Si vraiment j'apprends par les détails qui me sont donnés qu'elle a fait une bonne mort, je ne pourrais m'empêcher d'éprouver un vif sentiment de soulagement! »

Puisque nous parlons de la charité du P. Joyard envers les pauvres, on nous saura gré d'en citer un trait tout à fait original et charmant.

Au temps où il habitait chez M. Rey, il rencontra un jour dans la banlieue de Grenoble, sur la route d'Eybens, une pauvre famille de vanniers ambulants, plongée dans la plus noire détresse. Le misérable véhicule qui servait à abriter ces pauvres gens ne tenait plus que par miracle. Adossée au talus de la route, la voiture démantelée ressemblait à une barque qui a fait naufrage. La pauvre Rossinante qui la traînait, à bout de souffle, gisait râlante dans le fossé. L'osier se faisait rare. Les corbeilles, qu'un petit garçon déguenillé et deux grandes fillettes aux cheveux de filasse promenaient par la ville, ne trouvaient point d'acheteurs. La mère était malade, avec un enfant au berceau et deux autres mioches, maigres comme des sauterelles et qui criaient famine en pleurant. Le chef de famille, jaune et fiévreux, avait la mine d'un déterré. Le bon Père qui s'était arrêté un instant à causer avec ces pauvres gens, fut profondément ému. Il se dit qu'il y avait quelque chose de mieux à faire qu'à laisser tomber une pièce de monnaie; il promit qu'il allait s'occuper d'eux et il tint parole.

Aussitôt il fait appel discrètement à plusieurs personnes charitables dont le dévoûment lui est bien connu. On ouvre d'abord aux pauvres miséreux un crédit chez le boulanger : c'est la chose la plus urgente. On leur porte des vêtements et des layettes. Une sainte personne, très connue à Grenoble, Mlle Gatel, se charge d'apprendre le catéchisme aux deux fillettes et au petit garçon. La femme d'un brave général, imagine de procurer à ces pauvres gens une petite bicoque avec un jardin. Le vannier s'y installe avec sa femme et ses enfants, tous heureux comme des princes. On n'avait plus besoin de cheval, puisqu'on était dans ses meubles. La voiture démolie servirait à faire bouillir la marmite. Les enfants continueraient à vendre des corbeilles, et le père serait pourvu d'un modeste emploi chez un maraîcher voisin. Tout allait pour le mieux... Non pas encore. En y réfléchissant notre homme fit un beau rêve :

— « Si, au lieu d'une bête de somme, on pouvait se procurer une petite vache qui ne coûterait pas bien cher et qui aurait beaucoup de lait ! il serait bien facile de lui bâtir un petit abri sous l'auvent de la maison. Et quant à la nourrir, chacun des petits la conduirait à son tour, matin et soir, tondre l'herbe qui pousse le long du chemin, aux environs des remparts. » Le rêve sourit au P. Joyard, qui, lui, venait d'être chassé de sa maison, privé de son jardinet et de ses poules !

Comment et par qui la vache fut-elle donnée ou achetée, je l'ignore ; mais je sais bien qu'un beau jour elle prit le chemin de la pauvre bicoque, où elle fut reçue avec enthousiasme, admirée, caressée.

Le pauvre vannier ne douta pas que ce nouveau bienfait, qui mettait le comble à sa reconnaissance, ne vînt encore du P. Joyard, dont il savait maintenant l'adresse. Le lendemain, il arriva sur la place des Tilleuls, traînant sa vache après lui. Il voulait remercier le bon Père et lui faire admirer la bonne laitière. Mais le Père refusa de descendre en disant à Rosalie :

— « Je ne suis pas connaisseur en vaches ! Allez lui dire de s'en aller et qu'il se garde de croire et de raconter partout que je donne des vaches à ceux qui n'en ont pas. Tout le monde viendrait m'en demander ; s'il doit de la reconnaissance, ce n'est pas à moi, mais à Mme de..... et à Mme X...! »

A combien d'autres infortunés le P. Joyard n'est-il pas venu en aide, dans le cours de sa vie! On ne saura jamais, ici-bas, les bonnes actions qu'il a faites par lui-même et celles, encore plus nombreuses, qui ont été faites à son instigation!

La persécution pourra bien, plus tard, le séparer de ceux dont il avait comme adopté les tristesses, les douleurs, les privations; elle ne pourra jamais les lui faire oublier. C'est ainsi qu'après les tristes événements de 1901, du fond de son exil, il trouvera moyen de les secourir et de les consoler encore. Il saura, et avec quelle touchante délicatesse! leur procurer *d'autres lui-même.*

Que dis-je! en prévision de la mort, qu'il pressentait alors prochaine, et du vide qu'elle ne manquerait pas de creuser en des existences particulièrement douloureuses, il faisait passer en d'autres âmes ses propres sentiments, ses propres affections, créant ainsi des sœurs et des filles de charité, pour continuer après lui son paternel et inlassable dévoûment, vis-à-vis de certaines infortunes qui lui étaient particulièrement chères.

Mais il faut clôre ce chapitre. Il me semble que le P. Joyard m'en voudrait, si pour louer sa mémoire, je risquais de soulever les voiles dont il tenait tant à couvrir sa tendre compassion et son inépuisable générosité envers les malheureux.

Cependant les circonstances au bout de trois ans, semblèrent assez favorables pour permettre aux religieux expulsés de reprendre, partiellement du moins, la vie en commun. Le P. Joyard, avec deux ou trois frères, vint alors habiter dans la rue Vaucanson. Voici ce qu'il écrivait de son nouveau domicile dans une lettre datée de Trévoux, 8 juin 1884.

— « J'aime bien cette petite ville de Trévoux, pittoresque

et paisible. J'aime bien aussi la Sidoine : c'est une excellente maison. Je n'en suis sorti qu'une fois pour aller voir M. le curé, dont le jardin m'a fait commettre des péchés d'envie.

« En fait de jardin, dans ma rue Vaucanson, j'ai des haricots et des volubilis qui s'enroulent autour des maigres montants d'un balcon situé au troisième étage, dans une maison qui en a cinq, en face d'une autre maison qui en a six. Voilà mon jardin et mon horizon... c'est joliment gai ! »

Aussi bien, à ce point de vue, pouvait-il regretter la petite chambre qu'il avait occupée chez M. Rey. Tant qu'il fut à Grenoble, il ne cessa pas d'entretenir avec son saint ami, les rapports les plus affectueux. Il allait le voir souvent. Lorsqu'il dut, au bout de neuf ans, s'éloigner de Grenoble, il n'eut pas le courage d'aller lui dire adieu de vive voix. Quand en 1900, il apprit la mort subite de ce vénéré chanoine, il s'empressa d'écrire à son neveu, prêtre pieux et distingué, que M⁅gr⁆ Henri, venait de nommer curé de la Cathédrale. Dans une lettre à une personne de Grenoble, il disait :

— « Pauvre bon chanoine, que je l'aimais ! comme il a été bon pour moi, il y a vingt ans. Il y a bien peu d'hommes que j'ai tant estimés que lui. Sa mort subite ne me laisse aucune inquiétude. J'ai la ferme conviction, que son âme a été bien accueillie par Dieu, qu'il a tant aimé et si fidèlement servi.

« Que va devenir sa pauvre Rosalie ? Sans doute, le neveu la prendra avec lui, ne lui demandant qu'un peu de service. Ainsi sa vieillesse sera à l'abri du besoin. Monseigneur a été vraiment bien inspiré en le nommant curé de la Cathédrale. C'est un prêtre excellent, intelligent, pieux, modeste, prudent. Il fera beaucoup de bien, mais il a perdu beaucoup en perdant son oncle. Hélas ! »

Au bout de quatre ans, le cher Père allait rejoindre au ciel

celui dont il avait si vivement pleuré la mort, et un trépas
prématuré y conduisait, bientôt après, le neveu du Chanoine,
curé de Notre-Dame! De ce nouveau curé de la cathédrale
on pouvait dire aussi : *Magis ostensus quam datus*, aussitôt
donné, aussitôt ravi! Du moins laissa-t-il à ses paroissiens
les exemples et le souvenir d'un saint!

XXVI

DERNIÈRES ANNÉES A GRENOBLE.
LE PRÉDICATEUR DES MÈRES CHRÉTIENNES.

A mesure qu'il se prolongeait à Grenoble, l'apostolat du
P. Joyard gagnait en étendue et en profondeur. Il attei-
gnait une foule d'âmes appartenant à toutes les classes de
la société, depuis les grandes dames jusqu'aux plus modestes ouvrières. Toute forme d'apostolat lui était bonne, dès
qu'elle était dans l'esprit de l'Église et de son institut ;
dès qu'il y voyait un moyen de faire aimer Notre-Seigneur.
Le parloir et le confessionnal, la prédication et la correspondance épistolaire, la visite des pauvres et celle des malades, tout lui servait pour conduire les âmes à Dieu.
Son temps était entièrement dévoré ; à grand'peine pouvait-il réciter son bréviaire et faire ses exercices de piété :
— « J'ai le courage, écrit-il, de prêcher sans préparation.
S'il me fallait deux heures de solitude avant de monter en
chaire, il faudrait me déclarer en faillite. » Il n'en continua
pas moins, pendant six mois, d'aller deux fois par semaine,
visiter et consoler un pauvre poitrinaire qui se mourait
lentement, à 10 kilomètres de Grenoble.

Il assista, à son lit de mort, la femme d'un illustre écrivain, alors professeur à la faculté des lettres de Grenoble.

Dans une allée du cimetière de cette ville on rencontre une tombe, plantée de rosiers aux quatre angles, et toujours fraîchement entretenue. Entre les bras de la croix on lit ces mots : « Ci-gît Madame Jules Lemaître, née Pauline des Chalais, décédée le 4 mars 1884, âgée de vingt et un ans. » Au milieu se trouve une petite croix de marbre blanc et une toute petite couronne de myosotis, avec cette épitaphe : « Madeleine, 28 février-4 mars 1884. »

Le P. Joyard aimait à raconter que le célèbre académicien lui envoya plus d'une fois, de Paris, des honoraires de messes à l'intention de la chère défunte. Aussi ne cessat-il jamais d'espérer qu'il reviendrait un jour à la religion de sa jeunesse. Il aimait à prier pour lui bien souvent.

On comprend assez que le P. Joyard ne pouvait se confiner exclusivement dans les œuvres dont il était chargé à Grenoble. Aux autres ministères, pour lesquels il était de plus en plus réclamé, venait s'ajouter celui des retraites pastorales. Comme sa parole n'était pas moins goûtée des prêtres que des simples fidèles, il dut chaque année consacrer plusieurs semaines à la sanctification du clergé. Impossible de le suivre à travers les diocèses qu'il parcourut tour à tour : Grenoble, Metz, Angers, Verdun, Lyon, Marseille, Digne, etc...

Il était aussi très apprécié dans les petits et les grands séminaires. Il est tel prêtre, qui conserve encore pour les relire et les méditer, les notes de sa retraite d'ordination :

— « Jamais, me disait l'un d'eux, je n'oublierai l'impression que me fit la parole du P. Joyard. C'est lui qui m'a fait comprendre l'amour de Notre-Seigneur, c'est lui qui m'a affermi dans ma vocation et m'a délivré de mes scrupules.

« Devenu prêtre et vicaire je venais le voir de temps en temps à Grenoble. On causait un instant, il me racontait

une anecdote, puis soudain me regardant bien en face :
« Eh bien, mon cher enfant, comment vont les exercices de
piété? » Je remercie souvent Notre-Seigneur de l'avoir mis
sur mon chemin. Sans ses conseils si sages et si prudents,
mon inexpérience m'eût fait commettre bien des sottises,
peut-être des folies ! »

Je ne sais s'il est aucun apostolat que le P. Joyard ait
exercé plus volontiers, et avec plus de fruit, que celui
des Mères chrétiennes et des Enfants de Marie. Nulle part
il ne s'y adonna avec plus d'ardeur, plus de zèle, plus de
sainte énergie qu'à Grenoble.

Il avait compris tout ce que l'on peut espérer et tout ce que
l'on doit attendre d'une mère, quand armée d'une foi vive et
des autres vertus qu'engendre l'amour de Notre-Seigneur,
elle s'est donnée tout entière à sa mission providentielle,
au sein de la famille.

Former des chrétiennes, de vraies chrétiennes, substi-
tuer l'esprit de l'Évangile à l'esprit du monde, tel est l'idéal
que le P. Joyard avait sans cesse devant les yeux, qu'il
poursuivait sans trêve ni relâche.

En chaire comme au confessionnal, dans ses entretiens
privés et ses conférences publiques, quel que fût le thème
particulier de ses causeries ou de ses instructions, il ne
visait pas autre chose. Il pouvait vraiment dire comme saint
Paul : *Nos autem prædicamus Jesum Christum et hunc
crucifixum.*

Sans doute il tenait compte des nécessités d'état, de
santé ou de situation, mais sur le fond, le sens même et la
pratique de l'esprit chrétien, il ne transigeait jamais, et ne
voulait pas qu'on transigeât.

— « Mesdames, a-t-il dit bien souvent, sous les formes les
plus variées et parfois les plus cinglantes, vous n'êtes pas

obligées de postuler votre admission parmi les Enfants de
Marie, de donner votre nom à l'Association des Mères
chrétiennes, mais si vous le faites ou si vous l'avez fait,
qu'il soit bien entendu que vous entendez désormais
penser, parler, vivre en chrétiennes. »

Je ne crois pas que jamais le P. Joyard ait porté devant son auditoire aucune des thèses à la mode, qui ont
fait tant de fois retentir les chaires chrétiennes, au XIXe siècle : *la femme avant le Christ, la femme dans la société,
la femme dans l'histoire, etc., etc...*

Il avait une égale horreur — et comme il savait la traduire ! — de cette prédication mièvre et doucereuse qui dé-
verse sur les auditoires féminins, l'encens à profusion, les
fleurs à pleines mains, sauf à décocher de temps en temps
quelques flèches en papier doré, quelques traits qui font
sourire, en égratignant la vanité.

Il n'aimait pas non plus un certain genre de prédication
agressive et cavalière. — « Je ne crois pas, disait-il, que
sous prétexte d'attaquer et de condamner les prodigalités
du luxe, il soit nécessaire d'énumérer et de décrire, avec la
science d'un couturier à la mode, l'attirail compliqué de la
mondanité féminine. Pour flétrir les amusements mondains,
les bals, soirées et spectacles, il ne convient pas de porter
en chaire la verve moqueuse d'un chroniqueur du boule-
vard, ni de brosser des tableaux fantaisistes, où le réalisme
du dessin n'est égalé que par la crudité des couleurs !

« C'est là un genre d'éloquence qui peut obtenir et ob-
tient souvent un grand succès de curiosité, mais dont le
moindre inconvénient est de ne convertir personne.

« On peut-être un Coquelin de la chaire fort admiré, et
un piètre convertisseur. »

Le P. Joyard savait trop bien qu'il faut attaquer le mal

dans sa racine ; que la réforme de l'intérieur ne peut s'opé-
rer sans entraîner toutes les autres ; que sans celle-là toutes les autres sont impossibles et ne peuvent durer.

Aussi ne cessait-il de répéter aux Enfants de Marie et
aux Mères chrétiennes le *redite ad cor* des Livres saints.
Sa parole ne se contentait pas d'effleurer l'âme, elle y pénétrait bon gré mal gré jusqu'au fond.

— « Mesdames, disait-il souvent à son auditoire, la retraite sera bonne surtout parce que vous y mettrez de vous-
même ; elle sera bonne dans la mesure où vous consentirez
à réfléchir pour vous assimiler la vérité.

« Supposez que la présente retraite vous soit donnée par
un orateur de très grand talent, par un prédicateur de génie, un Chrysostôme, un Bossuet, un Lacordaire. Si vous
ne prenez pas la peine de réfléchir sérieusement, si vous
vous contentez d'admirer cette parole merveilleusement
belle, je vous déclare qu'il vaudrait mieux pour vous que le
sacristain de cette église, vint vous lire en chaire le xxiiiᵉ
chapitre du Iᵉʳ livre de l'*Imitation*, après quoi, chacune
d'entre vous mettant la tête entre ses mains, se prendrait à méditer sur la mort pendant un quart d'heure !

« L'humble sacristain vous ferait beaucoup plus de bien
que le grand orateur ! »

Quelques-uns ont reproché au P. Joyard de s'affranchir
un peu trop des règles tracées par le livre des *Exercices de
saint Ignace*. Ce reproche n'est pas mérité : impossible de
parcourir les différents canevas d'instructions qu'il a laissés
et les résumés qu'en ont gardé bon nombre de personnes,
sans être frappé de la façon saisissante dont il savait adap-
ter la lettre et l'esprit des Exercices aux besoins spéciaux,
à la situation particulière de chaque auditoire.

Qu'il s'adressât à des personnes du monde, ou à des religieux, jamais il ne manquait de rappeler d'abord et d'exposer, d'une façon très personnelle, quelques-unes des grandes vérités : la fin de l'homme, le salut, le péché, l'enfer, la mort, l'éternité.

Jamais non plus il n'omettait de parler longuement de Notre-Seigneur : c'était là son sujet favori, son thème de prédilection.

Il croyait n'avoir rien fait, tant qu'il n'avait pas conduit l'âme jusqu'au pied du Calvaire et du Tabernacle, tant qu'il ne lui avait pas révélé les richesses de l'Incarnation et appris, selon son expression, à *utiliser*, à *exploiter* le Sang divin, les mérites et l'amour infini du Sauveur, pour se purifier, payer toutes ses dettes, s'enrichir et s'embellir merveilleusement !

Là était bien le fond de sa doctrine, toujours le même, mais présenté avec une grande variété de développements et des aperçus qui semblaient toujours nouveaux, toujours pleins de fraîcheur.

Sur les résultats qu'obtenaient les prédications du P. Joyard, laissons la parole, un instant, à trois de ses auditeurs. Une sainte personne morte aujourd'hui, et qui fut chargée de la direction d'une œuvre importante écrivait :

— « Aucune parole sacerdotale ne m'a saisie, touchée, empoignée comme la sienne. Ses retraites aux Mères chrétiennes étaient parfaites, tellement vécues, si pratiques si pénétrantes et si personnelles avec cette pointe d'originalité qui faisait rire et pleurer ! Quelle connaissance du cœur féminin ! et quelle sainte passion de faire connaître et aimer Notre-Seigneur !

« Je puis dire en toute vérité, qu'avant de l'avoir connu, bien que j'eusse la réputation d'être pieuse, je ne savais pas ce que c'est que le *cœur-à-cœur* avec Dieu, je ne savais pas prier. »

— « Les prédications du P. Joyard, écrit une autre, surtout celles qu'il adressait chaque mois aux Mères chrétiennes, étaient son véritable triomphe, moins encore par leur mérite oratoire que par l'action profonde qu'elles exerçaient sur les âmes.

« On aurait dit qu'il continuait en la développant la direction du confessionnal ; car la plupart des Mères chrétiennes et des Enfants de Marie s'adressaient à lui. Le P. Joyard parlait d'abondance ; sa parole néanmoins ne manquait ni de correction ni d'élégance. Il paraissait toujours maître de son sujet, qu'il devait avoir médité profondément pour son propre compte. En le développant il ouvrait volontiers d'intéressantes parenthèses, il faisait sur son chemin des trouvailles fréquentes, ce qui donnait à ses instructions beaucoup d'attrait et d'imprévu. Les aperçus les plus profonds s'y mêlaient comme naturellement à des réflexions qui faisaient sourire par leur justesse et leur soudaineté. Jamais il ne cherchait les effets oratoires. Il parlait sur le ton de la causerie mais d'une causerie qu'animait une émotion communicative.

« Point de grands gestes, de simples indications de la main. Sa voix dont la sonorité était agréable n'avait pas une grande variété d'intonation, mais sa diction était très nette, incisive, pénétrante, et avait un accent d'irrésistible conviction. Avec lui on ne perdait jamais le fil du discours, tant ce qu'il disait était clair, vivant. Dès le début on était pris, et on le suivait sans peine jusqu'au bout ; d'abord parce qu'il sentait lui-même très vivement et aussi parce qu'il ne restait jamais dans le vague. Tout portait, tout était approprié à son auditoire.

« Et puis, la forme souvent pittoresque de sa pensée faisait image et la gravait dans la mémoire. Le P. Joyard a exercé à Grenoble un vaste apostolat, il y était compris, aimé et très généralement obéi. Il y jouissait d'une grande autorité et d'une très haute estime, auprès des gens du monde et même dans les milieux les plus universitaires. Il a certainement formé tout une élite de femmes sérieuses très préoccupées de sortir des futilités pour rendre leur existence utile et féconde. »

— « Je dois beaucoup au P. Joyard, écrit une autre personne, actuellement maîtresse des études dans une maison d'éducation fort distinguée. La première fois que j'eus le bonheur de le rencontrer, j'avais vingt ans. Invitée à suivre une retraite au Cénacle de Fourvière, je ne vis là qu'une occasion de me récréer avec des compagnes et des amies. Je m'y rendis donc, prête à subir la pénible corvée des Exercices, à condition de me dédommager pendant les moments libres et les récréations. Sans faire de jugement téméraire, je pense que plus d'une retraitante devait être logée à la même enseigne que moi. Mais dès que j'aperçus le P. Joyard, son attitude, son recueillement, son ardeur contenue m'impressionnèrent vivement. En présence de ce religieux je ne pus me défendre d'un sentiment de profond respect. Déjà la grâce commençait d'agir en moi. Après sa première instruction toutes mes dispositions étaient changées. Ce qui m'avait touchée ce n'était pas seulement sa parole neuve, étincelante de verve et d'esprit — j'étais plutôt portée à me tenir en garde contre le charme de cette éloquence! — c'est que, devinant pour ainsi dire les plaies cachées de mon âme, les blessures secrètes de mon amour-propre, avec autant de force que de délicatesse, il venait de me montrer le baume seul capable de les guérir. Je sortis du Cénacle véritablement transformée. Je crois qu'il en fut ainsi pour beaucoup d'autres.

« Plus tard, je revis le P. Joyard à Grenoble. Mon bonheur était d'assister aux instructions et aux retraites des Mères chrétiennes ; j'y trouvais chaque fois une nouvelle force en même temps que les conseils les plus sages et les plus pratiques pour l'éducation de mes élèves. Il ne craignait pas d'entrer dans tous les détails dont doit s'occuper une mère vraiment soucieuse du salut de ses enfants. Je me rappelle une très belle instruction sur ce thème si simple : — « Ne laissez à personne, ni à une bonne, ni même à l'institutrice la plus respectable, le soin de faire faire la prière du matin et du soir à vos enfants ! »

« Un trait distinctif de l'apostolat du P. Joyard auprès des Mères chrétiennes de Grenoble, c'est qu'on ne se lassait jamais de l'entendre. Sa parole était comme le bon pain qui est toujours savoureux, fortifiant, agréable, appétissant. Il donna la retraite annuelle pendant six ou sept ans d'une façon consécutive, et l'auditoire ne cessa d'aller grandissant.

« Quand, plus tard, ayant quitté la Résidence de Grenoble, il y revint à plusieurs reprises prêcher cette même retraite, aucune église n'était assez grande pour contenir les mères de famille qui accouraient, heureuses autant qu'avides de l'entendre de nouveau.

« Nous allions à ses instructions, disait un jour l'une d'elles, comme l'abeille va au rayon de miel. »

Ce n'est pas, nous le répétons, qu'il leur prodiguât les éloges et les douceurs. Témoin cette apostrophe destinée à secouer un auditoire engourdi.

— « Si vous croyez, Mesdames, qu'un pauvre homme

appelé à vous prêcher une retraite, est très fier de cet honneur et n'éprouve que des consolations, vous êtes dans une étrange et regrettable erreur. J'aimerais mieux pour ma part, prêcher les nègres d'Afrique ou encore les vieillards des Petites Sœurs des Pauvres ; car je suis convaincu que ma parole fructifierait beaucoup plus dans ces terrains neufs, que dans vos âmes saturées de grâce et habituées à ne rien faire ou à faire très peu, pour en profiter. Si je vous fais cette confidence peu tendre, mais bien sincère, c'est qu'elle me pesait trop et que je ne voulais pas la garder ! »

Et quels vivants portraits il savait tracer ! Impossible de les oublier tant ils étaient pris sur le vif. Par exemple le portrait de la Mère chrétienne à la dévotion mal entendue, appartenant à toutes les confréries, embesognée dans les bonnes œuvres de tout genre, mais jamais plus heureuse, jamais plus contente d'elle-même que lorsqu'elle peut s'écrier : — « Mon Dieu ! Comment vais-je m'arranger aujourd'hui ? Je suis si occupée : il me faut assister à trois réunions pieuses à la fois. Comment faire ?.. Il s'agit de trouver une combinaison habile qui me permette d'avoir le commencement de l'une, le milieu de l'autre et la fin de la troisième. Il n'y a pas d'autre moyen de m'en tirer ! » Et la pauvre femme fait acte de présence partout. Elle n'oublie qu'une chose : « faire la volonté de Dieu en accomplissant ses devoirs d'état. » Puis, c'est la jeune fille qui perd tous les jours un temps considérable devant son miroir, très convaincue qu'il n'y a pas dans toute la création, de plus joli point de vue qu'elle, et qui cherche à se corriger au moyen de cette résolution d'un héroïsme invraisemblable : — « *Désormais je veux que lorsqu'on me fera un compliment sur ma beauté je n'en éprouve jamais aucun plaisir!* »

Un jour qu'il parlait de la charité dans les conversations, il termina ainsi : — « Mesdames, examinez-vous sérieusement sur l'usage que vous faites de votre langue ! S'il en est une parmi vous qui n'ait pas besoin d'examen sur ce point-là, je la conjure de se lever : nous la ferons photographier et sa photographie sera envoyée dans les cinq parties du monde comme un phénomène. »

Dans une retraite, il parlait de l'enfer devant un nombreux auditoire. Après avoir fait un saisissant tableau des tourments des damnés, et rappelé qu'un seul péché suffit pour être très justement précipité dans l'enfer... il s'interrompt tout à coup, promène son regard sur l'auditoire, puis, très lentement et d'une voix étranglée par l'émotion :

— « Mesdames, dit-il, si l'on retranchait de cette assemblée tous ceux qui ont mérité l'enfer, il resterait probablement un bien petit nombre de personnes pour m'entendre... Que dis-je? il n'y aurait personne pour leur parler! »

Après cette réflexion et cet aveu touchant d'humilité, il conclut :

— « Avons-nous mérité l'enfer? C'est oui ou non. — Si *non*, tombez à genoux, remerciez Dieu pour les grâces de préservation dont il a entouré votre berceau et votre vie tout entière. Mais comprenez aussi qu'une telle faveur de Dieu vous impose une grande générosité. Impossible de rester à votre petit niveau de vie terne et médiocre... il faut monter, monter beaucoup ! Si *oui*, si une fois, plusieurs fois, et vous et moi, nous avons mérité l'enfer, notre premier sentiment doit être une immense reconnaissance : *nous sommes des Échappés de l'enfer!*

« A l'heure qu'il est, si la mort nous avait frappés à tel ou tel moment de notre vie, nous saurions par expérience ce qu'est le supplice des réprouvés! Et nous sommes là!... en retraite... inondés de grâces, couverts du sang de Jésus-Christ!

« Dès lors, échappés ou du moins graciés de l'enfer, nous n'avons pas le droit de marchander les sacrifices à Dieu; nous n'avons pas le droit de nous plaindre de Lui. Que ferait un damné s'il pouvait être gracié comme nous, ou plutôt que ne ferait-il pas?... »

De telles paroles se fixaient aisément dans l'âme et n'en sortaient plus. On retenait aussi la leçon suivante rendue si palpable par une aimable comparaison : « Sanctifiez toutes vos actions en les offrant le matin à Dieu, avec le plus d'amour possible.

— Je le fais, mon Père, mais ensuite, je ne songe plus à renouveler mon offrande : ainsi je perds le mérite de mes souffrances.

— Non. Écoutez-moi. Voudriez-vous me rendre le service, après le sermon, de mettre une lettre à la poste en vous en allant?

— Très volontiers, mon Père; je serai bien aise de vous faire plaisir.

— Très bien! Alors vous en irez-vous en répétant le long du chemin : « Je vais mettre cette lettre à la poste pour faire plaisir au P. Joyard?... » — Et si quelqu'un vient vous arrêter en chemin, l'écarterez-vous en lui disant : « Ne me dérangez pas! je vais mettre cette lettre à la poste pour faire plaisir au P. Joyard? Concluez!... »

Souvent, un incident pittoresque venait agrémenter et souligner l'intérêt de ses prédications. Prêchant à Vienne la retraite des Mères chrétiennes, il dit un soir : — « Mesdames, vous voudrez bien demain ne pas amener vos jeunes filles avec vous : je dois aborder un sujet spécial et je ne veux que des Mères chrétiennes !... » Ce fut dit d'un ton qui n'admettait pas de réplique. Or le bon vieil aumônier du Carmel, M. l'abbé Dombey, goûtait beaucoup la parole du P. Joyard et il ne manquait pas une seule instruction. Le Père, avec un fin sourire, se tourna vers lui et dit : — « Cette mesure va contrarier M. l'aumônier ; je le regrette, car j'ai besoin de ses prières. Il y aurait peut-être un moyen de tout arranger... Nous pourrions le nommer Mère chrétienne honoraire. Mesdames, voulez-vous ? » Tout l'auditoire fit signe que oui. — « M. l'aumônier vous pourrez revenir demain matin. » Inutile d'ajouter que la chapelle, le jour suivant n'était plus assez grande pour contenir la foule des auditrices.

Peu d'hommes savent à ce point captiver l'attention, remuer les âmes et les conduire à Dieu !

XXVII

DIRECTION SPIRITUELLE DU P. JOYARD.

Que cet homme, à la vie si active et si fiévreuse, au dehors, mais si fortement surnaturelle au dedans, ait eu à diriger telle ou telle âme de haut vol, une de ces âmes que l'Esprit-Saint fait marcher en dehors des sentiers battus, cela est assez probable. Il ne me semble pas cependant que ce fut là précisément son attrait. Lui-même n'écrivait-il pas un jour : — « Je suis plus embarrassé devant 15 carmélites que devant un auditoire de 500 Frères de la Doctrine chrétienne. »

Mais il avait incontestablement le don, le talent, la passion de développer la vie surnaturelle dans toutes les âmes que Dieu appelle à se sanctifier dans les voies communes et ordinaires; en ce sens on peut l'appeler sans exagération : un directeur éminent. Tous ceux qui ont eu le bonheur de lui confier leur âme pourraient dire, combien sa direction était prudente et éclairée, forte et miséricordieuse, vigoureuse et encourageante.

Comme personne, il savait —, et nous en donnerons des preuves —, faire la guerre aux scrupules et aux méticulosités; comme personne, il savait aussi prêcher *la loi de l'effort*, du sacrifice, de la pénitence et du renoncement. Il ne reconnaissait à aucun de ceux qui lui faisaient l'honneur de réclamer ses conseils *le droit à la médiocrité.*

Il est telle âme qu'il a travaillée comme l'artiste travaille le marbre, à coups de ciseau et de marteau. A une de ces âmes dont il voulait faire un chef-d'œuvre d'humilité, et qu'il savait capable de subir les plus vertes remontrances, il disait un jour :

— « Ma fille, vous avez bien des défauts, vous êtes orgueil-leuse, susceptible, vous vous mêlez de ce qui ne vous re-garde pas, mais du moins, vous, vous avez une qualité : on peut vous écorcher toute vive, sans vous faire crier ! »

Le P. Joyard avait un diagnostic des âmes très prompt et très sûr. On eût dit qu'il les pénétrait du premier coup. Aussitôt qu'il avait discerné les aptitudes, le caractère, la valeur morale des personnes qui venaient à lui, il s'efforçait de les établir dans leur centre parfait de devoir et d'activité. Obtenir d'une âme, là où la Providence l'avait placée, son *maximum de rendement,* c'était, comme il l'exprimait lui-même, tout son but et tout son idéal !

Un jour au sortir de son confessionnal, il aborde une jeune femme, fort intelligente et distinguée, appartenant au monde de la magistrature ; elle s'adressait à lui depuis quelques mois seulement.

— « Venez avec moi, lui dit-il, d'une voix brève et impé-rative, j'ai à vous parler. » Et de son pas vif, scandé militai-rement, il se dirige vers le grand parloir vitré. La jeune dame un peu tremblante l'y suit. Debout, en face d'elle il garde un instant le silence : il semble réfléchir et lire au-de-dans d'elle-même. Soudain, du ton brusque qu'il prenait vo-lontiers quand il voulait dissimuler son impression : « Mon enfant ! vous êtes appelée à faire quelque chose de sérieux dans votre vie ! Quoi ?... je n'en sais rien... Quand ?... je l'ignore, mais je crois très fermement que Dieu veut se servir de vous plus tard... un jour vous serez son instrument pour des œuvres utiles... C'est ma conviction. Mais pour cela, vous ne pouvez rester où vous en êtes. Il faut vous former et vous préparer... Tenez! prenez ce livre (il lui présente un exemplaire de Manrèse), avec cela vous allez faire une retraite. Vous la commencerez lundi, c'est entendu!

— Une retraite! toute seule à la campagne! c'est impossible.

— C'est très possible! il n'y a qu'à vouloir! il faut précisément profiter des facilités de calme et d'isolement que vous avez là-bas. Maintenant voici les explications nécessaires. »

Or cette jeune femme avait pour amie une veuve qui venait de perdre un mari parfait. Abîmée dans sa douleur, ni l'affection ni les caresses de ses enfants ne parvenaient à la sortir de la prostration maladive où elle s'absorbait, malgré les efforts du P. Joyard pour la ramener au sentiment de ses devoirs maternels. Il n'était guère possible qu'en une causerie intime l'amie qui allait entrer en retraite, toute seule, à sa maison de campagne, avec un livre donné par le Révérend Père Supérieur, ne fît part de ce grand dessein à l'autre... un pareil secret était difficile à porter!

Bref! la jeune veuve s'écria :

— « Comment! il vous prête un livre! Comment! il vous fait faire une retraite! et moi qui ne cesse de pleurer, il ne me donne pas cette consolation. Je vais lui dire de me traiter comme vous! »

Mais le P. Joyard ne l'entendait pas ainsi, et la pauvre petite femme reçut la plus belle remontrance qu'on puisse imaginer :

— « Il n'est pas nécessaire d'aller raconter à vos amies

comment je vous dirige. Ce qui est bon pour une âme peut n'être point opportun pour une autre. J'ai mes raisons pour que vous occupiez vos loisirs à faire une retraite dont vous avez grand besoin. J'ai d'autres raisons tout aussi valables pour que Mme X... s'occupe en premier lieu de ses enfants. Pour votre gouverne, retenez bien que les âmes ne se mènent pas en bloc comme un troupeau de moutons! Allons, je vous ai bien grondée, mais vous le méritez. Que ce soit la dernière fois! »

De cette leçon qui pourrait servir à quantité de femmes dévotes, la jeune dame profita, et de bien d'autres encore qu'elle reçut, pendant de longues années, de son sage et très ferme directeur. Aussi est-elle devenue, selon les prévisions du P. Joyard, l'âme des Œuvres Catholiques dans une grande ville.

A un don singulier de clairvoyance, le P. Joyard ajoutait un dévoûment plein de franchise et de bonté. La bonté du Père n'était pas une bonté *tout en façade;* elle était *profonde* et il se définissait lui-même quand il disait à une personne très éprouvée : — « Comptez sur mon dévoûment, vous aurez bien de la peine à en découvrir le fond. » — C'était une bonté qui donnait beaucoup plus qu'elle ne promettait. Encore qu'il eût un cœur d'or, candide comme celui d'un enfant; encore que sa bonté s'éclairât volontiers d'un sourire, qu'elle s'agrémentât parfois d'une pointe de malice, elle ne connaissait pas les formules melliflues; elle était faite de force plus que de suavité; c'était enfin une bonté simple, sans recherche d'aucune sorte, n'aimant ni à recevoir ni à donner les qualificatifs trop respectueux : il n'avait pas la bouche enfarinée.

Écoutons-le :

— « Si vous m'appelez encore : votre Très Révérend Père

ou simplement : votre Révérend Père, je vous renie, je ne vous réponds plus ou je vous qualifie de *ma Vénérée Mère*.

« Vous avez à choisir entre : mon Père, mon bon Père, mon pauvre Père, mon vieux Père, mon bonhomme de Père. *Mon très Révérend Père* ne se dit qu'à notre Père Général ; *mon Révérend Père* aux Pères que l'on ne connaît pas. Ce révérend entre *mon* et *père* gâte ce que ces deux mots ont de filial et supposent de paternel. Vous voudrez bien profiter de la leçon que je vous donne et que vous mériteriez plus sévère ! »

Père, vrai père des âmes, il savait les aimer avec courage, avec persévérance, il s'intéressait à elles activement, de loin comme de près : il n'oubliait pas, et jamais il ne s'éloignait le premier. Oh ! la bonté du P. Joyard et tous les trésors de dévoûment, de compassion, renfermés dans ce cœur paternel ! Ceux-là seuls ont pu les connaître, qui ont passé par de grandes épreuves, qui ont reçu de lui ces lettres admirables, que l'on sentait jaillir du trop plein de l'âme, au courant de la plume, comme un ruisseau qui déborde quand il pleut à torrents.

Est-ce à dire que le P. Joyard ait toujours réussi auprès des âmes qui venaient à lui ? Non, le disciple n'est pas plus grand que le maître, et le *Maître* a eu des insuccès nombreux et éclatants. Plus d'une fois on venait au P. Joyard, attiré par l'originalité de sa parole ou par sa réputation de directeur ; mais bientôt, rebuté par un abord un peu froid, une parole trop vive, ou quelques observations qu'il se croyait en droit d'adresser, on ne tardait pas à s'éloigner. A une personne très mondaine, qui l'avait quitté sous prétexte qu'il était *mal élevé*, quelqu'un dit un jour : — « Madame, cette parole ne fait pas beaucoup d'honneur... à votre courage. Avouez que le Père vous a demandé un sacrifice que vous ne vous sentiez pas la force d'accepter... »

Au reste quand le P. Joyard rencontrait ces abandons injustifiés, s'il pouvait en souffrir, il ne modifiait en rien ses principes de forte et paternelle direction... Il se donnait de plus en plus aux âmes qui restaient sous sa conduite, et peu à peu il les modelait à son image, en développant en elles, l'esprit de décision, la volonté constante et soutenue d'arriver au but, malgré toutes les défaillances... Et celles-là ont été nombreuses.

C'est l'une d'elles à qui nous allons demander de clore cet aperçu, après quoi nous donnerons la parole au P. Joyard lui-même.

— « Ce qui me reste du P. Joyard après quinze ans passés sur ces souvenirs, c'est une impression d'ensemble. J'étais alors étudiant aux facultés. Je le revois chaque semaine m'accueillant avec son bon sourire, vraiment heureux de me revoir, de me parler de mon âme, de mes difficultés, de mes études. Sa conversation était souvent égayée d'une aimable malice. Il plaisantait volontiers le scrupuleux, le timide que j'étais.

— « Quand donc sortirez-vous de votre coquille, jeune poussin ! Vous avez des ailes : vous pourriez devenir un coq. »

« Et il tâchait d'ouvrir à la confiance en Dieu et un peu en soi, un cœur trop réservé, trop replié sur lui-même. On était alors sous le régime de la dispersion, et je venais d'assez loin : il ne manquait jamais de me conduire à la salle à manger pour y prendre un réconfortant ! Je crois bien que je lui suis en partie redevable de ma vocation.

« Or, quand il s'était une fois chargé d'une âme, il ne cessait pas de la suivre avec intérêt. Aussi quand les circonstances m'eurent entraîné loin de lui, il était tout heureux de parler de son enfant spirituel d'autrefois. Il prenait même assez volontiers des lunettes roses pour voir en beau tout ce qu'il apprenait de lui.

« Il connaissait et dirigeait plusieurs personnes de ma famille; car quand il entrait dans une famille, toute cette famille devenait la sienne. Il prenait sa part des joies et des deuils; il s'intéressait à tous les membres et en demandait des nouvelles. Au moment des épreuves il intervenait, avec un dévoûment qui ne se lassait pas. C'était vraiment un père. Dans ma famille il y avait un vieil oncle depuis longtemps éloigné de Dieu et légèrement teinté de voltairianisme. Étant tombé malade, l'on ne savait trop comment le préparer à paraître devant Dieu. Le P. Joyard s'offrit à aller le voir: — « Soyez tranquilles! tout ira bien! S'il le faut, je casserai les vitres. Priez! »

« Il cassa si bien les vitres que du premier coup — ah! Père, pardon du calembour! — la glace fut rompue entre le jésuite et le voltairien qui se confessa et mourut, après avoir reçu avec grande piété tous les sacrements. »

XXVIII

CONSEILS DU P. JOYARD.

Et maintenant écoutons quelques conseils donnés par le P. Joyard à diverses personnes. Et tout d'abord sur la façon dont il faut s'y prendre pour qu'un conseil soit accepté. La leçon s'adresse à une personne chargée de diriger une œuvre importante.

— « Ma chère enfant, il vous faut une bonne dose de patience et de philosophie chrétienne. Quand on est jeune, on voudrait que tout fût tiré au cordeau ; on est sévère ; on voudrait réformer tout le genre humain. Mais lorsqu'on vieillit, on voit qu'il faut se contenter, pour soi et pour les autres, de l'*à peu près ;* non pas que nous ne devions toujours travailler à notre amélioration ; mais ce travail doit se faire patiemment et avec la conviction qu'il nous restera toujours des défauts à corriger.

— Ne faut-il donc jamais essayer d'améliorer son prochain ?

— Sans doute ; mais n'oubliez pas qu'en traitant avec le prochain, fût-ce même avec des religieux et religieuses, il ne faut pas spéculer sur la vertu des autres, mais tenir compte des susceptibilités toujours possibles et très probables de l'amour-propre. Lorsque après avoir prié et réfléchi il vous semble que vous devez faire une observation, donner un conseil, croyez-moi, ne ménagez pas les louanges pour commencer :

— « Vous qui avez tant de qualités, qui êtes intelligente, si dévouée, etc., etc., etc., quel dommage que vous ayez tel défaut, tel petit travers, dont certainement vous ne vous rendez pas compte, mais qui diminue votre influence. »

« On peut encore user d'un autre procédé : noyer le conseil dans un flot de paroles, de telle sorte que la personne à qui vous le donnez, le remarquera fort bien, mais ne sera pas tenue de vous en remercier !... Il y a dans La Rochefoucauld, une parole qui fait honneur à son esprit d'observation : « — Les bons conseils n'amusent que ceux qui les donnent ! »

« Il y a des personnes qui sont, pour ainsi dire, hérissées de bons conseils : on ne peut les approcher sans être piqué ici ou là. Les braves gens qui prodiguent ainsi les conseils avec une profusion toute royale, s'imaginent volontiers consulter uniquement leur conscience. — « Ah ! voilà telle chose qui ne va pas, il faut que je le dise, mon devoir m'y oblige », et ils lâchent le conseil à brûle-pourpoint. Puis ils se retirent tranquillement, sans se soucier du résultat. Leur conscience est satisfaite ; tant pis si la charité ne l'est pas. Et c'est ainsi que sous couleur de bien, le démon se sert souvent de fort braves gens, pour faire beaucoup de mal et empêcher beaucoup de bien ! »

A propos de belles-mères :

— « Dites bien à votre amie, faites-lui comprendre doucement que la grande habileté d'une belle-mère est de s'effacer jusqu'à être désirée, regrettée, priée de reparaitre ; que le monde est plein de bons petits ménages troublés, malheureux, parce qu'une belle-mère n'a pas compris cette vérité, ni su pratiquer cette ligne de conduite. Enfin développez-lui l'enseignement évangélique, à savoir que tout problème peut être résolu, par qui sait et qui veut appliquer les solutions inspirées par la miséricorde, la douceur, l'humilité. Les inspirations de l'orgueil froissé, de la justice réclamant tous les droits lésés ou méconnus, sont généralement désastreux entre parents et amis. »

Ce sont là paroles d'or! les belles-mères, il est vrai, n'ont pas le droit de s'en approprier le monopole. *Les belles-filles* vont avoir leur tour :

.*.

— « Ma chère enfant, vous pouvez avoir des raisons pour ne pas laisser telle personne de votre famille jouir des caresses de vos charmants petits enfants. Mais êtes-vous bien sûre que vous n'ayez pas trouvé ces bonnes raisons, précisément parce qu'il s'agit de votre belle-mère? Vous n'aurez jamais une grande intimité avec elle, mais ne pourriez-vous arriver à des relations plus douces? Tout le monde y gagnerait. Sans doute le père et la mère doivent avoir la première place. Mais ne serait-il pas un peu injuste, un peu cruel de priver les grands parents du rayon de soleil que les petits enfants mettraient dans leur vie, déjà par elle-même assez triste? Et puis, les enfants ont besoin d'être caressés; ils ont une gentillesse qui attire. Si vous vous conduisez en mère jalouse, qui veut que ses enfants ne soient qu'à elle, par une sorte d'instinct vos enfants ne tarderont pas à s'en apercevoir, et ils en viendront à avoir froid près de leur mère... parce qu'elle se montre mécontente quand ils n'ont qu'à se reprocher d'avoir été

gentils avec grand'mère. Du soleil! Du soleil! Du soleil
pour tous! »

*
* *

A une mère qui prépare sa petite fille à sa première confession il écrit :

— « Expliquez à Nini que quand elle a fait une faute et qu'elle l'avoue, sa maman lui pardonne. Ainsi fait le bon Dieu. Mais comme on ne peut pas voir le bon Dieu, il se fait remplacer par le prêtre. En vous occupant de son examen, évitez d'entrer dans quelques détails délicats. Certaines choses auxquelles sont exposés les enfants, ne doivent être ni omises ni traitées.

— « Mon enfant, est-ce que ta conscience te reproche quelque chose qui te fait honte et dont tu désires recevoir le pardon? » — « A une question de ce genre, si l'enfant paraît ne pas comprendre ou répond naïvement non! passez outre. Si vous aviez surpris certaines petites mauvaises manières, il serait bon de dire à l'enfant qu'elle doit s'accuser de n'avoir pas été assez modeste, mais tout cela avec une délicatesse absolue. »

*
* *

Voici la lettre qu'il écrivait à une petite fille qui allait se confesser pour la première fois :

— « Vous souvenez-vous, ma chère enfant, du P. Joyard, qui vous a bénie si souvent quand vous n'étiez encore que la petite Nini? Ce P. Joyard ne vous a pas oubliée : il vous aime toujours bien paternellement. Vous allez avoir sept ans, ma chère Fanny! vous voilà presque une grande fille!

Et bientôt, pour la première fois, vous recevrez le pardon divin. Oh! ce n'est pas que vous ayez beaucoup à vous faire pardonner du bon Dieu, mais quand la miséricorde divine ne purifie pas notre âme, elle l'embellit toujours. Vous irez vous mettre à genoux auprès d'un prêtre : ce prêtre est le représentant du bon Dieu, dont il tient la place, vous l'écouterez comme le bon Dieu qui vous parlera par sa bouche. Et quand il vous donnera l'absolution, si vous pouviez voir ce qui du ciel descendra dans votre âme, vous seriez tellement ravie, tellement charmée que vous ne trouveriez plus rien de beau sur la terre.

« Allez donc, ma chère enfant, faire votre première confession avec joie et surtout avec un grand désir d'être toujours une bonne fillette, priant bien, obéissant bien, aimant bien ses parents, son frère et sa petite sœur. Adieu! je vous bénis. »

⁂

Voici des conseils donnés à une jeune femme qui n'est pas très heureuse, un peu par sa faute et aussi par la faute de son mari, chrétiens cependant l'un et l'autre :

— « Que vous dirai-je, ma chère fille? Ah que ne puis-je d'un mot vous établir dans le beau fixe! Vous savez du reste, combien je suis votre père et combien je m'intéresse à la paix de votre ménage. J'en reviens à mon refrain. Vous n'êtes point la seule à qui je l'ai souvent, bien souvent répété, un peu sur tous les tons, en majeur et en mineur. Et vos doléances m'ont rappelé la parole d'une vénérable religieuse, supérieure d'une maison d'éducation, d'où sortent beaucoup de jeunes filles parfaitement élevées. Lorsque l'une d'elles vient tout exubérante de joie, lui annoncer son mariage, elle répond invariablement par ces mots qui sont passés en proverbe à V. : — « Ma chère enfant, vous avez bien du courage! Je vous admire! »

« Eh bien! donc, patience et encore patience, patience sur toute la ligne. Les femmes qui obtiennent le plus, sont celles qui exigent le moins. Le mariage est une sorte de jeu à qui perd gagne. Le champ de bataille où une femme est à peu près sûre de remporter la victoire finale, c'est la bonne grâce, la belle humeur, l'amabilité *toujours et quand même*. Sur le terrain de la justice, on est toujours battu quand il s'agit du cœur, il faut qu'une femme agisse de telle sorte, qu'on se reproche de n'avoir pas eu pour elle tous les égards désirables.

« Et puis, à côté des défauts, il y a des qualités. C'est un grand art de naviguer à travers les écueils que présentent ces défauts, de façon à ne rencontrer que les qualités. Que de choses pénibles ne se produiraient pas, ou du moins perdraient de leur amertume, dans un milieu où régnerait beaucoup d'aménité et d'indulgence, accompagnée parfois d'une douce plaisanterie. Laissez-moi vous dire aussi avec ma franchise de père et de vieil ami, qu'il est rare, rare qu'entre braves gens — et tous les deux vous êtes de cette catégorie — tous les torts soient d'un seul côté. Or, comme on ne peut pas agir directement sur la volonté d'autrui, on réussit parfois très bien en se modifiant soi-même par la suppression de ses propres torts.

« Allons, mon enfant, tirez le meilleur parti possible de vos éléments de bonheur. Taillez quelques pierres, qu'un rien rendrait aptes à faire jolie figure dans l'édifice. Et puis, souvenez-vous qu'il ne faut pas avoir l'esprit trop géométrique, il faut plutôt avoir l'esprit hospitalier, savoir y faire une place aux idées, aux manières de voir des autres.

Croyez-moi, tous les principes d'amélioration sont en vous. Il serait bien à désirer qu'autant qu'il dépend de la faiblesse humaine, vous n'eussiez jamais l'ombre d'un tort. De la sorte, ce pauvre Armand se trouverait injuste, et comme il a du cœur, pour peu qu'il vous trouvât aimable, souriante, de bonne humeur, il sentirait combien il a tort de gaspiller son bonheur.

« Peut-être une bonne et franche explication, au bon moment, sans hâte, aurait-elle un bon résultat. Encore une maxime de sagesse pratique : — « Ici-bas nous n'avons guère le bonheur que par réflexion. Il nous revient dans la proportion où nous le faisons rayonner autour de nous. Donc, il faut donner sans compter, *ne pas établir de balance*, ne point excuser nos torts par ceux d'un autre... »

— « Non! non! non! vous ne devez pas vous laisser appeler *bête* devant vos enfants et vos domestiques. Mais pour l'empêcher, prenez-vous-y adroitement et évitez comme le péché mortel, les scènes aigres, les échanges de paroles blessantes. — Tout cela est bien difficile! me direz-vous. — Sans doute, aussi avez-vous besoin de recourir souvent *au cœur-à-cœur* avec Dieu, à la pensée de votre crucifix. Il faut communier, rester fidèle à l'examen, etc... etc... »

Dans ces pages, nous retrouvons comme un écho des conférences si pratiques et si goûtées des Mères chrétiennes. Suivons-le maintenant près d'une pauvre religieuse atteinte d'une maladie au cœur.

.·.

— « Ma chère sœur, que cette maladie vous soit un précieux secours. Vivez au jour le jour, comme si chaque matin vous commenciez une étape vers l'éternité. Prenez souvent l'attitude dans laquelle vous voulez vous présenter à Dieu. Dites à Notre-Seigneur ce que vous voudriez lui avoir dit. Tout cela pourra durer dix, vingt, trente, quarante ans. Mais quels splendides trésors, quelles saintes richesses vous aurez amassées, en croyant toujours — sans trouble, sans contention, à la bonne, filialement — être au bout du voyage. Courage, confiance et paix ! »

.*.

A une personne qu'une surdité tenace et soudaine faisait grandement souffrir :

— « Ma chère fille, que Dieu vous rende et vous conserve vos oreilles. Je comprends mieux que personne l'épreuve de la surdité. Il y a quarante ans que j'en souffre, et je sais combien elle est pénible à tous les points de vue. Je suis habitué à la mienne qui, sans me rendre inutile, a fait que tout m'a été difficile et douloureux. Si la vôtre résiste à tous les remèdes, c'est que Dieu vous l'impose. Vous avez là un sacrifice perpétuel à offrir à Dieu : n'en perdez rien. Et puis, ayez cette philosophie qui consiste à voir le bon côté des choses fâcheuses. Un peu de solitude et de silence, une vie plus recueillie, moins de sottises entendues, tout cela a son prix et son utilité. *Sursum corda !*

« Dites-vous que toute épreuve est un sacrement dont il faut tirer tout le fruit possible. Dieu vous parlera au cœur, et en vous rendant plus difficiles vos relations avec les créatures, il vous fera entrer plus avant dans les saintes intimités de la vie intérieure... Dans votre vie retirée, il faut vous faire une piété à vous et pour vous. Beaucoup de secours extérieurs vous manqueront ; mais Notre-Seigneur n'a pas exclusivement renfermé sa puissance et sa grâce dans les sacrements. Ce sont des moyens bien authentiques, très riches en effets; mais en dehors de là, Notre-Seigneur peut atteindre et atteint toutes les âmes de bonne volonté.

« Voilà ce me semble le régime à suivre dans votre état : Oraison sous basse pression, peu variée, faite surtout d'actes exquis d'amour, d'abandon, de confiance; communion spirituelle soignée, quand vous ne pouvez vous faire apporter la sainte Eucharistie; visites au Saint Sacrement idem; quelques bonnes lectures dans *l'Imitation*, quelques chapitres de Rodriguez... C'est là un livre bon comme le pain. C'est surtout quand on a lu beaucoup d'autres livres de piété qu'on revient volontiers à ce vieil auteur et qu'on lui trouve une paisible et bienfaisante saveur. »

Conseils adressés à une jeune religieuse impressionnable, un peu prompte à se décourager, mais, au fond, bonne et riche nature :

— « Dieu vous a conduite où vous êtes arrivée! Qu'il soit à jamais béni! vous êtes où il vous veut, et vous avez trouvé le lieu de votre repos. Courage et confiance! Dans la vie religieuse les sacrifices ne manquent pas. — Ils ne manquent nulle part. — Mais si vous vous établissez dans une douce et constante union avec Dieu, si vous arrivez à vous convaincre pratiquement, que dans le Tabernacle vous avez un ami vivant, bon, miséricordieux, tout-puissant, vos sacrifices se changeront en joie, dans la partie supérieure !

« Ne vous attendez pas à trouver la perfection chez tout le monde; et ne vous étonnez pas des défauts que vous constaterez peut-être en vos sœurs. Une religieuse marche vers la perfection; elle n'y est pas arrivée. Le vrai moyen de ne pas souffrir des défauts des autres, c'est de corriger les mêmes défauts en nous... La vie de communauté n'est possible et agréable qu'à la condition que chacun et chacune mettront dans leurs relations mutuelles beaucoup de bienveillance, d'humilité, de miséricorde. Ces trois vertus sont à l'âme une atmosphère où s'évaporent tous les sujets de tristesse et de mécontentement.

« Oui! oui! Soyez une bonne enfant. Mettez au féminin, en y ajoutant une certaine idée de distinction, l'expression : *bon garçon*, et vous aurez toute ma pensée... Vivez en paix et marchez en élevant assez le pied pour ne pas buter à la moindre pierre. Quand vous sentez vivement un petit rien, moquez-vous un peu de vous-même et dites-vous qu'il faut à tout prix endurcir un épiderme trop impressionnable. Avec le temps vous finirez par y arriver un peu, mais il vous en restera toujours quelque chose...

« *L'important est que dans vos appréciations et toute votre conduite, vous rabattiez toujours quelque peu et même beaucoup de ce qui vous semble être la réalité et n'est que l'exagération involontaire, innocente, c'est vrai, mais enfin l'exagération de tout.* Vous vous exagérez vos fautes, vos sujets de peine, vous en voyez même où il n'y en a pas. »

A une autre.

— « Ma chère enfant, vous êtes un grand bébé, un bon bébé, mais enfin un bébé! »

« Vous croyez que les tendances qui sont comme le fond du caractère cèdent à une bonne résolution! Vous croyez que les impressions de la sensibilité disparaissent sous l'influence de la volonté, à son commandement! Non! Pendant longtemps, ma pauvre enfant, vous aurez à payer de mine, à ne pas laisser voir dans la pratique de la vie, ce qui se passe dans la région facilement émue ou troublée, où vivent les grandes comme les petites passions.

« Pendant longtemps, vous aurez conscience de ces impressions qui ne dépendent pas de vous, et votre vertu consistera à en contrarier le développement, à ne pas en laisser voir l'existence.

« Humiliez-vous bonnement de ces petites misères et quelque découverte que vous fassiez, en vous, ne vous laissez jamais aller au moindre découragement.

« A mesure que vous veillerez plus sérieusement sur vous, vous vous trouverez plus imparfaite, ce qui prouvera, non que vous êtes moins bonne, mais que vous avez l'œil plus ouvert et plus clairvoyant.

« Quand un rayon de soleil pénètre dans une chambre, on y voit mille grains de poussière qu'on ne distinguait pas ou qu'on distinguait mal lorsqu'elle était fermée ou mal éclairée. »

.·.

Autre leçon :

— « Ce que vous me dites de votre âme ne me surprend pas. Ce serait très commode, si l'on pouvait s'établir, une fois pour toutes, sur les hauteurs où l'on a fini par monter. Le poids de notre misère nous fait retomber...

Il faut recommencer. C'est comme cela, il est bon qu'il en soit ainsi. Avec Dieu il n'y a pas que les résultats définitifs, complets, qui comptent. Hélas! qui aurait quelque chose à lui présenter? Mais ces recommencements, ces pas en avant, cet acharnement à se remettre à l'œuvre, tout cela a un vrai résultat qui plaît à Dieu, parce qu'il est la preuve d'une bonne volonté que rien ne décourage. Et si la prière, la communion entretiennent en vous la *volonté efficace de recommencer toujours*, soyez assurée que vous n'avez pas trop à vous plaindre.

« Après cela, je vous voudrais au moral quelque peu *pachyderme*. Vous sentez trop les petits riens, les petits froissements de votre sensibilité, ce quelque chose de maladif... Allons, allons ma bonne fille, en avant, en avant! Payez de mine malgré les chiffonnements intérieurs. Faites-vous dans les moments difficiles une *bonne tête*, comme on dit, une tête qui ne laisse rien voir de ces vilains sentiments qui doivent rester dans les sous-sols, qu'il faut condamner à une prison perpétuelle. »

XXIX

LA GUERRE AUX SCRUPULEUX

(a) « De grâce ne vous éternisez pas comme une chrysalide. Sortez de votre coque, dont les parois sont plus minces que vous ne pensez. Devenez papillon, mais point papillon éphémère, et vivez sous la lumière de la liberté ! De grâce ! ne faites pas passer par une série d'alambics vos meilleures actions. Vivez plus *à la bonne*, et ne croyez pas que Dieu vous demande cet état d'inquiétude, d'hésitation, cet *épluchage* perpétuel de toutes vos pensées et de vos arrière-pensées.

« Dieu, je crois, aime mieux dans les âmes, un peu d'imperfection naïve et humble, qu'il pardonne facilement, que cette correction absolue, qui, d'ailleurs est irréalisable, et qui ensuite, à cause de la préoccupation que nous donne sa recherche, comprime l'élan filial, affectueux du cœur.

(b) « Il est entendu que vous vous voyez très mal, que vous vous jugez tout de travers. Allez devant vous et n'examinez pas ce que vous avait fait. Les choses sont ce qu'elles sont au moment où on les fait et non ce qu'elles semblent être dans la fausse et absurde lumière du scrupule.

« Ah ! si vous pouviez vous défaire de cette maladie morale ! Mais du moins croyez, *sur ma parole*, que tout va bien.

très bien même, quand vous ne voyez dans ma bonne I...
qu'un *vilain monstre*. Je vous défends d'avoir cette mons-
trueuse opinion, d'une enfant que je connais mieux que
vous, que j'estime et que j'aime ! »

..

(c) « Ma pauvre et chère enfant, communiez, communiez !
Souvent, vous avez mal raisonné, mais quand vous faites
le raisonnement ci-dessus, c'est à se demander si vous
n'êtes pas *archifolle et encore plus folle* que cela.

« Les exagérations, les faux jugements, sur ce qui
touche à la conscience rendent la direction de votre âme
difficile.

« On me rend un peu responsable de vos imprudences, de
vos mortifications excessives. J'ai voulu me décharger de
cette responsabilité.

« *La mortification corporelle doit consister pour vous
à bien dormir et à bien manger*, et cela habituellement,
ordinairement, quotidiennement, et trois fois quotidiennement. C'est miracle que vous ne soyez pas arrivée à ruiner plus complètement votre santé. Le principe dont vous
partez est saint, je n'en disconviens pas, et il n'y a pas eu
ombre de faute. Mais n'oubliez pas que : « l'obéissance
vaut mieux que les victimes ». Obéissez-moi, sinon après
vous avoir *massacré* une dizaine de fois encore, je vous prie-
rai de ne plus me condamner à cette triste besogne. Alors
vous pourrez vous tuer, être pâle, être verte, être de toutes
les couleurs, le bon P. Joyard s'en lavera les mains. Il aura
fait pour rendre Louise raisonnable, plus que le possible.

« Adieu !!! »

.⁎.

(*d*) « Si vous saviez comme vous êtes à Dieu indissolublement, vous auriez des accès de joie surhumaine! Mais Notre-Seigneur veut que votre fidélité, votre amour ne soient récompensés qu'au ciel; qu'une couche de brouillard tourmenté pèse parfois lourdement sur votre âme. *Fiat!* ces souffrances ajoutent à votre mérite.

« Mais que vous êtes bien l'enfant du bon Dieu! Mais aussi que je voudrais que vous perdiez l'habitude de toujours grogner, de dire à votre sujet un tas d'exagérations et de mensonges. Devenez raisonnable, ma fille! Croyez qu'une bonne âme qui fait de son mieux, avec le désir constant de faire mieux encore, ne peut pas ne pas être agréable à Notre-Seigneur. Vivez, épanouissez-vous! Regardez comme un devoir de bien dormir, de bien manger, soyez de bonne humeur, aimable, mettez du soleil et de la gaieté autour de vous. Au besoin, dites des bêtises, et même de grosses bêtises : les plus grosses sont les meilleures. Noyez toutes vos tristesses dans un immense acte d'amour de Dieu! »

P.-S. « Comment! vous voulez qu'après la dispersion j'aille vivre près de votre père et de vous! Mais vous devenez folle! Mais ce serait la guerre au couteau et à la fourchette! Les repas seraient des scènes burlesques et terribles, et vous ne vous en tireriez pas à moins de deux bonnes indigestions par jour. Et puis je tâcherais de me rendre compte de vos habitudes et je deviendrais pour vous un Combes renforcé. Ne vous exposez pas à tous ces dangers. D'ailleurs je n'aurai pas à choisir moi-même. Mes Supérieurs me diront ce que je dois faire. La grâce de l'obéissance toujours précieuse l'est plus encore dans nos jours troublés! »

.·.

A une autre personne il écrivait presque à la veille de son exil en Angleterre :

— « Tenez pour très certain que vos inquiétudes ont quelque chose de maladif; que vous devez n'en tenir aucun compte pratiquement, avoir la certitude qu'elles ne proviennent jamais d'une faute grave. Dans ces moments de trouble, examinez-vous très peu et réfugiez-vous dans l'amour de Notre Seigneur. *Un phonographe pourrait vous diriger*, si le rouleau en tournant lui faisait dire, redire et redire : *Soyez en paix ! Vous êtes à Dieu, rien ne vous séparera de Lui*. Donc je pars avec la conviction intime que vous n'avez aucun besoin *réel* de moi. Ce qui ne m'empêche pas de regretter beaucoup ces exécutions en règle et ces massacres dont il fallait ensuite vous demander pardon ! Avant de m'éloigner pour longtemps, je veux recommander à votre charité une personne malheureuse, très bonne, très vaillante, très intéressante. Vous pourrez ne pas la connaître. Si vous la connaissez, vous l'aimerez beaucoup et votre affection lui sera un secours plus précieux que l'autre. Que de tristesse dans l'air que l'on respire ! Si au moins, j'avais l'espérance de voir tout renaître ! mais je suis trop vieux... Adieu, mon enfant. Soyez raisonnable !... »

.·.

Un jour, dans une des nombreuses retraites qu'il a prêchées au Sacré-Cœur où, comme partout, sa parole et son genre particulier ont laissé d'inoubliables souvenirs, il ren-

contra une bonne religieuse, tourmentée de scrupules. A
force d'instances et de supplications, elle obtint du Père la
permission de faire une confession générale. Pour être sûre
de n'avoir rien oublié, elle voulut l'écrire. Elle arriva au
confessionnal assez tard et la toute dernière. Il faisait sombre et elle avait peine à lire le petit volume où elle avait
consigné tous les grains de poussière minutiensement éti-
quetés. Le Père s'était armé d'une patience angélique, prêt
à l'entendre jusqu'au bout. Mais voici que la pénitente sort
une petite bougie, l'allume... et continue son accusation.
Le Père pousse un soupir : la religieuse de lui demander :
— Oh! mon Père, qu'est-ce que vous devez penser de mon
âme? — Ah! ma pauvre fille, je suis bien plus tranquille
sur votre âme que sur votre voile et votre bonnet auxquels vous allez mettre le feu! Soufflez votre bougie, je
vais vous donner l'absolution. — Elle obéit et tous ses
scrupules s'envolèrent dans un éclat de rire.

XXX

A PROPOS DE MARIAGE ET DE VOCATION.
CHARMANT APOLOGUE.

Le P. Joyard écrivait un jour : — « De quelque vocation qu'il s'agisse, il faut pour oser trancher sans hésitation, bien connaître non seulement l'état de l'âme, mais encore le caractère et trente-six mille autres choses ». — Aussi ne faut-il point s'étonner de son extrême prudence à propos de mariage :

— « Vous me demandez mon avis, écrivait-il, mais je n'ai point d'avis là-dessus. Je ne connais ni le jeune homme ni la jeune fille que par ouï-dire. Comment voulez-vous que je prononce, que je mette un grain de sable dans un des plateaux de la balance? Ce serait de ma part une inconcevable légèreté ! »

Et encore : — « Si vous croyez que je trouve des maris, vous vous trompez. En ce moment, je vois se préparer un bon nombre de petits mariages — il va sans dire que je n'y suis pour rien, — le plus raisonnable m'impatiente, les autres !... Dans quelques années tout ce cher monde sera dans une profonde misère, mais allez dire cela à E., vous serez bien reçu !... Si vous n'êtes pas obligé de vous mêler de ces négociations matrimoniales, restez bien tranquille; et si l'on vous demande de faire une démarche, faites-la, sans désir de

réussir, avec *le désintéressement d'un facteur de la poste.*
Tous les amoureux du monde ont des illusions phénoménales ! « Les difficultés vont s'aplanir, etc., etc. » Ils ont aussi une vivacité de sentiment qui leur fait croire qu'ils ne peuvent vivre l'un sans l'autre. Cela passe et ils finissent ordinairement par devenir raisonnables ! Pas de zèle !

« Quand les gens ont la rage de se marier, il faut les plaindre. Une bonne petite vie, prévue, paisible, où l'on n'a personne à craindre, où les soucis sont rares, où dans le cœur on a des affections qui peuvent durer toujours, que je trouve cela préférable à ce *formidable inconnu* qui se dresse devant la jeune fille qui va se marier. Pour Madeleine, de deux choses l'une : ou bien quelque occasion se présentera imprévue et providentielle, ou bien, un beau jour les écailles lui tomberont des yeux, et elle sera ravie de sa situation tranquille, modeste, et ce sera tant mieux pour elle ! En ce moment elle ne sait, à aucun degré ce qu'elle désire. C'est une grande fillette. Tous ces partis qui défilent, l'amusent, l'occupent et, en attendant, les années viennent et les cheveux blanchissent. Un beau jour elle se proclamera trois fois plus heureuse d'être restée vieille fille. »

A une mère dont la fille très modestement dotée attendait vainement la réalisation de son rêve, il écrivait :

— « Continuez à être bonne pour Eudoxie et n'ayez pas trop l'air de vous apercevoir de sa tristesse. Qui a rêvé ce qu'il a trouvé ? Qui a trouvé ce qu'il a rêvé ? Le monde est plein de gens qui ne sont pas contents. Eudoxie sera du nombre. Que sa piété lui donne la force de porter sa croix.

« Après avoir voulu le couvent elle veut un mari. Si elle
en avait un, peut-être voudrait-elle être veuve! Je l'exhorte
à se contenter de sa bonne petite vie. Il faudra bien qu'elle
finisse par là. Elle y arrivera après avoir longtemps sou-
piré après autre chose, en quoi elle ressemblera aux
trois quarts des personnes qui vivent sur la terre. Soyez
donc bonne et gaie et ne vous apercevez pas trop de ses
chagrins. *Dites-lui bien qu'elle a besoin de se bien porter
pour pouvoir plaire à quelque brave homme : elle en sera
plus raisonnable et ça lui redonnera de l'appétit !* »

. .

A une jeune fille que sa santé empêchait d'entrer au
cloître.

— « Je pense quelquefois que vous n'avez pas le corps de
votre âme. Assurément Dieu ne s'est pas trompé, mais en
considérant vos aspirations naturelles et surnaturelles, on
est tenté de dire qu'il vous faudrait un corps de fer et d'a-
cier. Que voulez-vous? Il en est autrement, et cela prouve
que le bon Dieu veut que vous soyez une petite sainte, mais
une sainte ignorée, passant presque inaperçue. Dieu veut
que vous ayez le mérite d'une vie de *carmélite*, de *trappis-
tine*, et de plus, le mérite d'avoir renoncé à un genre de vie
qui semblait si bien dans vos goûts et dans les desseins
providentiels. *Extérieurement*, vous serez une bonne fille,
aimant Notre-Seigneur, aimant les siens, éclairant leurs tristesses, pas du tout avare du bonheur qu'elle peut donner, sachant sourire et même rire, avec cela toute dévouée aux
pauvres et aux bonnes œuvres. *Intérieurement*, vous serez
une religieuse n'aspirant qu'à l'ombre du cloître, aux ri-

gueurs de l'immolation, aux longues heures passées, le jour
et la nuit, devant le tabernacle ; et à ce mérite de deux vies
également mais autrement saintes, vous ajouterez celui
d'avoir renoncé, pour faire la volonté divine, à une vie en
apparence plus parfaite. Et la preuve que c'est bien la volonté divine qu'il en soit ainsi, c'est que le bon Dieu a mis
l'âme de M. dans un corps qui réclame des soins et des
ménagements de toutes sortes, ce qui est plus gênant que
tous les vœux d'obéissance du monde...

« Soyez par les sentiments, par l'élan du cœur une Carmélite et tout ce que vous voudrez, mais que ma Carmélite
se regarde chargée par Notre-Seigneur de mettre un peu
de bonne joie, de bruit, de vie, de soleil clair dans cet intérieur aussi pur qu'un cloître, mais où la douleur chrétienne s'est faite une si large place : Voilà votre affaire ! Et
quand la Carmélite voudra par trop envahir, rappelez-lui la
maxime de sainte Thérèse : « Il faut savoir quitter Dieu
pour Dieu ! »

..

A la même :

— « Ma pauvre enfant, si le bon Dieu n'y mettait bon
ordre, la lame userait vite le fourreau. Ces élans qu'il faut
arrêter sont pour vous une cause de souffrance. Écoutez !

« Il y avait une fois une brave enfant qui n'avait qu'un
sou. Elle rencontra une nombreuse famille bien pauvre. Le
père était infirme, la mère n'en pouvait plus, et cinq pauvres
enfants à demi-vêtus, pâles, maigres demandaient en pleurant du pain, rien que du pain ; et la malheureuse mère ne
pouvait leur en donner. La jeune fille qui les vit n'avait
qu'un sou ; elle aurait voulu être riche, elle ne l'était pas.

Elle donna donc son petit sou, mais de tout son cœur, mais en pleurant de chagrin, mais se trouvant bien, bien malheureuse de ne pas donner davantage. Et le soir, dans sa prière, elle recommanda tous ces pauvres au bon Dieu, et elle finit par s'endormir en paix. Or, pendant la nuit, Jésus lui apparut et lui montra le petit sou. Elle le reconnut, ce sou si brun, si obscur quand il tomba dans la main de la mère indigente. Et à mesure qu'elle le regardait, entre les doigts de Jésus, il devenait brillant comme une étoile, et soudain ce sou lumineux éclata comme une fusée; et chaque étincelle devint une pierre précieuse, et toutes ces pierres précieuses se réunirent et formèrent une couronne d'une incomparable beauté. Jésus prit la couronne et la posa, lui-même, sur la tête de la bonne jeune fille. Voilà non pas une parabole, mais votre histoire. Faites grandement les petites choses; donnez pour âmes aux petites choses vos grandes aspirations, et voilà!... »

**

Il y avait neuf ans que le P. Joyard gouvernait la Résidence de Grenoble. Le travail excessif auquel il se livrait, sans interruption, depuis de longues années, n'était point sans avoir ébranlé quelque peu son robuste tempérament. Un moment il dut s'aliter et l'on crut à une menace de congestion cérébrale. Il n'en fut rien. Une saison à Challes-les-Eaux lui rendit ses forces. Cependant, autour de lui, on pressentait un changement. Lui-même semblait s'y attendre et le redouter. Un cœur aussi bon, aussi riche que le sien ne pouvait pas envisager, sans une douloureuse émotion, la perspective de quitter Grenoble!! — « Grenoble, la ville où j'ai tant vécu! » — écrivait-il plus tard.

Le 12 octobre 1886, le P. Henri Joyard s'éloignait brusquement de son « beau Dauphiné ». Le lendemain, ses amis recevaient le billet suivant :

— « Je quitte Grenoble. Mes Supérieurs m'appellent à Lyon. J'ai voulu m'épargner la tristesse et la secousse des adieux... Quand ces lignes vous parviendront, mon départ sera un fait accompli. Adieu. Priez pour moi !... Et excusez un pauvre homme qui fait tous, *tous* ses adieux par écrit ! »

A une de ses filles spirituelles, il écrivait peu de temps après son arrivée à Lyon :

— « J'ai beaucoup aimé votre âme : mais votre âme est à Dieu, bien à Dieu ; il sera facile de me remplacer... Une âme ne se mène pas comme un attelage dont un postillon remet les rênes à celui qui le remplace. Confessez-vous au bon prêtre dont vous me parlez. Laissez cet homme intelligent et bon vous connaître et... à la grâce de Dieu! Sans y mettre de l'héroïsme, on peut s'intéresser paternellement à une brave enfant comme vous. Il serait vraiment désolant de penser que nous sommes nécessaires ; désolant et ridicule. Il n'y a que Dieu et Notre-Seigneur que l'on ne remplace pas. »

Il n'en est pas moins vrai que le départ du P. Joyard causa dans Grenoble bien des regrets. Plusieurs s'en prirent à lui et l'accusèrent d'avoir provoqué son changement. Il répondit aussitôt :

— « Vous me dites que j'ai demandé à quitter Grenoble. Est-ce bien vrai? Oui et non. J'ai dit en conscience, à mon Provincial : « Mes oreilles sont en mauvais état. Quelquefois j'ai de la peine à entendre, même de l'oreille que j'appelle la bonne. Dans ces conditions, la confession est pour moi une immense fatigue physique et une cause de peines morales...» J'ai dit encore : « Je n'ai plus de temps pour rien, je suis débordé,... et j'ai ajouté : « Je vous dis tout cela en conscience ; mais le jour où je quitterai Grenoble, j'aurai un de mes plus grands chagrins, *peut-être même le plus grand de ma vie.* »

« Mon provincial m'a trouvé une position où, ce que j'ai encore d'ouïe pourra me suffire... *Enfin, mon enfant, on ne nous laisse pas nous éterniser dans la supériorité sur place. De temps en temps, nous devons secouer notre cœur. C'est l'esprit de notre Institut et tout cela est très bon.* Au reste, lors même que je n'aurais pas déclaré franchement ma position à mon Supérieur, mon départ n'en était pas moins décidé. Depuis longtemps il songeait à moi pour la mission qu'il m'a confiée. »

Quelle était cette mission ? Depuis les expulsions de 1880, deux ou trois religieux seulement, étaient restés dans chacun des collèges de la Compagnie pour y donner l'enseignement. La plupart des professeurs appartenaient au clergé séculier ou étaient de simples laïques. Dès lors, les Supérieurs songèrent à appliquer au ministère de la prédication les jeunes religieux forcément exclus de l'enseignement des belles-lettres. Pour les y préparer avec plus de succès on résolut de créer sinon un cours d'éloquence sacrée, du moins un *biennium* de prédication pratique sous la direction d'un maître expérimenté. Par ses succès, sa réputation et ses grandes qualités nul ne semblait plus indiqué que le R. P. Joyard. Il fut nommé Directeur de la maison du Biennium installée à Lyon, au chemin de Choulans.

XXXI

LA MAISON ROSE. — LE DIRECTEUR DU BIENNIUM. UN TÉMOIN.

Au bas du côteau, semé de gracieuses villas, que longe la montée des Génovéfains, se trouvait une ancienne maison de modeste apparence, assez éloignée de la route et assez indépendante pour y travailler dans le calme et la solitude. On y accédait par une petite allée bordée d'arbustes. Un petit jardin et deux terrasses superposées permettaient d'y venir respirer, au grand air, et d'y réciter le rosaire en se promenant.

Telle fut la *Maison Rose*, ainsi nommée à cause de son badigeon rougeâtre ou bien, peut-être, parce que l'on y voyait poindre l'aurore des premiers succès de la chaire chrétienne. Quelques-uns l'appelaient la maison des *Cinq Pères*; généralement on disait : *Le petit-Choulans*, pour la distinguer de la maison provinciale, transférée de la rue Sainte-Hélène, dans la propriété de Vangel, au n° 38 du chemin de Choulans. Le P. Joyard fronçait les sourcils quand on se permettait de la nommer : « l'École des jeunes Bourdaloue ». Au mois de janvier 1888, il écrivait à une personne de Grenoble :

— « Je suis à la tête d'une petite communauté de jeunes Pères qui se forment à la prédication. Je tâche d'être beaucoup moins leur supérieur que leur vieil ami et leur frère aîné. De la sorte, nos rapports quotidiens, qui ne peuvent être utiles qu'à la condition qu'ils viennent à moi tout à fait à *la bonne*, sont excellents. En même temps, je suis chargé des Enfants de Marie de Lyon.

« Nous vivons dans une bicoque qui tient de la villa et de l'ermitage. Nous sommes à la campagne et en ville. Si jamais vous venez par ici, je vous ferai les honneurs de notre petit coin qui doit être fort agréable, quand les arbres auront des feuilles.. Je suis souvent par la pensée à Grenoble. Que d'âmes m'y sont et m'y seront toujours chères! mais il faut savoir accepter les dispositions providentielles! »

Par tempérament et par esprit de foi, il était impossible que le Directeur du Biennium s'intéressât médiocrement à rien de ce qu'il entreprenait. Il y mettait tout son cœur, toute son âme et tout son dévouement. En peu de jours, la maison fut organisée, le jardin planté de fleurs, une alcôve disposée en petite chapelle et quatre chambres prêtes à recevoir les jeunes Pères, choisis pour inaugurer brillamment le Biennium.

Le P. Joyard aimait trop les âmes, il aimait trop l'Église et « *sa Compagnie de Jésus* » pour ne pas ambitionner l'honneur de leur donner des apôtres et des missionnaires, dignes de ce nom. Mais il avait trop de sens, de tact et d'intelligence pour traiter ses biennistes comme de simples rhétoriciens. Il se gardait bien de leur appliquer à tous la même méthode de formation, de les couler dans un moule uniforme. Son premier soin, c'était de connaître « *leur tirant d'eau, afin de savoir s'ils étaient propres à la grande navigation ou au service de cabotage* ». Cela fait, il variait sa méthode suivant les talents et les dispositions de chacun. Pour les uns, il se contentait de conseiller le sujet du discours et d'en écouter la lecture avec quelques observations toujours pleines de finesse et d'à propos. Aux autres, il suggérait des plans et des idées : il ouvrait des horizons. Pour quelques-uns il poussait la condescendance jusqu'à débiter lui-même un sermon en se promenant à grands pas dans sa chambre, et les notes prises, au courant de la plume, constituaient, moyennant quelques retouches, un *excellent numéro* pour retraite ou pour mission. Il appelait cela : « garnir le portefeuille d'un bon missionnaire de campagne ».

Des témoignages venus non seulement de France, mais de l'Égypte et de la Chine, de l'Amérique et de l'Australie attestent, qu'en se donnant ainsi d'autres lui-même ou tout au moins de fidèles échos, qu'en *se transfusant* dans ses chers biennistes durant près de vingt ans, le P. Joyard a fait déjà et continuera de faire un très grand bien à des milliers d'âmes qui l'en béniront au ciel.

Le directeur du Biennium n'avait pas un moindre souci de former le débit et la tenue extérieure de ses orateurs novices. Dans le jardin de l'ancien Fourvière se trouvait une salle jadis construite pour le cercle militaire et qu'on appelait la salle Astier : c'est là qu'il conduisait individuellement chacun des jeunes Pères et qu'il les exerçait à prêcher devant lui, comme s'ils avaient eu là un auditoire réel sous les yeux. Il reprenait ensuite lui-même le morceau ; et comme il excellait à indiquer les gestes et les intonations, la variété et le mouvement à donner au discours ! quelle façon spirituelle et originale de signaler les défauts de la chaire et de les corriger, sans blesser celui qui recevait la leçon ! Pour lui, la première qualité d'un prédicateur, c'était d'être bien entendu. Si vers la fin de sa vie, à cause de sa surdité, il exagérait un peu l'articulation au risque de tomber dans la monotonie du *recto tono*, il savait fort bien indiquer à ses élèves les meilleurs procédés pour être entendus de tous

sans fatigue et sans ennui. C'était un professeur, non de déclamation, mais de diction parfaite. Ses remarques étaient
pleines de bon sens et traduites d'une façon si pittoresque-
ment vécue qu'on ne pouvait plus les oublier. Témoin
cette lettre qu'écrivait plus tard un de ses élèves de Cantorbéry.

« 22 septembre 1907.

« Mon cher ami, votre lettre du 6 août me trouve ici où je
m'arrête quelques instants seulement, car je regagne mon
district, à la voile « vent debout », et je ne veux pas vous
faire attendre une réponse jusqu'à mon arrivée à Foo-Wan
où je suis vicaire du P. Thomas. Vous voulez que je vous
donne mes impressions sur un homme aussi fin et aussi
bon, aussi distingué et séduisant que mon bien-aimé P.
Joyard ; mais, cher ami, autant vaudrait demander à un canard de louer un rossignol. Je ne sais pas tenir la plume :
en courant le monde j'ai parlé tant de langues que je ne sais
plus en parler aucune convenablement. Mais ce que je sais
fort bien, c'est, dussé-je vivre autant que Mathusalem, que
jamais, jamais je ne pourrai oublier le si bon P. Joyard
ni ses leçons, ni tout le bien qu'il m'a fait au cœur. C'était
une figure si originale, si vivante, si éminemment bonne et
sympathique, donnant de lui-même sans jamais compter,
et en donnant de lui, c'était « du bon Dieu » qu'il donnait :
on le sentait, ça se goûtait! Comme il aimait ses *scolastiques!* Rien de ce qui les intéressait ne lui était indifférent. Mais ce qui fait que je l'aimerai toujours de tout mon
cœur, c'est qu'il a bien voulu avoir pour moi, pauvre vieille
épave, jetée tardivement par la Providence, au port inespéré
de la vie religieuse, la même affection et les mêmes soins

que si j'avais été une jeune étoile appelée à devenir un astre de première grandeur !

« Avant de le rencontrer à Cantorbéry, j'avais souvent entendu parler de lui par ma mère qui l'avait connu à Cannes et qui ne l'appelait que « le bon et si saint Père ! » Notre-Seigneur a été bien bon de me mettre, moi aussi, sur son chemin ! Son image est si vivante en moi qu'il me semble encore le voir au milieu des bandes de scolastiques, les jours de congé. J'ai son timbre de voix et son accent si particulier dans l'oreille, et ses gestes, devant les yeux. Oui je l'entends raconter avec une gaieté charmante mille et mille détails pratiques pour la vie de mission.

Je le vois quand il nous disait, dans ses conférences : — « Le *tonneau*[1] ne sera pas mon héritier ! Le *tonneau* n'aura rien de moi. Si j'ai quelque savoir, quelque expérience, c'est vous seuls qui en hériterez. Je ne veux rien laisser d'écrit après moi. Mes œuvres, c'est vous ! »

— « Quand arrivait l'époque des sermons prononcés au réfectoire devant le Révérend Père Provincial, il venait, sans façon, se mettre au milieu de nous, bien en face de la chaire, afin de mieux entendre, et il écoutait comme si un Bourdaloue, un Bossuet ou un Lacordaire eût été à la place du pauvre « Figurant ». Ses yeux si intelligents et si bons étaient fixés sur l'orateur et semblaient lui envoyer des *très bien* et des bravos, certes bien nécessaires dans la mêlée des cuillers et des fourchettes.

« A l'exercice *des tons*, après avoir écouté d'une façon encourageante, le pouce de la main gauche passé dans sa ceinture, la main droite ramenée à la hauteur du menton,

---

1. Expression pittoresque qui désigne les archives où l'on conserve les manuscrits laissés par les religieux défunts.

il prenait la parole, moins pour critiquer, que pour mettre en lumière ce que chacun avait de bon. Toujours bienveillant, il savait consoler et mettre du baume sur le cœur du pauvre *patient* qui, au sortir de la chaire, venait parfois de recevoir en règle un abattage de première classe, administré par un ou deux jeunes auditeurs :

— « Eh bien! Eh bien! vous avez tout ce qu'il faut pour arriver à parler très convenablement. Utilisez tel talent que Dieu vous a donné, évitez tel défaut... Je ne vous dirai pas que je suis très content, mais vraiment je suis content!... »

— « Il me reste bien d'autres souvenirs de cet excellent et bien-aimé Père, de nos longues causeries dans sa chambre, de sa charité si franche et si cordiale, de son humilité si vraie et si touchante, mais il me faudrait pour vous les traduire plus de temps et plus de talent que je n'en puis avoir... Que cette petite et pauvre contribution soit un faible témoignage de la profonde et éternelle reconnaissance que lui garde *un habitué des concours hippiques* devenu sur le tard, par la grande miséricorde de Dieu, un humble enfant de saint Ignace. »

En appelant le P. Joyard à la direction du Biennium, direction qu'il conserva jusqu'à la fin de sa vie, à l'exception de quelques années, passées à Cannes, le R. P. Clairet avait été bien inspiré. C'était bien l'homme le mieux fait pour remplir cet important ministère. Impossible de le fréquenter sans être peu à peu initié à l'art de la parole. En pleine récréation comme dans une salle d'exercices, il y avait à profiter à son contact. Primesautier, pétillant, fécond, muni d'un bagage considérable de faits, d'histoires, de traits heureux et pris sur le vif, il avait non seulement le don d'intéresser et de charmer, mais de provoquer et d'éveiller les intelligences un peu timides, embarrassées ou endormies.

Il pensait et il faisait penser. Sa verve était communicative. Il avait tant d'esprit qu'il en donnait aux autres. C'était un entraîneur. Quelques minutes d'entretien avec lui ont, plus d'une fois, facilité l'éclosion d'un plan de discours, et révélé des développements aussi heureux qu'inattendus. C'est du moins l'effet que sa conversation produisait chez quelques-uns de ses meilleurs amis.

Le P. Joyard n'oubliait pas qu'un prédicateur sans livres est un laboureur sans charrue. A peine arrivé au Biennium, il s'occupa d'y réunir une bibliothèque spéciale à l'usage des biennistes. Il ne négligea rien pour l'enrichir et l'augmenter d'année en année. Avec lui, elle franchit la Manche et prit le chemin de l'exil assez à temps pour échapper à la rapacité des liquidateurs.

Les résultats espérés de la création du Biennium, ne se firent pas attendre. Une mission donnée à Thizy par trois des jeunes Pères eut un succès qui dépassa toutes les espérances. Pendant l'Avent 1887, le P. Directeur et un de ses plus éloquents biennistes prêchèrent à Saint-François de Lyon, un jubilé qui fut très remarqué et fit le plus grand bien. Peu de temps après être sorti de la Maison Rose, un autre de ses biennistes fut nommé supérieur dans une grande ville où son zèle et son éloquence produisirent, dans les âmes, des fruits solides de sanctification. Une mort prématurée vint, hélas, l'arrêter dans la force de l'âge et du talent.

XXXII

ENCORE LA MAISON ROSE. — TRAVAIL DU P. JOYARD. — RETOUR A SAINTE - HÉLÈNE. — PIQUANT DIALOGUE.

Mais si occupé qu'il fût de donner à Dieu et aux âmes de bons prédicateurs et de vaillants missionnaires, on se doute bien que le P. Joyard n'avait pas renoncé à payer de sa personne. S'il fréquentait beaucoup moins le confessionnal, à cause de sa demi-surdité et de ses nombreux travaux, il n'abandonna jamais la prédication, surtout la prédication des retraites où, de l'avis de tous, il n'avait pas de rival.

— « Je n'existe presque pas, à Lyon, écrivait-il de la Maison Rose à un de ses amis. J'y prêche quelque peu, mais je n'ai pas de relations. Je confesse si peu que pas, et presque uniquement des passants de mon cher Grenoble. Parfois cela m'ennuie. Je me produis l'effet d'un *bon à rien*. Et puis, je trouve que c'est très commode : cela me permet de m'occuper de mes jeunes Pères ; ce qui n'empêche pas qu'au bout de l'année j'ai donné vingt ou vingt-cinq retraites, sans compter l'Avent, le Carême et quelques autres prédications de circonstance. »

Il prêchait tant et si bien qu'à lui seul et grâce aux aumônes qu'il recueillait au cours de ses différents ministères, il parvenait à couvrir tous les frais nécessités par la location et l'entretien de la Maison Rose.

Sa correspondance ne chômait pas davantage, bien qu'il

eût souvent à demander grâce pour ses oublis ou ses retards :

— « Il me faudrait des journées triples ! Que c'est donc désagréable d'avoir des lettres oubliées et de les voir surgir tout à coup, menaçantes, inexorables ! Je suis surmené ! Je me déclare en faillite, et je supplie mes chers correspondants et créanciers de se contenter du 5 %, c'est-à-dire de quelques mots sur une carte. »

Mais dès qu'une âme avait vraiment besoin d'un conseil, d'un encouragement, d'une consolation, dût-il prendre sur son sommeil jusqu'à minuit, il trouvait moyen de lui répondre, sauf à s'excuser aimablement de son retard :

— « Pardon ! Je ne vous promets pas une conversion complète : je risquerais de ne pas faire honneur à ma parole. Du regret au ferme propos, il n'y a pas loin, il est vrai ; malheureusement ce n'est pas la première fois que je passe par de bien bons sentiments suivis de quelque lourde rechute ! »

Venait ensuite la leçon ou le conseil attendu :

— « Vous êtes profondément aigri, blessé ; cher ami, n'oubliez pas que le manteau de la dignité froissée est très lourd, très froid et doublé d'épines . Il gêne et embarrasse en toute circonstance. Allons ! du silence, du calme, et pour couronner le tout un petit examen de conscience. Voyons ! là, franchement, je parie que vous ne vous devez rien ; que si vous ressuscitez dans votre souvenir tout ce qui a pu le blesser, le vexer, vous comprendrez que cet homme dont l'originalité n'est un mystère pour personne ait pu à son tour vous manquer d'égards. Enfin, cher ami, je suis absolument convaincu que vous êtes aussi inoffensif qu'une jeune fille, que tous les sentiments amers que vous nourrissez, envenimez, n'auront d'autre résultat que d'empoisonner votre vie. Voilà mon opinion. Après cela vous me trouverez bien peu votre ami, mais vous aurez tort au plus-

que-parfait. Ce qui est fait est fait. N'ajoutez rien à d'irré-
médiables tristesses et croyez que l'irritation chronique est
la plus perfide et la plus détestable des conseillères.

« P.-S. — A vous qui êtes un littérateur, je confesserai une
découverte que je fais souvent la nuit, à savoir que le premier qui a rapproché les deux mots : *Noirs soucis* était un
grand homme ! Ah ! le poids de la vie ! »

Combien de jeunes filles et de jeunes femmes pourraient
profiter de la leçon suivante, datée de la Maison Rose et
adressée à une enfant que depuis longtemps dirigeait le
P. Joyard.

— « Non ! je ne suis pas ce monstre de sévérité que vous
prétendez. Quand je donne un conseil ou une permission, je
pense à N. S. à qui je devrai rendre compte un jour de tous
mes actes. Je me demande ce que permettrait ou conseillerait
Celui dont je tiens la place : je ne suis pas un prêtre scrupuleux, mais un prêtre prudent. Je suis obligé de me montrer
sévère pour rester vraiment bon.

« Je blâme absolument cette ardeur furieuse qui vous fait
dévorer du nouveau, du nouveau ; et j'estime que les lectures
profanes tiennent trop de place dans votre vie. Mon enfant, vous avez de bons yeux, bien purs. Je ne veux pas qu'ils
s'arrêtent sur des livres, je ne dis pas mauvais, mais seulement équivoques ! Je ne veux pas que vous lisiez des livres
légers. Non ! Ainsi je vous défends *Les Martyrs* où se trouvent
des pages très passionnées — les illustrations n'assainissent
rien. — Je prévois que nous allons nous quereller plus d'une
fois sur cette question lecture, et je vous préviens que je ne
veux pas vous prendre en traître. Ne demandez aucune distraction à des récits qui mettent devant vous des choses dont
votre cœur et votre conscience ont horreur : *je n'aime pas
à voir les oiseaux barboter comme de simples canards !* »

Ce sujet lui tenait au cœur et il y revenait souvent!

« — Lisez donc Veuillot, écrivait-il! j'ai mis tous ses ouvrages dans la bibliothèque de mes jeunes Pères. C'est magistralement écrit, c'est vécu, c'est senti. Peu d'hommes ont écrit comme Veuillot. Ayez la bonté de lire le volume intitulé : *Historiettes et fantaisies* : vous pouvez y faire au besoin votre lecture spirituelle. Si vous m'écrivez que cet ouvrage ne vous plaît pas, que vous ne le sentez pas vrai dans votre cœur, alors je me dirai que je suis un immense niais et que jamais personne ne s'est aussi incommensurablement (voilà un adverbe sérieux, j'espère) trompé que je l'ai fait à votre sujet.

« Et puis ne vous contentez pas de lire une fois, *relisez*. J'aime beaucoup à relire des ouvrages connus. On ne voit pas tout du premier coup. Après une lecture qui ressemble à un voyage en express, on refait la route à pied; on savoure le paysage; on s'arrête sous un arbre; on regarde un joli point de vue; on cueille une fleur, et alors la lecture est profitable. »

Le P. Joyard aimait beaucoup son petit Choulans. Il ne négligeait rien pour en rendre le séjour agréable à ses biennistes. Il savait de temps en temps leur ménager quelques surprises : Les récréations, passées d'habitude sous les beaux ombrages de la terrasse située au-dessus de la Quarantaine, ne seront jamais oubliées de ceux qui y ont assisté, ne fût-ce qu'en passant. La note gaie n'y faisait jamais défaut. Les moindres détails, les petits riens de la vie de famille devenaient, sur ses lèvres, des récits pleins de grâce, d'innocente malice et de fraîcheur.

Il écrivait un jour :

— « Que je voudrais savoir et pouvoir peindre! Je n'ai jamais su dessiner et j'ai appris le dessin pendant des années.

Il est vrai que j'ai eu de piètres professeurs, mais il est vrai aussi que les vrais artistes se révèlent d'eux-mêmes. J'ai appris la musique : je ne suis arrivé à rien. Je suis un des rares hommes qui n'aient pas su faire, en toute leur vie, une toute petite bluette en vers passables, tout au moins exempts des fautes les plus grossières. Une fois, il a fallu m'exécuter et voilà qu'au beau milieu de mon meilleur vers, j'avais introduit un « moi aussi » qui ne me choquait pas du tout, tant j'avais peu l'habitude de me méfier des hiatus... »

Pourtant, quoiqu'il en dise, le P. Joyard avait un tempérament d'artiste : sa parole équivalait au plus habile pinceau. Que de jolis tableaux, quelles scènes pleines de sel et d'humour il brossait, comme en se jouant, dans le feu de la conversation ! On en retrouve quelque chose dans ses lettres. Un jour il écrit à un ami qui lui envoyait des fleurs pour son jardin de la Maison Rose :

— « Je suis faiblement content de mon petit Choulans. Ces longues pluies ont mis toutes mes plantes en retard. Mais en revanche, je suis heureux en chats. Nous en avons deux maintenant et, au dire de la vieille Jeannette, il n'y a pas de chats pareils au monde. On ferait des propos de cette brave fille, un recueil fort amusant, s'il n'était assommant. Écoutez plutôt :

(Elle, d'une voix très émue). — Mon Père, mon Père !

(Moi, indifférent, l'arrosoir à la main). — Qu'est-ce donc ?

— Mon Père, mon Père, Pierrot le gros chat était monté sur la palissade. *Mirot* le toutou a voulu en faire autant, mais en grimpant, le pauvre minet est tombé et il s'est fait mal à la patte et il boitait en marchant !

— Ce n'est que ça, Jeannette : pas la peine de vous émouvoir et de me faire perdre mon temps.

— Mais ce n'est pas fini, mon Père... le plus beau c'est

que Pierrot voyant ça, a sauté à terre et il a léché la patte de Mirot et ça l'a guéri ! Et Mirot avec ses petites pattes a pris le cou de Pierrot et l'a embrassé !

(Moi sévère). — Allons donc ! Ce n'est pas vrai ; vous me prenez pour un nigaud à qui on fait avaler des sornettes !

(Jeannette avec une voix de trémolo). — Mon Père, mon Père, c'est arrivé comme je tiens cette cafetière à la main !...

— Elle m'en dirait comme ça tout le jour. Heureusement, elle a peur de moi. »

Mais les beaux jours de la Maison Rose étaient comptés.

Vers la fin de l'année 1890, dix ans après l'expulsion, les Pères Jésuites dispersés, en divers groupes, à travers la ville de Lyon réintégrèrent le domicile d'où la persécution les avait chassés. Les *fameux décrets* avaient vécu. Soit que l'anticléricalisme des loges les trouvant maladroits et insuffisants se promit de les remplacer bientôt par des mesures plus draconiennes, soit que *l'esprit nouveau* dont parlait Spuller eût soufflé dans le pays, nul ne songeait plus à appliquer les prétendues « lois existantes ». Le gouvernement fermait les yeux.

A côté du collège de la rue Sainte-Hélène, séparée seulement par un mur et une petite cour, existait une maison à deux étages qu'on appelait *l'Annexe*. C'est là qu'avait débuté quelques années auparavant, sous la direction du R. P. de Gigord, l'école préparatoire à Saint-Cyr, transférée plus tard à Fourvière puis aux Brotteaux. Au rez-de-chaussée se trouvaient une chapelle et une grande salle destinée aux réunions de la Conférence de Maistre. Le premier étage était libre. Les supérieurs, pour des raisons d'économie, résolurent d'y installer le Biennium de prédication.

Cette décision ne fut pas sans attrister le bon P. Joyard.

Cette année-là il avait prêché, avec un grand succès, une station de carême à Avignon. De retour à Lyon, il écrivit à sa sœur, Mme Augustin Fortunet, de Carpentras :

— « ... Tout s'est bien passé le jour de Pâques. Adieux sincères et modestes. Une bonne parole à M. le Curé et à ses vicaires : je déteste les exagérations. J'espérais pouvoir fuir en descendant de chaire. M. le Curé m'a dit que l'usage était que le prédicateur donnât la bénédiction. On m'a revêtu de la chape ; nous sommes allés à l'autel et M. le Curé est monté en chaire. Il a parlé pendant un quart d'heure. Je n'entendais pas à la distance où j'étais de lui, ce qui était commode pour moi. Ta fille pourra t'édifier sur ce qu'a dit ce bon curé !... Aujourd'hui même je déclare à mon propriétaire que nous quittons le Petit Choulans. Je suis désolé. La maison où nous allons vivre est affreusement laide, mal commode, d'un abord impossible. Pour tout jardin une petite cour de prison où plongent toutes les fenêtres de l'immense maison faisant face à celle qu'occupe l'oncle Faure. J'aurai joliment à user de la philosophie évangélique qui me découvre les aspects des choses les plus amères et les plus tristes !... Et ta santé ? Qu'il me tarde de te savoir, non pas hors d'affaire (c'est acquis), mais délivrée de l'ennui de te faire soigner !...

« Ce carême a été un rêve ! Comme les choses vont vite à mesure qu'on vieillit ! Et les bonnes petites parties de famille : comme c'est gentil quand on est aussi peu blasé que moi sur cette pure jouissance ! »

Hélas ! Le P. Joyard n'avait pas encore quitté la Maison Rose où, plusieurs fois il avait reçu la visite de cette sœur qu'il aimait à l'égal d'une mère, quand il apprit qu'elle était morte subitement. Il en éprouva un chagrin inexprimable.

— « Je suis dans une douleur profonde. J'arrive de Carpentras où j'ai enterré ma pauvre sœur! Elle m'avait comme servi de mère. Elle domine et éclaire tous les souvenirs agréables de ma vie... Elle a dû subir une légère opération qui n'offrait aucun danger. On l'a endormie : elle ne s'est pas réveillée. J'adore au pied de la croix!.. Sans doute elle était bien préparée à la mort, mais j'aurais voulu un éclair de réveil tout au moins... »

Quelques jours plus tard il disait ; — « Vous avez bien raison de prier pour moi. Je ne m'habitue pas à cette perte... Cette mort lugubre et quasi tragique me hante. Qu'il est difficile de s'habituer à la pensée que nos morts sont sortis de notre vie terrestre pour n'y plus rentrer! Comme à tout instant, on les voudrait là...

« Mais Dieu est bon. Que deviendrions-nous sous notre lourd fardeau de misère, si la bonté divine n'était sans cesse en nous, avec nous? Accepter le sacrifice si dur qu'il soit se résigner humblement, amoureusement!... La pauvre créature ne peut pas faire cette grande œuvre avec une sérénité divine, ni sans verser beaucoup de larmes. Mais on fait comme on peut. Dieu n'en demande pas plus et sa grâce finit par mettre un baume sur des blessures, qui sans Lui saigneraient éternellement. A mesure qu'on avance dans la vie, comme l'on comprend qu'il ne peut y avoir de bonheur que celui de la Foi, de l'Espérance, de la Charité! »

Le P. Joyard était encore sous le coup de cette tristesse quand il quitta définitivement la Maison Rose pour venir habiter rue Sainte-Hélène. Il écrivait à cette occasion : — « Le Petit Choulans est tout plein de souvenirs aimés. Mais je n'ai pas le temps de vivre mon passé. Je suis toujours lancé sous haute pression. Et puis, rien ne favorise moins ces douces apparitions que les *paquetages*, les *ficelages*, les *triages* qui préparent un déménagement. Notre vie à nous, religieux, est bien simplifiée ; nous ne sommes guère encombrés de mobilier et cependant je m'écrie : « *Heureux les sauvages !* »

« Étant mon principal et plus fort domestique, et voulant laisser mes jeunes Pères travailler en paix, je mène la vie du dernier des hommes de peine, d'un entrepreneur de déménagements, et cela depuis huit jours. Demain les grands fourgons arrivent et le soir le transbordement sera fait. »

La chambre choisie par le bon Père dans *la boîte à Gigord*, comme disaient certains, irrévérencieusement, était située au fond d'un corridor obscur. Tournée au nord elle ne voyait jamais le soleil ; mais étant la plus isolée, on y pouvait parler assez haut, du moins à certaines heures, sans troubler le repos studieux des voisins. C'est là qu'eurent lieu désormais les exercices du Biennium. Le P. Joyard avait, toutes sortes de petites passions champêtres : il aimait à jardiner : — « Jardiner, c'est un plaisir si pur qu'on devrait ne vouloir le partager avec personne pour le goûter tout entier dans la paix de l'âme ! » — Mais comment jardiner quand on n'a ni terre ni soleil. Par bonheur, le P. Joyard s'était aussi découvert une aptitude remarquable pour *le bricolage*. Une fois mis en possession d'une chambre quelle qu'elle fût, grâce à quelques combinaisons ingénieuses, à certains petits agencements dont quelques clous, quelques planches ou quelques morceaux de carton faisaient tous les frais, il arrivait à se démontrer et à démontrer aux autres que sa chambre était le meilleur logis du monde.

Aussi écrivait-il bientôt à un de ses correspondants :

— « Je me trouve très bien dans mon nouveau domicile. J'y suis tranquille. Il me prend parfois un petit serrement de cœur en évoquant certains souvenirs de Choulans ; mais c'est rapide. Tout bien considéré, il vaut mille fois mieux pour moi être ici que là-haut. »

Un de ses amis du dehors s'étant permis de lui écrire quelques mots désobligeants à l'égard du Provincial, sous prétexte que la mesure prise par ce dernier était imprudente et prématurée, le Père se hâta de lui répondre, un peu vivement :

— « Mes supérieurs agissent fort sagement et vous avez mauvaise grâce à leur chercher querelle! »

Le collège ne manqua pas de bénéficier du voisinage du P. Joyard : il aimait tant la jeunesse et savait si bien accommoder sa parole à tous les auditoires. Retraites générales, retraites de première communion, retraite des philosophes, réunions de congrégations, il était toujours prêt pour tout et pour tous, et toujours il charmait son jeune auditoire autant qu'il savait le maîtriser. Depuis le plus grand jusqu'au plus petit, il n'était pas un élève qui ne le vît avec joie monter en chaire. Parfois il était un peu long, jamais ennuyeux.

·

— « Notre retraite de philosophie! écrivait l'un d'eux, je m'en souviens comme d'hier. Nous y étions venus avec une certaine appréhension. On savait le prédicateur très enveloppant et nous nous tenions sur une vague défensive. Mais rien n'y fit. Du premier mot, le prédicateur eut partie gagnée. Ce premier mot était fort éloquent du reste, c'était notre nom et notre prénom avec lesquels nous accueillait, l'air épanoui, cet orateur au grand front intimidant et qui nous connaissait déjà... parce qu'il avait pris la peine de s'informer de chacun de nous avec un intérêt ingénieux autant que paternel,

« La connaissance était ainsi faite du premier coup. Et comme ses relations étaient nombreuses autour de nos pays et de nos familles, comme pour lui, la mémoire du cœur était toujours vibrante, tout de suite la conversation s'animait et l'intimité se faisait familière.

« Familière ! C'est peut-être trop dire, car avec la liberté que le Père nous laissait à travers la campagne fleurie, il exigeait attention, exactitude et recueillement. Et alors il prenait son grand air d'officier *supérieur en retraite* et l'on se sentait très petit garçon, et volontiers on serait rentré sous terre, quand, au milieu d'une conférence aux aperçus les plus élevés, il apostrophait l'un de nous dont le regard s'égarait un peu. La chose était rare du reste. Car, bien qu'il nous adressât la parole jusqu'à neuf fois par jour, son style à l'emporte-pièce nous saisissait et fixait l'attention des plus volages. Je l'entends encore nous dire et avec quelle chaleureuse émotion :

— « Nous nous enthousiasmons pour un héros de roman, et pour Notre-Seigneur alors ? »

« Tout cela, avec son grand air, son accent convaincu, sa jeunesse d'allures, tout cela était fort prenant : Nous en savons quelque chose nous, les philosophes... d'alors ! »

Les trois années que le P. Joyard passa à Lyon, de 1890 à 1893, peuvent compter parmi les plus occupées et les plus laborieuses de sa vie. Plus jeune et plus vigoureux que jamais il a beau écrire :

— « Arrivé à un certain âge, on ne descend pas, on dégringole ! » il travaille sans relâche :

— « Un de nos Pères a été malade, écrit-il, j'ai dû le le remplacer. J'en suis à ma huitième retraite sans interruption. Arrivé de Clermont dimanche, je repars lundi pour Grenoble, Saint-Flour. Je reviens au galop à Saint-

Paul-Trois-Châteaux d'où je redescends sur Marseille. Là, je prends le paquebot pour Alger d'où je ne reviendrai que sur la fin d'octobre. Dans ma campagne d'août, septembre, et octobre, j'aurai fait plus de 1.200 lieues. Je ne dis pas cela pour me vanter, mais plutôt pour me plaindre. Au fond cependant je ne suis pas fâché de courir. Au moral comme au physique la vitesse mange la pesanteur. Le poids de la vie est moins lourd quand on va vite! »

Quand on parcourt la volumineuse collection où le P. Joyard consignait hâtivement le canevas ou le résumé de ses diverses instructions, on se demande comment il pouvait trouver le temps matériel pour faire tant de choses. Aussi bien ne peut-on s'empêcher de sourire, lorsqu'on lit ce réquisitoire peu banal qu'il prononçait contre lui-même :

— « Je deviens de plus en plus *bête* et paresseux. Oui paresseux : Je suis arrivé au bel âge sans avoir découvert mon défaut dominant. Tous me semblaient de belle venue, mais lequel tenait la première place? Aujourd'hui la question est tranchée. Mon plus gros défaut, c'est la paresse. Je suis musard, musard à ne pas y croire. Et quand je suis à ma table avec une feuille de papier blanc, un encrier, une plume et un livre où je trouverais de quoi renouveler mes vieilles idées, usées, flasques, tout cela produit sur moi le même effet qu'une carafe d'eau sur un ivrogne! »

Il ajoutait :

— « On ne gagne rien à vieillir, mes oreilles surtout. A Clermont, on a voulu, à tout prix, me faire cadeau d'un appareil qui rend l'ouïe aux sourds. Comme l'on m'a affirmé que pour en bénéficier, la foi n'était pas nécessaire, j'ai accepté et je me promets d'essayer dès que j'aurai un jour de calme et de repos. Je suis parfaitement sûr d'avance de n'aboutir à aucun résultat appréciable, mais du moins je n'aurai pas cette machine-là sur ma conscience. A part cela, ma grosse bête va bien. »

L'essai eut lieu selon toutes les règles, l'essai du fameux appareil qui peu à peu devait rendre l'élasticité au tympan.

Un voisin — que l'on croyait absent — entendit un jour le dialogue suivant (textuel) entre le P. Joyard et un autre Père plus âgé et bien plus sourd que lui, le P. Bonnay.

Le P. Joyard. — Mon voisin qui est un charmant garçon se trouve présentement en classe. Nous pouvons donc causer sans avoir peur de le déranger. Allons! prenez ce cornet et allez vous asseoir à l'autre extrémité de ma chambre.

Le P. Bonnay. — Mais que faudra-t-il vous dire?

Le P. Joyard, avec une pointe d'impatience. — Dites-moi... qu'il fait beau..., que le soleil brille..., que les oiseaux chantent, que les fleurs enbaument, que vous jouissez du renouveau...

Ici le P. Bonnay se place à l'autre extrémité de la chambre. Un silence assez long.

Le P. Joyard, avec vivacité. — Eh bien!..

Le P. Bonnay. — Je n'entends pas...

Le P. Joyard. — Qu'est-ce que vous dites? parlez plus distinctement.

Le P. Bonnay. — Comment?

Le P. Joyard impatienté et scandant chaque syllabe : — Si vous articuliez avec plus de force, je parviendrais à vous entendre!

Le P. Bonnay. — Parlez plus fort je n'entends rien!

Le P. Joyard. — P. Bonnay, vous y mettez de la

mauvaise volonté. Il est impossible qu'avec cet instrument je n'arrive pas à vous entendre davantage. Vous
parlez entre vos dents.

Le P. Bonnay. — Vous parlez trop vite, je ne puis
pas comprendre...

Cette fois la séance fut levée et ne fut plus reprise :
Le P. Joyard était fixé sur la valeur de l'appareil. Le
spirituel et véridique témoin auriculaire ajoute :

— « J'étais alors scolastique. Le P. Joyard se montrait
pour moi tout plein de paternelle attention. Il déposait
sur ma table un livre nouveau qu'il supposait devoir
m'intéresser. Il m'apportait parfois un bouquet de violettes
qu'il plaçait lui-même dans un petit vase devant ma statuette de la Sainte Vierge. Il voulait me faire profiter,
disait-il, de sa vieille expérience et m'enseignait à faire
mon feu, à soigner ma lampe, à épousseter mes livres...
car il avait « une méthode raisonnée » pour chacune
de ces opérations domestiques.

XXXIII

CANNES ET LA COTE D'AZUR : MAISON A RÉPARER. MALADES A SOIGNER. — NOCES D'OR.

Le P. Joyard avait beau se déclarer musard, infirme et vieux, ses supérieurs n'en jugeaient pas précisément ainsi. Au mois de septembre 1893 il fut nommé, en dépit de ses réclamations, supérieur de la maison de Cannes. Il finit par accepter, mais à une condition, c'est que son prédécesseur dont il connaissait le zèle, la piété, l'influence auprès de la colonie étrangère, resterait à côté de lui comme ministre afin de l'aider et de le suppléer. Ce qui eût pu paraître à d'autres comme un effacement de leur autorité, comme une diminution possible de l'action à exercer autour d'eux, il le sollicitait et il l'obtint comme une faveur; et jamais il ne cessa de se louer d'avoir gardé auprès de lui l'excellent religieux qui devait à son tour lui succéder. Entre eux l'entente fut toujours cordiale et parfaite, malgré la différence des caractères.

S'il tint expressément à avoir un autre lui-même dans cette nouvelle résidence, c'est que le P. Joyard était foncièrement surnaturel. Ce qu'il cherchait avant tout, c'était le bien des âmes et la plus grande gloire de Dieu. Par cette mesure, il était assuré que nul ne souffrirait de ses longues et fréquentes absences lorsque, en dehors des mois d'hiver, son ministère l'appellerait à travailler loin de la Côte d'Azur. Du même coup, il parait aux inconvénients que ses mauvaises oreilles pouvaient présenter, au point de vue du tribunal de la Pénitence.

De son ministère à Cannes pendant quatre ans, le P. Joyard va nous dire lui-même ce qu'il pensait.

— « Cannes, quel pays ravissant ! J'en jouis beaucoup en passant, mais je suis arrivé à un âge où, sans être insensible (il s'en faut !) à la beauté des œuvres divines, je tiens peu au cadre de ma vie. Ou plutôt je trouve partout de la beauté, de l'harmonie, de l'âme. Les noirs brouillards de Lyon me plaisent, ce qui ne m'empêche pas de jouir de la belle lumière du soleil et du spectacle toujours nouveau de ma Méditerranée. Vous êtes pour l'Océan, moi je trouve la Méditerranée merveilleuse de grâce. Mais le tout n'est pas de vivre sous un coin de ciel bleu en face d'une mer ravissante. Qu'il est difficile de faire du bien ; ici surtout. Ici on vit en l'air : c'est la mode ; il faut cela, sinon on ne serait pas du monde, du beau monde. Le plaisir ! encore le plaisir, le plaisir toujours ! Il y a sans doute de nobles exceptions. On rencontre sur la Côte d'Azur de bien bonnes et bien saintes âmes, mais ce n'est pas la majorité. Il est vrai qu'en vieillissant on se résigne à tout, même à être médiocrement utile. On voudrait être la pluie qui féconde une immense plaine, et on ne s'attriste pas trop de n'être que la goutte d'eau qui fait vivre un petit brin d'herbe ! » (13 novembre 1893).

— « Joli pays, mis en grande toilette par les hommes, mais j'y ai plus d'ennui que d'autres choses. Le premier de mes ennuis, non le plus élevé, mais le plus palpable, c'est la difficulté de vivre. Il y a moyen de dépenser beaucoup et de se dépenser soi-même, mais il est fort difficile d'y trouver des ressources pour nos œuvres de dévouement et pour subvenir à notre modeste existence. Les conversions à faire ne manquent pas ; mais comment trouver le joint pour arriver à l'âme. D'ailleurs dans la colonie, ce qui domine, ce sont les protestants, Anglais et Américains. Il y a aussi des Russes en assez grand nombre. Parmi les catholiques, que de jouisseurs et d'indifférents ! En somme notre action s'exerce, ici comme partout, sur les bons. Heureusement nous avons un admirable patronage de jeunes gens de seize ans à vingt ans qui marche parfaitement bien. Nous nous occupons aussi des ouvrières. Le susdit patronage est une œuvre bonne entre toutes : mais il a fallu bâtir ; il faut entretenir, payer divers maîtres qui donnent des leçons tous les soirs. Le bon Dieu aura pitié de ces braves gens et de nous ! » (10 décembre 1893).

— « Tout est compliqué dans ce beau pays. Cannes a pour noyau une petite ville qui ne manque pas de pittoresque et de cachet. Mais c'est surtout un immense éparpillement de villas ravissantes, couvrant un espace de 7 ou 8 kilomètres de long sur 3 ou 4 de large. Les trajets sont fort longs et prennent beaucoup de temps. Il suffit qu'on ait trois ou quatre malades à voir, pour que la journée soit prise.

« Ici le ministère ne ressemble à rien et le temps passe. On glisse, on glisse sans s'en douter vers la vieillesse, celle où l'on ne peut plus rien. Quant à l'autre elle est venue ! Quand je pense à l'effet que me produisaient, il y a moins de vingt ans, les gens qui avaient le nombre d'années que je porte aujourd'hui !

« Si vous croyez que je suis enthousiaste de ce pays vous vous trompez. Je ne suis enthousiaste de rien. Je suis un vieux, un infirme. Pour moi tout est difficile. Je voudrais vivre dans un coin bien oublié, n'ayant d'autre responsabilité que mon salut. Je suis tourné au triste, au noir. Que voulez-vous? Peut-être que demain je n'écrirai pas sur ce ton, mais il en resterait quelque chose au fond de l'âme... Après cela, je n'ai pas le temps de m'ennuyer.

« Une fois par mois je vais à Monaco pour prêcher aux Mères chrétiennes. Deux fois par mois je vais à Nice pour une petite congrégation d'Enfants de Marie : J'y vais encore chaque samedi pour entendre quelques confessions et faire le *catéchisme* à une trentaine de Messieurs qui m'ont demandé, non pas *d'éventrer devant eux la question sociale,* mais de leur faire un vrai catéchisme, à quoi je me suis prêté avec empressement.

« Deux fois par mois, à Cannes, je prêche devant un auditoire *select,* que je changerais volontiers pour un auditoire d'ouvrières ou de servantes. Tous les dimanches, enfin, je fais le prône dans notre église et puis retraite d'ici, retraite de là, etc. Cannes, Nice, Monaco, voilà donc mon terrain d'opération du 1er décembre au 30 avril. Le reste du temps je peux circuler et aller au loin. C'est pour moi un moyen de faire un peu plus de bien... la seule joie que j'ambitionne désormais... Vous le voyez, ma pauvre vie est toujours très tiraillée, très morcelée. Aussi je ne m'aperçois pas que je suis un vieillard et j'arriverai à la mort sans m'en douter. Pourtant que je serais heureux d'avoir deux ou trois ans de grâce pour m'occuper un peu plus de mon âme!... » (mars 1895.)

Notre-Seigneur ne devait pas les lui refuser, mais sur la terre d'exil. En attendant le P. Joyard écrit encore :

— « Depuis le 25 mai les ouvriers sont ici... ces braves maçons font, sur ma tête, un bruit qui me donne la sensation d'un régiment de cuirassiers, chargeant sur ce qui fut le plancher de notre galetas et, depuis, est devenu une terrasse encombrée de débris de maçons, de charpentiers, de menuisiers, etc.

« Je me proposais de faire réparer notre toiture bien endommagée; de faire crépir nos façades, qui tombent peu à peu. Or on a découvert que la toiture était pourrie; qu'elle menaçait de tomber, par fragments capables de tuer dix personnes! Et puis, dans ces vieilles maisons, sait-on jamais ce que l'on découvrira? je m'attends à voir tout s'écrouler. Je doute de la solidité de ce qu'on refait, et je regrette amèrement qu'un bon et honnête incendie n'ait pas brûlé notre odieuse bicoque. Nous aurions peut-être obtenu quelque bonne indemnité et nous bâtirions quelque chose de convenable... Vous comprenez que, dans cet état d'âme, je dois écrire le moins possible par charité chrétienne. »

Après la Toussaint il annonce qu'enfin tout est fini :

— « Nous avons dû reprendre notre villa de haut en bas. J'ai cédé à la force des choses : jamais je n'aurais eu l'audace, qui m'eût semblé folie, de me lancer librement dans une pareille aventure. J'ignore le chiffre de la dépense, il sera formidable. Mais notre vieille maison représentait la misère en habit noir. Il fallait à peu près tout refaire. Et comme nos Provinciaux m'honorent de leur confiance, et m'ont mis sur les bras cinq Pères malades, un certain confortable était nécessaire et nous avons dû nous exécuter. »

A cause de la douceur du climat, en effet, la Résidence de Cannes, surtout durant la saison d'hiver, était devenue une maison de repos où les religieux des diverses Provinces de France, venaient parfois chercher de l'air et du soleil pour lutter contre l'anémie ou la tuberculose. Le P. Joyard, qui les y recevait volontiers, s'étudiait à leur prodiguer tous les soins, que peut imaginer la charité la plus délicate et la plus généreuse. Il ne savait qu'inventer pour adoucir leurs souffrances et égayer la monotonie des longues soirées d'hiver. Il était bien rare qu'il revînt de quelqu'une de ses courses apostoliques sans rapporter à ses chers malades d'ingénieuses gâteries comme en ont les mères pour leurs enfants. Chaque jour il allait les voir, causer avec eux, les encourager.

— « Quand je l'entends venir, disait un bon frère coadjuteur malade, il me semble que je ne souffre plus autant : c'est comme si le bon Dieu allait entrer chez moi ; ah! il mérite bien son nom ; il porte partout la joie avec lui. »

Que de traits charmants il y aurait à citer ! L'auteur distingué des « Méconnus » et de tant d'articles intéressants parus dans *Les Études* fut un des commensaux de la Villa des fleurs, et quel souvenir ému et reconnaissant il gardait de la charité aimable et délicate du P. Joyard. Le P. Bellanger avait bien voulu nous promettre quelques pages à propos de « son spirituel et saint ami », quand la mort est venue prématurément briser la plume entre ses doigts.

Parmi les familles que l'hiver ramenait, à peu près chaque année, aux abords de la résidence de Cannes, il en est une que le P. Joyard estimait et aimait tout particulièrement. C'était la famille d'un noble magistrat qu'il avait connu à Grenoble, retrouvé à Lyon et dont il était l'intime ami et le directeur spirituel : M. Maurice de Prandières, procureur général à Grenoble, révoqué au moment des décrets.

Le 4 février 1896, dans la chapelle du Gesù, furent célébrées les noces d'or de M. et de Mᵐᵉ de Prandières. Le P. Joyard prononça, à cette occasion, un discours qui est un chef-d'œuvre d'éloquence sobre, délicate et attendrie. Malgré l'intimité de cette fête de famille, on nous pardonnera d'en citer quelques extraits :

— « ... Un demi-siècle d'union conjugale est une exception bien rare dans l'histoire des familles. Quand ce demi-siècle a été un demi-siècle de tendresse chrétienne, d'honneur et de paix; quand toutes les phases en ont été marquées par la fidélité à tous les devoirs et à toutes les nobles causes, on comprend que les époux, après cinquante ans écoulés, veuillent célébrer cette fête de reconnaissance au pied des saints autels, là même où autrefois ils n'auraient pas osé se dire, dans les espérances les plus hardies de leur jeune amour : « Dans cinquante ans nous nous retrouverons sous le regard de Dieu pour le bénir et le remercier... »

« C'est une autre voix que vous deviez entendre aujourd'hui, la voix de ce frère enlevé si tôt à votre tendresse, de ce frère que Dieu a trouvé mûr pour le ciel[1]. Je l'ai connu, Madame, je l'ai aimé, votre frère, j'ai eu la joie si bienfaisante de vivre avec lui; je me trouve aussi l'ami de sa famille. A ce titre je peux prendre sa place et je bénis Dieu qui a tout disposé pour que la fête de ce jour fût célébrée dans notre pauvre église...

« En cinquante ans, combien de parents ont vu leurs enfants oublier les traditions chrétiennes de leur famille et s'éloigner de Dieu ! Et alors plus de bonheur ! plus de sécurité ! Cet enfant reviendra-t-il au bercail et retrouvera-t-il jamais le Dieu que sa mère lui avait appris à aimer? Terrible question, problème plein de menaces. Mais cette question vous n'avez pas eu à vous la poser et le poids de ce problème ne vous a point accablés. Aucun de ceux que le ciel vous a donnés, ne s'est égaré, même une heure, et ce ne serait pas assez dire que d'affirmer qu'ils sont chrétiens. Ils le

1. Le R. P. Terret mort au collège de Mongré.

sont jusqu'au fond de leur âme; ce sont des chrétiens d'un autre âge, des chrétiens comme il en faudrait beaucoup, et alors la France serait sauvée. Aujourd'hui tous seront réunis autour de votre table, mais dès ce matin, le banquet eucharistique va être pour tous un festin de famille!...

« ... Je me suis demandé s'il ne vous était pas donné de bénéficier de quelque grand héritage chrétien. La réponse a été faite. Parmi les Œuvres Catholiques qui ont pris naissance à Lyon, il faut donner une place d'honneur à la Propagation de la Foi... Or quels ont été les premiers présidents du conseil de la Propagation de la Foi, non présidents d'honneur, mais actifs, dévoués, passionnés pour leur œuvre d'immense apostolat! Nommer M. de Prandières et M. Terret, c'est nommer vos deux pères, deux hommes comme Dieu en suscite aux origines des œuvres, sur lesquelles il veut répandre ses plus miraculeuses bénédictions.

« ...C'est vrai vous avez eu de cruelles épreuves. Votre belle carrière de magistrat a été brisée. Vous dirigiez, Monsieur, avec éclat et entouré de l'estime de tous, le Parquet de la Cour de Grenoble. Vous deviez monter plus haut et dans les postes les plus éminents, vous auriez été à votre place. Vous aimiez la Magistrature et vous espériez consacrer votre vie tout entière à ces nobles fonctions. Mais les temps commençaient où des hommes de votre caractère auraient été gênants : car jamais votre loyauté, votre honneur ne vous auraient permis de rendre les services qu'on vous aurait demandés. Vous deviez donc disparaître. Comme tant d'autres vous avez été impitoyablement frappé, mais cette blessure si cruelle n'est-elle pas votre gloire ? Quand les enfants de vos petits-enfants liront l'histoire de notre triste époque, ils pourront dire avec un légitime orgueil : « Notre aïeul était au premier rang de cette phalange de magistrats immolés parce qu'ils aimaient trop la justice. Il n'est pas le seul de notre famille dont nous puissions être fiers ; mais enfin c'est lui qui, le premier de tous, a été sacrifié !... »

« Vous avez eu d'autres épreuves. Mais elles vous ont trouvé soumis à la volonté divine. Elles ont eu comme une transparence qui vous a permis d'aimer toutes les dispositions providentielles et de voir toujours *l'au-delà éternel* de ce qui nous attriste. Un grand chrétien a dit : « Il n'y a que nous qui ayons de *belles douleurs*. » Je crois que vous sentez, dans l'intime de vos âmes, la justesse de cette parole...

« ... Remercions Dieu pour le passé. Demandons-lui que cette saison si douce qu'on a appelée « *l'été de la Saint-Martin* » de la vie, qui met un charme paisible et attendri dans les mélancolies de l'automne, se prolonge assez pour que, après vos noces d'or, vous célébriez vos noces de diamant... Demandons enfin qu'un jour, quand il plaira à Dieu, tous, tous sans exception, vous vous aimiez au ciel !

« ... Il est temps d'offrir pour vous la sainte Victime. Mais avant de finir, laissez-moi vous remercier encore d'avoir voulu célébrer votre douce fête dans notre église, d'en avoir éternisé le souvenir par une modeste plaque de marbre dont la vue nous invitera à prier tous les jours pour vous. Par là, permettez-moi de vous le dire, sont bien resserrés les liens de respectueuse affection qui depuis longtemps m'attachent à vous ! »

Ni le P. Joyard ni les deux nobles époux ne devaient vivre assez pour atteindre les noces de diamant. Il eut du moins la consolation de les préparer, l'un et l'autre, à une mort prédestinée !

Cinq ans plus tard il écrivait de Canterbury : — « Comme je me souviens de ce beau 4 février... Hélas ! la chapelle est devenue un entrepôt et un magasin. Si j'y rentrais j'éprouverais plus vif le sentiment qui me serre le cœur quand je pénètre dans les belles églises gothiques d'Angleterre. La lampe du sanctuaire y est éteinte et l'âme y a froid... Comme tout est disposé dans la vie terrestre pour nous faire désirer d'aller voir Dieu ! »

XXXIV

RETOUR A LYON (1897-1901). — MINISTÈRE TRÈS ACTIF. — L'ÉQUIPE DOMINICALE. — GRANDE DOULEUR. — SOMBRES PRÉVISIONS.

Lorsque le P. Joyard eût à peu près terminé les réparations de la maison de Cannes, il demanda à être déchargé de la supériorité. Encore qu'il eut très vite conquis les sympathies et l'influence que lui assuraient partout sa vive intelligence, sa bonté un peu brusque mais si ouverte et si généreuse, sa parole originale et bienfaisante, il craignit que sa demi-surdité ne fût un obstacle au bien des âmes : sa conscience très délicate lui fit un devoir de s'en ouvrir franchement à son supérieur.

— « Le littoral me plaît : c'est un cadre enchanteur, écrivait-il, mais si vous croyez que cela fait mon bonheur, vous vous trompez. Mais Dieu m'y veut encore, au moins cette année. La preuve qu'il m'y veut c'est que je n'ai pu décider mon Provincial à me remettre dans le rang n'importe où. Je pense être plus heureux l'année prochaine. »

Ses instances réitérées décidèrent enfin ses Supérieurs à le ramener à Lyon, où de nouveau on lui confia la direction du Biennium interrompu depuis quatre ans.

— « Mardi soir, 5 octobre, j'ai quitté Cannes pour venir me perdre dans la grande Résidence de Lyon. Ma surdité presque complète se dressait comme un mur infranchissable entre les âmes et moi. Au confessionnal, au parloir, auprès des malades, toujours et partout, je me sentais impuissant à faire le bien. Après avoir demandé, redemandé d'être déchargé de mon petit fardeau trop lourd pour moi, j'ai enfin obtenu de vivre dans des conditions où je puisse impunément être infirme et incomplet. Ce n'est pas sans une meurtrissure de cœur que j'ai dit adieu à ce ravissant pays. Mais ce que je regrette, c'est de n'avoir pas pu y faire le bien dans la proportion où je l'aurais dû. Aussi, tout en ayant une vraie tristesse, je me trouve heureux dans les plus hautes régions de l'âme, parce que j'ai obéi à ma conscience. Et la preuve que j'ai bien fait, c'est que j'ai la paix à un degré qui m'était inconnu. Je ne sais si dans la belle saison, je ne souffrirai point de n'avoir ni jardin, ni plantes, ni fleurs. Pour le moment je suis enchanté de n'avoir à m'occuper, à aucun degré, du train d'une maison, si petite soit-elle.

« A Lyon je pourrai donner beaucoup de retraites. Dans ce ministère où l'on confesse une fois en passant, les gens prévenus se prêtent à parler un peu haut ; ceux qui attendent se tiennent un peu loin et on finit par s'en tirer. Je ne désespère pas de faire à Lyon plus de bon travail, en un mois, que durant mes trois mois d'hiver à Cannes. »

Dans ses notes spirituelles, il revient encore sur le même sujet :

— « Il me semble qu'une vie nouvelle commence pour moi. Je suis comme un malade convalescent qui apprécie tous les détails jusqu'alors inaperçus de l'existence. Mon départ de Cannes — dans lequel j'ai cru trop faire ma volonté, que j'ai demandé avec une de ces insistances auxquelles ne peuvent pas ne pas céder les Supérieurs, que j'ai motivé d'ailleurs par d'excellentes raisons, mais que j'ai peut-être trop désiré, pour des motifs auxquels n'étaient pas étrangers mon amour pour la tranquillité, mon horreur des responsabilités et l'espoir de faire, à Lyon, un bien à ma portée, — ce départ a été, en somme, le plus heureux événement de ma vie.

« Depuis lors le bon Dieu m'a comblé de grâces, et les quatre mois écoulés depuis le 24 août, jour où le Révérend Père Provincial m'a donné l'assurance que je serais changé, ont été les meilleurs ou du moins les moins mauvais de ma vie de résidence. Outre la tranquillité que me donne mon départ, j'ai une liberté absolue de tête et de cœur, et cela sans effort, par conséquent sans ces troubles qui gâtent tout pour moi. Je me sens un besoin de plus en plus impérieux de me sanctifier, de passer très saintement les dernières années de ma pauvre vie... »

Le retour du Père à Lyon causa la joie la plus vive : d'abord au Supérieur de la Résidence, le R. P. Bouillon qui le tenait en haute estime et avait pour lui la plus tendre affection, puis à tous les Pères et Frères de la maison. Pour quelques-uns d'entre eux, ce fut une vraie fête, fête qui dura quatre ans consécutifs, avec de petits orages, ménagés tout exprès pour fournir au *cher oncle*, l'occasion d'exercer sa verve pleine de sel et d'humour.

Le P. Joyard était si sincèrement heureux de n'être plus supérieur qu'il ne comprenait pas qu'on pût ne pas s'en réjouir. Peu de temps après son arrivée, il rencontra un excellent Père qui venait de quitter le Rectorat d'une maison importante : il le combla de déférence et d'amabilité au point que ce dernier, tout surpris, lui en demanda la raison.

— « Mais, dit le P. Joyard, c'est que j'adore les soleils couchants ! »

A un autre supérieur son ami, renvoyé à Lyon comme simple religieux :

— « Laissez-moi, dit-il, vous embrasser et vous féliciter, cher Père, de venir augmenter parmi nous le nombre des *débarqués!* »

Quelqu'un lui fit remarquer que ce singulier compliment n'était pas très aimable. — « Oh! dit-il, le Père M..., a trop de vertu et de bon sens pour ne pas être de mon avis : il ne s'en fâchera pas! »

Pour lui, il reprit son travail et ses habitudes comme s'il n'eut jamais quitté la maison de Sainte-Hélène. Le voilà si occupé qu'il peut écrire bientôt :

— « Depuis deux mois que je suis revenu ici, j'ai déjà prêché cent huit fois! Un dominicain qui devait donner une retraite à la Cathédrale de Grenoble a fait défaut. On s'est adressé à moi et je vais continuer mon rôle de merle remplaçant les grives!... »

Ce billet écrit à la hâte est accompagné d'un *post-scriptum.* — « Pâtés d'encre de tous les côtés! pardon! Je suis bien pressé. Vous verrez dans la liberté que je prends de vous envoyer cette lettre si peu présentable, un hommage de première classe rendu à votre indulgente bonté. »

Si le bon Père, malgré ses soixante ans bien sonnés, continuait au dehors, ses multiples labeurs d'ouvrier apostolique, il ne laissait pas de travailler beaucoup à Lyon, où sa parole était toujours très recherchée et goûtée. Son carême à Ainay, ses retraites d'ouvrières et de Mères chrétiennes firent grande impression et beaucoup de bien aux âmes.

Mentionnons ici une œuvre à laquelle collabora le P. Joyard et qu'il affectionnait tout particulièrement. A Lyon, le R. P. Bouillon avait eu l'heureuse pensée de rétablir une méthode de retraite, en usage dans l'ancienne Compagnie. Tous les mois, trente ou quarante hommes se réunissaient à la Résidence pour y faire une récollection spirituelle d'un jour. En dehors de l'examen et des autres exercices pratiqués en commun, quatre fois la parole de Dieu leur était distribuée, d'après un plan concerté d'avance, par quatre Pères différents. Le P. Joyard ne pouvait manquer d'entrer dans ce « *quatuor* » qu'il appelait « *l'équipe dominicale* ».

Son rôle à lui, c'était la conférence, entretien familier sous forme de causerie, simple et distinguée, toujours très personnelle. Il excellait à y traiter les sujets pratiques de la vie chrétienne. Au témoignage d'un de ses retraitants dont la fidèle amitié le suivit par delà la Manche et par delà la tombe, — « tout ce qu'il disait et la façon dont il le disait, se gravait profondément dans l'esprit. Quel que fût le sujet traité, la foi, la tentation, la prière, etc., on avait l'impression qu'il avait vécu sa parole, qu'il avait expérimenté par lui-même tout ce qu'il enseignait aux autres... aussi allait-on à lui, le cœur ouvert et avec la plus entière confiance. Il avait une grande connaissance du cœur humain. Je me souviens de certaines analyses qui dénotaient un observateur très averti et un psychologue consommé. Au milieu de considérations très pratiques arrivait tout à coup un éclair de lumière :

— « La sensibilité et la sensualité se confondent comme ces zoophytes qui sont à la limite indécise du règne animal et du règne végétal. »

— « A midi il n'y a pas de paysage, parce qu'il n'y a pas d'ombre ! »

— « Le souvenir d'une femme aimée peut être, pour le mari survivant, comme une sorte de sacrement. »

Si la parole du P. Joyard n'avait rien perdu de sa vivacité étincelante, sa plume, elle aussi, gardait tout son charme :

— « Depuis que j'ai atteint ma soixante-quatrième année, écrit-il, il m'arrive un ou deux accidents par mois. Qu'ils viennent de distraction ou de maladresse, je n'y peux rien. Ainsi, dimanche matin, 23 avril, à 7 heures, j'allais innocemment déjeuner après mon action de grâces faite de mon mieux. La porte du réfectoire est ce qu'on appelle un va-et-vient. De quelque côté qu'on pousse pour entrer, pour sortir, les deux battants fonctionnent. J'étais dehors ; j'allais entrer. Le domestique chargé de remplir les cafetières en emportait deux à la cuisine. Il a ouvert la porte d'un vigoureux coup d'épaule. Je me suis trouvé juste à point pour la recevoir sur le nez. En quoi ai-je manqué de bon sens? Est-ce ma faute si j'ai le nez écorché, rouge — en attendant qu'il devienne violet. — Vous me direz que si j'avais marché plus lentement, lançant les bras en avant comme un aveugle, la chose ne 'serait pas arrivée. Et moi je vous réponds que le métier le plus facile et le plus ennuyeux (pour les autres) c'est de donner des conseils après l'événement. — Du reste, je n'ai jamais aimé les gens qui, après avoir fait l'aumône, d'un sou au pauvre, y ajoutent 20 francs de conseils par dessus le marché. — Pour février et pour mars je m'en suis tiré avec une chute de tramway, un incendie nocturne dans ma chambre et je ne sais plus quoi. C'est assez gentil comme ça ! »

Hélas! une autre épreuve allait bientôt le frapper qui devait lui faire au cœur une blessure singulièrement douloureuse. C'était au mois de janvier 1901. Un matin, le Père descendit à la chapelle le visage tout bouleversé. Il célébra la messe avec une ferveur extraordinaire et un temps plus long que d'habitude. Pendant son action de grâces on l'entendit sangloter à plusieurs reprises. Rentré chez lui, il s'enferma dans sa chambre pour prier et pleurer tout à son aise. Il finit cependant par ouvrir sa porte à un ami qui venait, presque chaque matin, causer avec lui pendant quelques instants des choses de Dieu et du saint ministère.

— « Qu'avez-vous mon bon Père? Pourquoi cet air désolé?

— « Ah! s'écria-t-il, le visage tout baigné de larmes, mon Paul, mon pauvre Paul est mort, mort subitement! Non! je ne puis pas, je ne veux pas désespérer du salut de son âme. Que ne donnerais-je pas pour qu'il ait eu le temps de crier pardon à Dieu. *Je veux, à force de prier et de faire prier, je veux que Dieu qui sait tout à temps, ait fait en faveur de mon pauvre Paul un miracle qui ne dépasse ni son pouvoir ni sa bonté.* »

Paul était son neveu, son vrai neveu, avec lequel il entretenait une correspondance suivie. Il avait l'espoir fondé de le ramener à la pratique de ses devoirs religieux. Non content de prier, de se mortifier, de multiplier les sacrifices de tout genre, le P. Joyard demanda partout de ferventes prières pour son cher défunt. Combien de saintes âmes, dans le monde et dans les cloîtres ont reçu la requête suivante : — « Priez un peu, priez beaucoup, beaucoup pour mon pauvre neveu qui est mort tout à fait subitement. Il était bon, charitable. Dans les derniers temps surtout il se plaisait à faire beaucoup d'aumônes. Dieu sans doute les lui aura inspirées pour trouver en son âme une prise que pût saisir sa miséricorde. »

— « Paul était entré de plus en plus dans ma vie, et je lui ouvrais volontiers mon cœur d'oncle et de prêtre. Aussi sa mort me cause-t-elle un chagrin qui me remet en plein dans l'inconsolable douleur que m'a causée la mort de ma sœur. »

A partir de cette époque, le P. Joyard ne cessa jamais d'avoir le fond de l'âme en deuil. Sans doute il était le premier à s'efforcer de réaliser ce conseil qu'il donnait aux autres :

— « Dévouez-vous *joyeusement*! Et bien que le fond de votre cœur soit envahi par la tristesse, soyez toujours de bonne humeur et associez-vous à tout ce qui fait plaisir au prochain. »

En public, dans les conversations particulières et surtout au temps des récréations, il savait se surmonter : sa bonne humeur et sa verve intarissable reprenaient le dessus. Il n'en était pas moins atteint d'un *pessimisme raisonné* — c'est son expression — pessimisme, hélas! trop justifié par les tristes événements dont il prévoyait les funestes conséquences pour sa famille religieuse, pour l'Église et pour la France. De ce pessimisme qui alla toujours grandissant, il souffrait cruellement.

A la fin de l'année 1899 il écrivait :

— « L'avenir prochain est bien triste et bien menaçant! J'ai l'âme en noir, en songeant aux épreuves qui vont frapper ma chère Compagnie de Jésus, et en voyant ce qu'ils font de la France. Ah! les malheureux, ils iront jusqu'au bout. On dirait qu'ils ont juré d'écrire la page au bas de laquelle on pourra lire un jour : *finis Galliæ...*

« Vous me plaignez de vivre au milieu des brouillards. Au fond j'avoue que j'ai le triste goût d'aimer le mauvais temps, la brume et la pluie. Il s'harmonise avec mon âme. Un beau soleil me semblerait une dissonance, une ironie. Tout va si mal... Je suis content d'être vieux, malheureusement je ne suis pas un *bon vieux* :

— ce ne sont pas les années qui me manquent pour l'être. —
Je jouis sans doute d'une santé imperturbable : j'ai, du
moins je crois avoir toutes mes forces, mais cela m'ennuie
parfois, parce que selon les prévisions humaines, je peux
encore avoir à me traîner, sous mon poids de misère,
pendant de longues années avant d'arriver à ma dernière
étape. Tout me semble si triste et je gagne si peu à vieillir
que souvent je désire que Dieu m'appelle, en me laissant
le temps de prendre mon attitude pour me présenter
devant Lui!.. »

Il écrivait encore à la même date :

— « Nous vivons dans un temps étrangement troublé. Demeurez ferme dans la foi, dans la foi toute simple. Méfiez-
vous des nouveautés. Attendez que l'Église ait prononcé.
L'Américanisme est fortement teinté de protestantisme. Le
P. Hecker a été, je crois, un excellent prêtre. Il a suivi une
voie qui n'est pas ordinaire. Mais on a eu singulièrement
tort de vouloir faire de sa voie, la *voie*. Il et plus que dangereux d'y pousser les âmes. On peut y gagner une certaine
popularité, mais on ne peut faire aucun bien aux chrétiens
qui s'engouent si facilement, de tout ce qui tend à les affranchir d'une autorité, qui ne fut jamais plus nécessaire qu'à
l'heure présente. Vous me demandez mon opinion sur le
Dreyfusisme, cette machine de guerre si savamment montée
pour tuer l'Église et l'âme de la France. Je vous réponds :
s'il fallait des preuves pour montrer l'énorme puissance des
Juifs, ces preuves sont plus que surabondantes. Où allons-
nous? Si je vous disais tout ce que je crains, je vous ferais
peur! Peut-être n'y a-t-il rien de plus agréable qu'un pessimisme à fond. C'est le moyen d'avoir quelques bonnes surprises; mais hélas, ce moyen ne réussit pas toujours, tant
s'en faut! »

Au commencement de l'année qui devait s'achever dans l'exil, il écrivait à un ami de Bourg :

— « Je voudrais vous en dire long sur l'avenir, en ce qui nous concerne, nous, Jésuites. Mais j'ignore tout. Nos supérieurs prévoient, préparent, agissent, mais ils parlent peu. Et d'ailleurs, s'ils voulaient nous dire tout ce qu'ils savent, peut-être ne nous en apprendraient-ils pas bien long. Quoi qu'il arrive, nous aurons toujours la consolation de faire la volonté de Dieu et de nous dire que souffrir pour Notre-Seigneur, c'est travailler à sa gloire ! »

Et il continuait de travailler et de se dépenser au salut des âmes avec le même zèle, le même entrain, la même ardeur juvénile. Quelle que fut sa douleur en voyant s'accumuler tant de ruines, il gardait la ferme confiance que Dieu se laisserait fléchir un jour :

— « Le nuage si noir pour nous, qui le voyons de la terre, est très blanc et très lumineux, regardé du ciel. Dieu voit tout le bien qui sortira du mal et il fera beaucoup à cause des souffrances de ses amis... Le soleil viendra quand Dieu voudra ! et il sera d'autant plus bienfaisant que nous l'aurons plus longtemps désiré. Courage et confiance quand même ! Malgré tout, j'espère ! Dieu ne veut pas que la France périsse. On lira son nom en caractères éblouissants sur la page sombre et lugubre que les hommes écrivent en ce moment.

« En attendant que va devenir ma chère Compagnie de Jésus ? Je crois très fermement que Notre-Seigneur l'aime et ne veut pas qu'elle s'éteigne en France. Mais par quelle tribulation allons-nous passer ? quand rentrerons-nous, libres de continuer une vie qui n'a qu'un but : la gloire de Dieu et le salut des âmes ? Quand ma famille religieuse aura-t-elle reconquis sa place au soleil ? Je suis certain que d'autres la verront renaître et refleurir, car les hommes ne peuvent la tuer tout à fait. Mais moi, à mon âge, serai-je le témoin consolé de cette quasi-résurrection? Non! Non! j'ai là la douloureuse certitude que je ne verrai pas relever ce que je vois abattre! »

Cependant les événements se précipitaient. Le mot désormais historique : « *Nous chambarderons tout!* » devenait une réalité. Mais les démolitions s'opéraient progressivement, d'après une gradation savamment combinée. La haine anticléricale, n'osant supprimer en bloc toutes les congrégations religieuses, se couvrait encore d'un masque de libéralisme. Elle imagina ce que d'aucuns ont nommé le *traquenard* de la demande en autorisation.

Ce n'est pas le lieu de raconter, ici, le succès obtenu et le désarroi jeté dans les États-majors et les meilleures troupes de l'armée catholique. On n'a sans doute pas oublié la lettre, alors si remarquée, des quatre Provinciaux de la Compagnie de Jésus en France. En un langage fortement motivé, cette lettre déclarait qu'il leur était impossible de solliciter l'autorisation, sous peine de trahir les droit de Dieu aussi bien que ceux de la conscience et de la liberté. Quelques-uns les en blâmèrent. D'autres prétendirent que s'ils ne formulaient pas la demande en autorisation, c'est qu'ils avaient la certitude qu'elle était rejetée d'avance. Pour eux, se flattant d'être beaucoup plus populaires, ils ne doutaient point que leur demande en autorisation ne passât « *comme une lettre à la poste* [1] ». Les uns et les autres ne tardèrent pas à reconnaître qu'ils avaient eu beaucoup de naïveté en croyant à la loyauté de leurs ennemis.

En tout cas, des mesures furent aussitôt prises par les

—————

1. Textuel.

divers Supérieurs de la Compagnie, afin de sauver tout ce qui pouvait être sauvé. Un bon nombre de religieux partirent pour les missions; les autres se dispersèrent. Les noviciats et les Maisons d'études durent chercher un refuge à l'étranger, et demander à l'exil la liberté qu'on leur refusait sur le sol de la Patrie.

Vue du collège de Canterbéry.

XXXV

L'EXIL. — PROCHAIN DÉPART. — SINGULIÈRE
PHOTOGRAPHIE.

Qu'allait devenir le P. Joyard? Appartenant de plein droit
à la Résidence de Lyon, il aurait pu prendre avec lui un de
ses amis, et, à défaut de la vie de communauté, vivre avec
lui sous un régime familial et tout fraternel. Son ministère
si actif, ses vertus et son expérience, le besoin qu'avaient
de sa direction un grand nombre d'âmes, l'influence et le
crédit dont il jouissait dans tous les milieux, les instances
pressantes de l'amitié, tout semblait devoir le retenir à
Lyon. Il ne tenait qu'à lui d'y rester. Et pourtant il préféra
prendre le chemin de l'exil. Pourquoi? Laissons-le parler
lui-même. Les raisons qui le déterminèrent à franchir la
Manche, en même temps que les étudiants de théologie,
précédemment installés à Fourvière, il les consigna dans
son cahier de retraite, au mois de décembre 1901.

— « J'ai désiré être envoyé à Cantorbéry. Mon intention
principale a été de pouvoir vivre en communauté, d'échapper aux inconvénients et aux dangers de la dispersion. Il
me semble avoir agi par un motif avant tout surnaturel. J'ai
voulu ensuite être de quelque utilité à mes jeunes frères, au
point de vue de la prédication, continuer et élargir, dans
la mesure du possible, le bien que j'ai pu faire au *biennium*.

Enfin, j'ai vu dans cette vie tranquille, presque claustrale,
un moyen d'établir mon âme dans *une union plus intime
avec Dieu*, de développer en elle des aptitudes pour la vie
contemplative, entrevues en moi avec grande joie intérieure,
dans certaines circonstances heureuses de ma pauvre existence!... Dieu ne pouvait, il me semble, me faire une meilleure situation pour que je puisse doucement me préparer
au dernier et grand voyage! »

Quelques semaines avant le départ, il écrit :

— « Oui ! je me prépare à quitter la France. Dans un mois,
j'aurai passé la Manche et une vie nouvelle commencera pour
moi. Bien que la part qui m'est faite par l'obéissance soit tout
ce que je pouvais désirer de mieux, je n'en suis pas moins profondément triste. Je me suis fait depuis longtemps un pessimisme, non de tempérament mais de raison. J'espérais avec
une sorte de volupté inavouée que les événements me don-
neraient tort, et que je jouirais du mal qui n'aurait pas été
fait. Hélas! mes plus sombres prévisions ont eu des clair-
voyances prophétiques. J'ai l'âme écrasée sous un poids de
tristesse... et croyez bien que mon départ pour l'Angleterre
n'est pour rien dans cet état. J'ai la sensation de voir mourir tout ce que j'aime. D'autres, moins vieux, assisteront à
la résurrection; ils en verront poindre l'aurore. Mais pour
moi, c'est fini. Croyez que ce sera long. »

Dans toutes ses lettres c'est la même note : — « En temps
ordinaire je serais plutôt content de mon sort, puisque j'aurai la vie de communauté à laquelle je tiens par-dessus
tout. Mais ma pauvre chère Compagnie que je ne verrai
pas renaître; mais notre malheureuse France menée si
rapidement à sa perte par ceux qui la gouvernent, mais
quelques bonnes âmes auxquelles je suis très attaché et qui
croient que je leur suis très utile, tout cela entretient au

fond de mon âme une douleur intime dont rien ne réussit à me distraire!... Il faut monter, monter bien haut, pour trouver lumière, sérénité, espérance! Dieu sait tout, voit tout et il est infiniment sage, puissant et bon. J'adore, je me confie quand même et je tâche d'aimer Notre-Seigneur davantage. Et puis il y a des douleurs dont on ne voudrait pas être consolé tant on sent qu'elles rapprochent de Dieu! »

Les deux derniers mois qui précédèrent le départ pour l'Angleterre, le P. Joyard les employa à donner toute une série de retraites. Il commença par Veyrier-sous-Salève, chez les Fidèles Compagnes de Jésus, qu'il évangélisait presque chaque année et où sa mémoire est demeurée en bénédiction. D'autres communautés où il était connu depuis longtemps, les Anglais, la Ferrandière, Saint-Joseph de Bourg, Saint-Joseph de Lyon, eurent de nouveau la joie d'entendre sa parole toujours si goûtée et si appréciée. Il termina en plein Dauphiné, à Corenc, chez les Religieuses de la Providence. Du haut de cette terrasse d'où tant de fois il avait savouré les splendeurs d'un panorama peut-être unique au monde, il jeta un dernier regard sur Grenoble, la ville qui lui rappelait tant de souvenirs. Il ne fit que la traverser, au retour, sans vouloir s'y arrêter...

Ici se place un petit incident que nous notons, à seule fin de montrer, qu'au milieu de ses graves préoccupations, le bon Père n'avait pourtant rien perdu de son agréable humour. Une personne âgée lui avait demandé sa photographie

— « Il y a trente-sept ans, lui répondit-il, que je n'ai pas été photographié, sinon dans un groupe où je devais nécessairement figurer. Donc je ne vous ferai pas le petit cadeau en question. Vous avouerai-je que j'en éprouve un bien médiocre regret? » — Un peu plus tard cependant, il consentit à se laisser photographier.

La lettre suivante nous dira comment, alors, on imagina de suppléer à l'absence de photographie.

— « Figurez-vous que deux personnes de Lyon prétendent avoir mon portrait entre les mains, et un portrait d'une ressemblance extraordinaire. Elles l'ont tiré d'un calendrier-réclame pour les eaux de Vittel : c'est la photographie d'un bonhomme qui s'en va guéri... qu'elles ont glissée dans un cadre rouge... Me voyez-vous là? Je suis plus mal que cette caricature, mais je n'ai pas au moins cet air bête et satisfait. Jetez cette horreur au feu... Je n'entends pas que vous montriez aux uns et aux autres ce prétendu portrait, en leur disant: — « N'est-ce pas que ça ressemble bien à notre oncle Henri? »

— « Après cela, je peux me faire illusion. Nul ne sait ici-bas la figure qu'il fait, et peut-être cette horreur me ressemble-t-elle effroyablement. C'est l'air bête et satisfait qui m'ennuie le plus... Allons, riez comme des folles et moquez-vous du *pauvre bon oncle.* »

Ce fut vers la fin de septembre que le P. Joyard s'embarqua pour l'Angleterre.

— « Ma traversée a été excellente, écrivit-il aussitôt. Sur mer — j'ai traversé dix fois la Méditerranée — je redoute plus l'ennui que l'incommodité du mal. Comme la traversée de Boulogne ne dure guère qu'une heure et demie, et que j'avais l'âme bien prise par des pensées absorbantes, je n'ai pas même souffert l'ennui. Je me porte à ravir. Tout est parfait. Ma tête elle-même est en bon état ou du moins telle que je la porte depuis bien longtemps. Je suis de plus en plus convaincu que j'ai bien fait de tendre la main à la divine Providence et que les vrais exilés sont ceux qui sont restés en France. Sans doute, j'aurais pu, si je l'avais voulu demeurer à Lyon et m'utiliser dans quelques ministères. Mais ici, j'ai le bonheur d'échapper à la vie d'isolement. Je suis dans une communauté nombreuse et fervente. La Providence m'a gâté en m'envoyant à Cantorbéry. Si je pouvais ne plus penser à tout ce qui se fait là-bas, contre Dieu et contre les âmes, je me trouverais heureux, autant que peut l'être ici-bas un pauvre homme tel que moi.

«... Je suis à peu près installé, et dès demain, ma chambre sera ouverte à mes étudiants en théologie. Ils seront 87. La maison est un vieux château en briques qui fut vendue en 1880, au P. du Lac, par Mlle Hales, dernière héritière d'une grande famille catholique d'Angleterre. A ce vieux château destiné à servir de collège, on a ajouté deux ailes ou plutôt deux corps de bâtiment dans le même style, c'est-à-dire sans aucun style. Somme toute, cet ensemble n'est pas désagréable. Par devant s'étendent des prairies plantées d'arbres superbes, et l'on a une très belle vue sur la ville dominée par sa magnifique cathédrale, où, hélas ! n'habite plus le Dieu de la Sainte-Eucharistie. Sur les deux côtés et par derrière, s'étend une vraie forêt de haute futaie, avec un réseau de petits sentiers perdus au milieu des bois, des allées ombreuses, fraîches, recueillies. Une de ces allées est ombragée de cèdres majestueux, dont quelques-uns portent leur cime plus haut que des flèches d'église et, mesurent plus de 7 mètres de tour à la base...

« Dans la paix que nous goûtons, au milieu de ces bons jeunes gens, au sein d'une communauté fort régulière et fort charitable, on se demande si les affreuses choses qui se font tous les jours en France, ne sont pas le rêve d'un homme en délire, un infernal cauchemar. Et cependant ce n'est que trop vrai ! Les ruines s'amoncèlent sur des ruines et nul ne peut dire quand ce qui commence finira.

— « L'exil en lui-même n'est pas dur, écrit-il encore. Nous sommes ici comme une parcelle de France transportée en Angleterre ; et comme je sors très rarement, je pourrais presque oublier que je suis loin de mon pays. De plus, ma surdité me rend si difficiles les travaux du ministère, que je ne regrette pas trop d'avoir à faire une besogne fort utile, et qui me fait moins sentir les amoindrissements dus à mon infirmité. D'autre part, je suis accablé de tristesse... mais la tribune est là, à deux pas de ma chambre. J'ai la ressource d'y aller aussi souvent que je veux... et là je me plonge dans les grands attributs de Dieu, avec confiance, humilité, amour. Je serais bien ingrat si je n'avouais que, dans mon petit coin, je puis par intervalle goûter encore des heures bien douces. »

Après la tribune et son travail, ce que le P. Joyard aime le plus à Cantorbéry, c'est la promenade à travers ce grand parc d'une étendue de 50 hectares. Lorsque le temps est beau, on le voit s'enfoncer sous les voûtes de verdure, un grand bâton à la main. Le long des sentiers qui s'entre-croisent comme les mailles d'un filet, il rencontre presque à chaque pas une de ces petites scènes qu'il excelle à décrire. C'est un rouge-gorge qui vient en sautillant quêter une miette de pain ; c'est un lapin qui passe comme un trait, la queue en l'air, et disparaît au fond d'un terrier creusé entre les racines d'un chêne géant ; ce sont des grives et des merles qui piquent vivement le gazon, pour en extraire les vers dont ils nourrissent leurs petits ; tandis que le promeneur, rencontrant sur son chemin un fauteuil champêtre, s'y assied pour réciter l'office ou le chapelet, au-dessus de sa tête un écureuil perché dans les branches, épluche consciencieusement une pomme de pin, dont les pellicules tombent, une à une, sur les pages du bréviaire.

— « Notre parc est archi-peuplé de bêtes, écrit-il ; malheureusement il y en a trop. On a compté cent cinquante nids de corbeaux dans nos grands arbres. Ils deviennent pour nous et le voisinage un véritable fléau ; avec leur énorme bec ils déterrent les semences de haricots, de fèves, de pois, dès qu'elles commencent à gonfler et à s'amollir. Notre position ne nous permet pas de nourrir trois cents corbeaux et leur postérité, d'autant que ces bêtes vivent fort longtemps. Nous avons aussi toute une armée de lapins qui ravagent les potagers. On s'est décidé à faire la guerre à tout ce monde-là. Seuls les rouges-gorges, les mésanges et autres oiseaux insectivores sont ménagés : tout le reste doit être non pas anéanti, c'est impossible, mais diminué ou chassé de nos alentours. Je le regrette parce que j'aime les bêtes. Si elles ont des instincts qui nous déplaisent, elles sont cependant ce que Dieu les a faites.

« J'aime, entre tous nos animaux, une très vieille ânesse, à l'air doux, au poil gris. Elle est très gourmande et pourvue d'un robuste appétit. Nos bons scolastiques qui, pour se distraire, s'occupent du parc et du jardin, utilisent en la ménageant la pauvre bourrique. Quel âge a-t-elle? on ne sait. Elle était vieille déjà, très vieille quand la maison fut achetée par le P. du Lac. On dirait qu'elle a conscience de son droit d'ancienneté, car elle va un peu partout à sa guise, à la porte de la cuisine plus volontiers qu'ailleurs. Trouvet-elle un panier de pommes sur son chemin ou des salades, elle s'en régale sans scrupule, au grand désespoir du frère dépensier. Si on charge un peu trop sa petite charrette, on a beau crier hue! hue donc! elle reste immobile au milieu des brancards. Elle fait semblant de ne pouvoir tirer et laisse le scolastique pousser à la roue, tant qu'il peut. C'est une bête admirable! J'ai un faible pour elle, au risque d'encourager ses défauts. »

XXXVI

ÉCHOS DE CANTORBÉRY.

Une longue lettre que le P. Joyard écrivit à un ami de Lyon, qu'il tutoyait et appelait son neveu, va nous donner quelques détails intéressants sur sa vie à Cantorbéry. Le style un peu conventionnel, sera aisément compris.

« Janvier 1902.

— « Mon cher neveu, ta lettre m'a fait grand plaisir, parce qu'elle vient de toi et que tu me donnes pas mal de nouvelles des anciens. Je te remercie des almanachs qu'elle m'annonce et qui sont arrivés. Ils sont en ce moment chez le cousin Stéphane, qui est enrhumé et obligé de garder la chambre.

« Je ne suis point surpris des brillants succès de ton voisin Ant. Estmelius (ce nom un peu étrange, est bien trouvé, quand on sait le traduire), mais fort peiné d'appprendre ses démêlés avec la justice.

« Je vois avec plaisir que tu ne chômes guère ; aussi, ne sachant où t'envoyer ma lettre, je la fais passer par les mains de ton ancien patron qui, peut-être, saura te trouver.

« Ici rien de nouveau. Tous ont beaucoup de travail. Les

jours se suivent et se ressemblent. Je pourrais être plus occupé ; mais, comme tu le sais, je suis paresseux et moins j'ai à faire, plus je suis content. Tu verras plus bas l'emploi de ma journée. Du reste je suis en train de m'ouvrir des débouchés importants en Égypte, en Syrie, en Arménie, en Australie, sans parler d'une bonne clientèle en France. Je pourrai donc facilement écouler mon stock. Il faudra probablement que je fabrique du nouveau, si je ne me retire pas des affaires. Je n'y songe pas pour le moment ; mais tu me connais assez pour savoir qu'il m'arrive de changer d'avis.

« Tu me parles de lune de miel... — Non ! non ! il n'y a pas pour moi la moindre lueur tombant de cette planète. Je suis meurtri par mes derniers malheurs, dont tu as eu ta part. Et qui sait si ces malheurs ne s'aggraveront pas ? Rien ne pourrait m'attrister plus profondément. *Et puis la maladie d'une mère, et une maladie comme celle dont souffre la mienne, ne peut laisser à son fils ni calme, ni possibilité de bonheur.* Je sais bien que cette maladie n'est pas de celles dont on meurt, mais si elle se prolongeait — Et les plus habiles docteurs ne peuvent assigner aucune limite au mal — la vie de ma mère en deviendrait si languissante, si précaire, que je ne pourrais plus avoir aucune joie.

« Je vais maintenant te mettre un peu au courant de mon installation et de mes travaux dans ce pays. J'ai loué une petite chambre (3^m,82 $\times$ 3^m,89 $\times$ 2^m,76) dans une grande, grande maison en briques. Cette maison est plutôt une série de maisons juxtaposées et reliées entre elles par une quantité d'escaliers et de corridors couverts. Je suis tout à fait à l'extrémité, sans voisins durant le jour. Je n'ai qu'une seule fenêtre fermant à guillotine : ma chambre est pauvre d'aspect et encore plus de mobilier, mais j'aime l'économie et je m'y plais. Quand les clients viennent à mon très modeste bureau, je peux parler, discuter sans déranger personne. Devant la maison, il y a de belles prairies descendant vers la ville et coupées d'arbres superbes. Tout autour s'étend un parc, un des plus anciens de l'Angleterre, avec une vraie petite forêt. Dans cette forêt il y a beaucoup de bêtes, et toi qui fus jadis, je crois, un grand dénicheur d'oiseaux, tu nous rendrais joliment service si tu pouvais détruire les 150 nids de corbeaux que l'on a comptés sur nos cèdres, nos chênes et nos sapins. Ces arbres sont très élevés je n'en ai jamais vu d'aussi hauts. Mais si tu t'avisais d'y grimper, il pourrait bien t'arriver malheur. Tu risquerais fort de te rompre la tête !

« La maison et la propriété sont régies par un brave homme d'une quarantaine d'années, que l'on appelle *Dom* Veyrat, je ne sais trop pourquoi ; peut-être parce que cette maison a quelques traits de ressemblance avec les anciennes abbayes. Cet excellent homme, qui était jadis régisseur d'un grand domaine dans la Drôme, est, paraît-il, fort entendu en matière d'agriculture et d'exploitation. Aussi les bêtes à cornes et les porcs se multiplient à la ferme. Outre une douzaine de vaches laitières, il y a au moins quatorze bœufs. Quatre sont dressés au joug et au labourage — maître Veyrat les élève habilement. — Les autres sont engraissés et vendus. Les veaux d'avenir ne sont ni vendus ni mangés. On en fera des vaches laitières ou des bœufs de labour. Les porcs sont achetés tout petits et plus tard, vendus ou mangés sur place. Tout cela m'intéresse quelque peu, parce que j'aime tout ce qui m'attache à la vie des champs.

« Quand le beau temps viendra, j'irai quelquefois à la

ferme. Pour le moment, je n'y vais pas. Il faudrait nécessairement s'enfoncer dans la boue et la boue de ce pays est d'une ténacité désespérante... et, toujours par mesure d'économie, pas d'autre brosseur que moi-même !

« Voici un petit aperçu de mon travail : J'ai un grand nombre d'apprentis, au juste quatre-vingt-cinq ; mais tous ne sont pas également occupés. Tous m'apportent leurs *pièces* que je tiens à revoir soigneusement en détail, et cela me prend, d'ordinaire, d'une demi-heure à une heure. Puis ce sont des causeries, en tête-à-tête, avec chacun de mes jeunes ouvriers. Je leur fais mes observations ; parfois on les discute : il y a des transformations, des remaniements et aussi, ce que j'appelle des *transfusions*. Tout cela me prend beaucoup de temps. Ainsi hier, je n'ai pu voir que deux jeunes gens de 8 à 10 $^1/_2$, et trois seulement dans la soirée.

« Je vois souvent les principaux locataires de la maison. Ils ne sont pas fiers et, quoique je sois mal logé, ils sont bons enfants avec moi. Adieu, mon vieux camarade ! Je ne t'oublierai jamais et je t'embrasse de tout mon cœur.

« H. J. »

Post-Scriptum.

« Toute réflexion faite, je t'envoie directement ma lettre. Si elle s'égare, tu croiras que je ne t'ai pas répondu, mais ce ne sera pas autrement malheureux. Il y a un bon mois que je n'ai pas vu l'ânesse. Je lui ferai tes commissions. Je songe à lui acheter de rencontre un vieux harnais armorié, dont elle sera sans doute très fière. Encore un mot : — *Je ne regrette pas d'avoir liquidé ma situation commerciale à Lyon*. Je referais, cent fois sur cent, ce que j'ai fait en voulant venir m'établir ici. Je me félicite chaque jour davantage d'avoir tendu la main à la Providence, et je la remercie de l'avoir saisie et de m'avoir conduit au port. Dis-le bien à nos amis. Ce n'est pas à dire que je sois en *ut majeur* et que le fond de l'âme ne soit pas sous un lourd poids de tristesse. Le Français, le Chrétien, le Religieux, le Jésuite souffrent en moi!.. Adieu, mon cher André, que Dieu ait pitié de nous. Dans l'oraison des vêpres de jeudi nous lisions : *ut congregata restaures, restaurata conserves.* « C'est de circonstance! »

A la mère d'un officier, qui venait de donner sa démission, il écrivait, à cette même date :

— « Je comprends votre fils. Je ne puis le blâmer, mais il est toujours triste de voir un homme de cette valeur renoncer à sa carrière. Il est vrai que par le temps qui court, étant ce qu'il est, il ne pourrait espérer être nommé commandant. Oh! que tout va mal. Il semble qu'ils aient fait la sacrilège gageure de perdre la France, un pays catholique, qui par la force des choses, et la destruction de l'enseignement chrétien, deviendra un pays athée, un pays sans justice, sans armée unie et forte, sans finances et sans hommes pour donner chaque année un contingent suffisant de recrues. Personnellement je suis très tranquille. Mais il est bien clair que cette transplantation en Angleterre, à mon âge, ne va pas sans un vif regret des personnes et des choses. Ma vie retirée, obscure, suffisamment occupée me plaît. Mais que j'ai l'âme triste de toutes les douleurs que me causent tant d'infamies continentales, anti-chrétiennes, anti-patriotiques! »

La tristesse, note dominante dans son âme; tristesse qui deviendra peu à peu, jusqu'au dernier jour, une sorte de martyre!

Pourtant celui fut une très douce consolation de revenir,

par trois fois, en France pour y donner jusqu'à huit retraites
consécutives en diverses communautés. En 1902, son retour
qui coïncidait avec sa cinquantième année de vie religieuse,
donna lieu à des fêtes bien touchantes, dans plusieurs maisons religieuses, en particulier chez les sœurs de Saint-Joseph de Lyon, de Bourg, de Clermont où, depuis plus de
vingt-cinq ans, il venait périodiquement prêcher les saints
exercices des retraites annuelles, sans jamais s'user, ni
lasser. On fit tout à la fois les noces d'argent du prédicateur et les noces d'or du religieux. Il en fut partout touché
jusqu'aux larmes, et revenu à Cantorbéry il écrivait :
« Ces petites séances m'ont beaucoup ému. Elles ont mis
dans mon âme un souvenir souriant qui me revient souvent
au milieu de mes tristesses ! »

« Cantorbéry, 8 novembre 1902.

« Rien de nouveau dans ma vie. Elle a quelque chose de
carthusien qui me plaît. Je suis de plus en plus casanier.
J'ai la joie de pouvoir rendre quelques services à mes jeunes
frères. C'est aussi ma seule occupation. Je ne prêche pas,
je ne confesse pas. Je ne reçois aucune visite. L'année dernière j'ai fait quelques ministères à Londres. Cette année,
on les confie à de jeunes Pères qui travaillant exclusivement
la prédication, ont avantage et agrément à s'exercer. Je
peux donc sans remords m'enfoncer dans une obscurité
que j'aime et qui m'est salutaire. Je vis très paisible dans
mon coin, heureux d'avoir Notre-Seigneur pour mon plus
proche voisin. Donc, *all right* sous ce rapport ! Mais il y a,
là-bas, bien des parents et des connaissances qui ont tenu
trop de place dans ma vie pour que je les oublie, et par-
dessus tout, les circonstances qui ont motivé mon départ

sont trop lamentables pour notre pauvre et *doulce France!* Il y a donc sur toute l'âme une lourde et épaisse couche de tristesse qui ne me permet pas de goûter mon bonheur. Or un homme qui ne jouit pas de son bonheur, n'est pas heureux. Donc... Cependant je crois fermement que partout ailleurs je le serais beaucoup moins. »

XXXVII

LES NOCES D'OR DE CANTORBÉRY.

En 1902 le P. Joyard écrivait :

— « Le bon vieux F. Girard, qui dînait à côté de moi, il y aura bientôt cinquante ans, la première fois que j'ai célébré la fête de saint Ignace dans la Compagnie, a bouclé sa 50ᵉ, jeudi dernier. La jeunesse lui a offert une séance ravissante : mon vieux connovice en pleurait d'émotion et de bonheur. Bientôt ce sera mon tour. J'espérais échapper à cette fête qui est toujours le prologue des drames de la mort. Ici, ce sera bien difficile. Étant absent pour le 15 août, la fête a été renvoyée. Si j'opposais un veto absolu, je priverais la jeunesse de quelques agréments. Je me laisserai donc exécuter, sans enthousiasme, bien entendu. »

L'exécution du P. Joyard, et d'un autre jubilaire, le P. Berne, longtemps procureur de Mongré, fut fixée au 11 novembre, fête de saint Martin. Voici pourquoi. C'est que pendant son dernier séjour en France, le cher Père, désireux d'échapper aux indiscrétions de la poste, avait imaginé de dissimuler son nom et sa qualité sous le titre légèrement pompeux de M. le chanoine Martin...

Rien ne manqua de ce qui pouvait donner, à cette fête de famille, un caractère de tendre et respectueuse affection et aussi d'aimable gaieté. En prose et en vers, les deux jubilaires furent célébrés copieusement. On mit surtout en relief les mérites du Pseudo-Chanoine, ses succès et son dévouement à tous les bons *scos*, sans oublier son amour et ses libéralités pour les bêtes, en particulier pour l'ânesse, la vénérable douairière de la prairie. Celle-ci fut même admise à présenter ses compliments, au moment du café. En son nom un aimable scolastique lut trois sonnets venus de France, conservés par le bon Père et que nous reproduisons ici :

Portrait de l'ânesse.

— « Elle est mignonne encor, malgré son âge.
Son œil est vif ; son port noble, hardi ;
Sa croupe est fine et brillant son pelage ;
Son ventre seul est un peu rebondi.

Quand elle sort, précédant au pacage,
La gent bovine au long pas alourdi,
Souvent l'on voit un grave personnage
La contempler d'un regard attendri.

S'il faut en croire l'Écriture,
Du vieux Balaam la monture,
A son maître, jadis, tint un propos aigri.

L'ânesse de Canterbury.
Possède une voix un peu dure ;
C'est pour crier plus fort : « je t'aime, Henri ! »

Sa tristesse.

— « Plus de chansons aux bois, mornes, silencieux,
Depuis le jour fatal, jour de sombre tristesse,
Où le « Cher Oncle » a fui vers les grands pays bleus,
Emportant son trésor d'humour et d'allégresse.

L'ânesse va pleurant tous les pleurs de ses yeux...
Pain bis et massepain, sucrerie et caresse,
Comme chardons fanés lui semblent odieux :
Bel exemple pour vous, ô volage jeunesse !

Un jour pourtant Robert, un rusé scolastique,
A l'oreille penché de la triste bourrique,
D'un mot fit éclater trois superbes Hi-han !

— « Il reviendra, ma vieille, avec lourde escarcelle.
« Au lieu de t'atteler avec de la ficelle,
« Lors nous mettrons tout neufs des harnais sur ton flanc. »

Les vœux de l'ânesse.

Un vieux docteur m'a dit : — « La France catholique,
Par la Vierge Marie et par le Sacré-Cœur,
Brisant l'odieux joug du Pouvoir maçonnique,
Avec sa liberté reprendra sa grandeur ! —

Alors, tout dévorés du zèle apostolique,
Les disciples d'Henri, dans le champ du Seigneur,
Iront jeter partout la flamme évangélique,
Et partout triompher du vice et de l'erreur.

Quand elle sonnera cette heure fortunée,
Plus de douleur pour eux, mais pour moi le désert !
Que mon sort loin d'Henri va me paraître amer.

Pourtant je serais prête à vivre abandonnée,
Sans nul autre bonheur que son cher souvenir,
Si, par là, je pouvais voir son exil finir !

Le cher Jubilaire se laissa « exécuter » de fort bonne grâce comme il l'avait promis ; et ce fut, avec un sentiment de reconnaissance très émue qu'il remercia, en son nom et au nom de son compagnon de *cinquantaine,* la jeunesse de Cantorbéry et tous ceux qui, de près ou de loin, s'associaient à cette fête *un peu mélancolique !* Il eut en parlant de la Compagnie de Jésus des accents d'une humilité si profonde et si vraie, d'un amour si tendre et si filial, raconte un témoin, que tous en furent édifiés et beaucoup touchés jusqu'aux larmes.

XXXVIII

UN BREVET DE VIEILLESSE. — DÉCÈS DU CHANOINE MARTIN. — LES PAUVRES. — LE CIMETIÈRE DE CANTORBÉRY. — L'HOMME SURNATUREL.

Dans une de ses lettres nous trouvons cet écho des fêtes jubilaires de Cantorbéry.

— « On vient de me donner solennellement un *brevet de vieillesse*. Je suis maintenant un vieux très authentique, un vieux professionnel. Si c'était un métier d'être vieux, je devrais payer patente. Heureusement on est vieux pour rien ; c'est plus économique. Eh bien ! ce n'est pas drôle de porter cinquante ans de vie religieuse et d'être ce que je suis. De grâce, ne me chantez pas mes louanges. Vous êtes dans le faux quand vous dites du mal de vous, et dans l'archifaux quand vous me dites du bien de moi.

« Autre nouvelle. Je vous annonce, que le chanoine Martin est mort, bien mort et enterré. Il n'est déjà plus question de lui. Malheureusement, ce digne homme m'a institué son légataire universel. J'aurais bien voulu pouvoir refuser cette succession, grevée d'hypothèques et de charges onéreuses. Mais les rapports si étroits que j'ai eus avec lui me mettent dans la nécessité d'accepter, et même sans bénéfice d'inventaire ! Je n'en sortirai pas. Si vous saviez comme tout cela est embrouillé et puis des dettes ! des dettes… Je

Le P. Joyard, *gaillard breveté!*

vais être condamné à mener une vie de misère. Oh! le bel héritage! »

A cette même époque, il écrit à une *nièce* de l'ex-chanoine Martin :

— « Je suis très mécontent! Si j'avais voulu que vous sachiez que j'avais besoin d'un peu d'argent pour une bonne œuvre, je vous l'aurais écrit, bien sûr que vous auriez répondu très généreusement à mon appel. Mais comme j'ai abusé de votre bourse et de votre bonté, pour mes *chers malheureux*, vous étiez une des dernières personnes à qui je voulais m'adresser dans le cas présent. Il a fallu que A... avec les meilleures intentions du monde vous mît au courant et vous m'envoyez une grosse aumône... c'est très mal. Tout cela ne m'empêche pas d'être fort reconnaissant. Et si je vous dis ma gratitude en grognant, c'est que je suis confus de votre générosité et de mon indiscrétion. J'écrirai à A... et elle aura son compte. »

Veut-on savoir jusqu'à quel point au milieu de son exil, il se préoccupait des pauvres qu'il avait l'habitude de secourir? Qu'on lise ces lignes extraites de son journal de retraites :

— « Quatrième jour. J'ai l'âme attristée et embrouillée. J'ai un bon feu et du charbon autant qu'il m'en faut... et je pense à ceux qui ont faim et qui ont froid. Je pense surtout à une pauvre malheureuse, bien peu intéressante, qui aurait pu abriter ses misères depuis longtemps, qui a été sottement obstinée, qui a passé par deux cents maisons, au moins, sans jamais inspirer un véritable intérêt. Lui envoyer un secours, c'est ouvrir une porte qui ne se fermera plus. J'ai écrit à son curé. Où en est-elle au juste?...

« En attendant, le refus silencieux, de lui venir en aide, refus raisonnable, motivé, que tout le monde, je crois, opposerait à des demandes auxquelles je réponds depuis plus de trente-cinq ans, ce refus m'a fait une blessure dont le sentiment est devenu une vraie obsession. Je crois que le démon se sert de tout pour me troubler... *si elle revient à la charge, je parlerai à mon Supérieur !* »

En dépit de ses tristesses et de son pessimisme, son cœur ne pouvait oublier ceux qu'il savait dans la souffrance :

— « Si vous rencontrez votre compatriote B..., écrit-il, priez-le de me communiquer ce qu'il sait des derniers jours d'une malheureuse demeurant montée Saint-Laurent. A mon dernier voyage en France, je suis allé la voir et je l'ai quittée navré. Par certains côtés, c'était une vraie sainte. Elle a été toute sa vie victime de sa bonté. Dans ces derniers temps, pour calmer ses douleurs elle abusait de l'éther. Je crains que sa mort n'en ait été avancée ! »

Il semble qu'à partir de son jubilé, le P. Joyard ait eu le pressentiment de sa mort prochaine :

— « C'est curieux, écrit-il à un de ses amis de Lyon, comme la soi-disant fête de la cinquantaine m'a donné la sensation de la vieillesse. Et pourtant elle ne me charge pas d'un jour de plus. C'est comme cela. Je suis un vieillard n'attendant plus rien de la terre, et portant le fardeau de cinquante ans de vie religieuse qui auraient pu être autrement employés. *Je m'habitue tout doucement à mourir ici !* Je vais souvent au cimetière prier pour ceux qui y reposent, espérant qu'on me rendra un jour le même service. Le cimetière est dans le parc et n'a rien de lugubre. J'y serai en assez nombreuse compagnie. Je l'aime, ce petit cimetière bien ombragé, bien tranquille, avec sa chapelle où l'on vient dire quelquefois la messe pour les morts. N'est-ce pas là que je serai un jour déposé ? Quand nos Pères et nos Frères auront regagné la France, ma modeste tombe sera oubliée, abandonnée, mais Dieu est l'Éternel Vivant. Après tout, que m'importe que mes os reposent ici ou ailleurs, pourvu que je trouve grâce et miséricorde au tribunal de Dieu. Je crois que les âmes qui me veulent du bien penseront à moi, dans leurs prières, bien qu'elles ne puissent venir s'agenouiller sur ma tombe. L'essentiel est de se préparer pour *l'au-delà de la mort*. Alors tout pour nous dépendra de Dieu et ce que Dieu fera sera bien fait ! »

Le vénéré Jubilaire n'avait pas attendu le glas de la cinquantaine pour y penser sérieusement. Peu d'hommes ont été aussi vivement que lui saisis de la pensée habituelle de la mort. Il était, par-dessus tout, frappé de ce qu'elle met de *définitif* et *d'irréparable* dans la destinée de l'homme. Impossible de l'entendre développer cet ordre d'idées sans en frémir d'émotion. C'est que lui-même depuis longtemps s'était fixé la sainte pratique de vivre, *un jour par semaine, en face de la tombe*, comme si ce jour dût être le dernier.

Arrêtons-nous un instant à considérer la vie intérieure du bon Père, nous serons édifiés de son travail et de ses efforts en vue d'acquérir la perfection d'un bon religieux.

Elle était plus exacte que neuve cette populaire définition du P. Joyard, donnée par un vieux Frère Coadjuteur de la Résidence de Grenoble : « vif comme la poudre ; bon comme le pain, loyal comme l'or ! » Un jour que le vieux Frère servait le café : — « Frère, lui dit le Père brusquement : — « votre café a bouilli ». — « Non, mon Révérend Père ! » — « Il a bouilli. » — « Mais non, je vous assure. » — « Je vous dis qu'il a bouilli ! » — Le Frère se tut, mais en s'éloignant il laissa échapper une boutade peu respectueuse, que le P. Joyard ne comprit pas. Mis en éveil par les sourires que cette réplique avait provoqués autour de lui, le Père Supérieur, la récréation finie, fit appeler chez lui le bon Frère. Interrogé ce dernier confessa ingénument sa faute: — « J'ai dit : Ce n'est pas le café qui a bouilli, c'est sa tête qui bout. » — Il s'attendait à une rude semonce. Pas du tout.

— « Mon cher Frère, le P. Joyard reconnaît que vous avez dit la vérité ; sa pauvre tête est souvent en ébullition. Merci de me l'avoir rappelé. Mais le Père Supérieur doit vous punir de lui avoir manqué de respect en public. Vous irez à la chapelle dire un *Pater* et un *Ave*, pour m'obtenir à moi la grâce d'être plus patient, et à vous, celle d'être plus respectueux. »

Un jour qu'il prêchait à la rue Boissac une retraite aux Enfants de Marie, il lui arriva d'être en retard de quelques minutes. Vexé d'avoir fait attendre, il voulut s'excuser prétendant que ce n'était pas sa faute, mais la faute des horloges de la maison qui étaient fort mal réglées. Le sermon achevé, le P. Joyard, qui avait sur la conscience la petite scène du début, se retourne soudain vers l'auditoire : — « Mesdames, dit-il, en scandant chacun de ses mots, j'ai commis tout à l'heure une mauvaise action doublée d'une injustice ; je tiens à la réparer. Les horloges de la maison marchent fort bien. C'est moi qui ait tort. Si je suis arrivé en retard tout à l'heure, c'est ma faute. Je vous en demande pardon ! »

Nul doute que les inférieurs du P. Joyard n'aient eu parfois à souffrir de ses premiers mouvements de sa vivacité et de ses brusqueries. Il est non moins certain que personne n'en a souffert autant, ne les a regrettés plus vivement que lui. Que de fois on l'a vu, au moment de l'examen, sortir de sa chambre pour aller humblement, au risque d'être parfois mal accueilli, se jeter aux genoux de ceux auxquels il croyait avoir fait de la peine ou parlé trop durement.

Quant à la charité du P. Joyard envers les absents, elle était proverbiale. Il savait les défendre avec beaucoup d'à propos et d'esprit, sans exagérer ni jamais se poser en avocat d'office. Critiquait-on devant lui les façons un peu trop solennelles de je ne sais plus quel ecclésiastique : — « Grattez légèrement, disait aussitôt le P. Joyard, sous ce vernis de majesté vous trouverez un excellent homme et même un bon garçon. »

Invité à prêcher un triduum de rénovation dans une importante communauté religieuse du Midi, le P. Joyard fut averti par ses confrères qu'il était inutile de s'adresser à l'Ordinaire pour obtenir le pouvoir d'entendre les confessions. L'Ordinaire avait pour principe, de n'accorder ce pouvoir, qu'au seul religieux qui était le confesseur extraordinaire de la communauté.

— « J'irai moi-même demander les pouvoirs et vous verrez que je les obtiendrai. Vous ne savez pas vous y prendre, etc., etc. Cet homme n'est point aussi intransigeant que vous le prétendez : je le connais ; j'ai prêché devant lui. Il ne peut pas me refuser ! » — Mais rien n'y fit. Il n'obtint que cette réponse : — « Si je pouvais faire une exception, mon Père, je la ferais pour vous, mais c'est impossible : je ne veux pas créer un précédent fâcheux. » — Il revint contrarié et tout penaud. Et ce fut à qui le féliciterait ironiquement du succès de sa démarche. — « Eh bien ! dit le P. Joyard, le mal n'est pas si grand. L'archevêque est plus charitable que vous ; il a eu pitié de mes mauvaises oreilles. Ces bonnes religieuses n'ont que des péchés véniels sur la conscience ; je leur apprendrai à faire un bon acte de contrition, et s'il en est qui aient besoin de mes conseils, le parloir est là. Je les entendrai beaucoup mieux qu'au confessionnal! »

Profondément respectueux vis-à-vis des Évêques et du Clergé, le P. Joyard professait à l'égard de ses Supérieurs une soumission pleine de franchise et de filiale confiance. Il leur ouvrait son âme sans détour, rendait un compte exact de sa conscience, de son budget, de ses travaux, de ses misères physiques et morales. Jaloux de ne rien faire qui ne fût accompagné de la bénédiction réservée à l'obéissance, il demandait fort exactement toutes ses permissions. Supérieur, il avait pour règle de conduite, de s'interdire à lui-même tout ce qu'il croyait ne pas pouvoir permettre aux autres.

— « C'était une âme droite et foncièrement honnête, disait un jour son Provincial, une belle âme, dans laquelle on ne savait ce qu'il fallait le plus admirer de sa pureté ou de son humilité, de sa franchise ou de sa candeur. Chaque fois qu'il venait rendre compte de sa conscience, c'était pour moi une heure délicieuse, délicieuse de douce gaîté et d'édification. Quel brave homme et quel homme charmant. »

Ce brave homme était un religieux de grande et profonde humilité, humilité qui s'abritait souvent sous des dehors enjoués ou bourrus, mais dont on ne peut se faire une idée quand on ne sait pas avec quelle rigueur, il se *massacrait* lui-même dans ses résumés de retraite, lui qui s'excusait parfois de massacrer les autres. Les fautes de sa jeunesse, les brusqueries et la vivacité de son caractère, les tourments d'une conscience délicate jusqu'au scrupule, des troubles et des orages provenant tantôt de tentations contre la foi, tantôt de son imagination ardente, telle était la matière qui justifiait à ses yeux cette maxime : « Il est des âmes que la grâce de Dieu se plaît à embellir; il en est d'autres qu'elle s'emploie à nettoyer ! La mienne est de cette dernière catégorie ! » Écoutons encore cette page où l'on entend comme un écho du grand apôtre disant : « *Quis me liberabit a corpore mortis hujus ?* »

— « 1900 (24 novembre-1ᵉʳ décembre). J'ai ardemment désiré faire cette retraite. L'état de mon âme, mon âge, les tristes événements qui se préparent, les conditions difficiles et douloureuses dans lesquelles il nous faudra probablement vivre, tout me rend précieux et nécessaires ces jours bénis. Je voudrais m'attacher à Dieu, me perdre en Lui, ne pouvoir plus me séparer de Lui, et voilà que ma retraite débute aussi mal que possible. Les tentations les plus violentes m'obsèdent. Je m'élance vers Dieu et je me trouve immergé dans la boue. Je crie vers Dieu de tout mon être et presque tout en moi penche vers le mal. Pitié, mon Dieu ! vous glorifier, je le veux, je le veux, oh ! je le veux de toute mon âme, mais cette misère abjecte vous glorifie-t-elle ? Mon Dieu ! pourtant je vous aime beaucoup, j'aime passionnément Notre-Seigneur, j'aime tendrement Marie... Est-il possible qu'il y ait dans un pauvre homme deux êtres si différents, si opposés ? Oh ! Verbe Incarné, ayez pitié de moi ! vivez en mon intelligence, en ma mémoire, en mon cœur, en ma volonté... Dieu me voit comme je suis et me pardonne, je l'espère, tout ce qu'il voit de mal en moi. Mais moi, je ne puis pas plus me dire tel que je suis, que je ne pourrais décrire, avec une précision matérielle absolue, une tempête noire, tourmentée : pluie, vents, nuages tourbillonnants, obscurité mêlée d'éclairs... Mon Dieu, ayez pitié de moi... » — Un peu plus loin, il ajoute :

— « Est-ce une grâce d'humilité ? Je ne vois en moi que le mal, et il me semble que ce mal fait de moi un être monstrueux, que saint Ignace ne peut voir en moi son fils, saint François, son frère ; ou du moins, qu'à leurs yeux, je suis la honte de la famille!... Dieu sait pourtant combien j'aime ma chère Compagnie et combien il me serait doux de verser pour elle et pour la sainte Église tout le sang de mes veines... »

Si nous comparons ces lignes, si sévères pour lui-même, avec ce qu'il écrivait aux autres pour les encourager et les consoler, nous constaterons une fois de plus avec quelle fidélité il s'appliquait à suivre une maxime qui était souvent sur ses lèvres et encore plus au fond de son âme. — « Il faut avoir un cœur *d'enfant* avec Dieu, de *mère* avec le prochain et de *juge* avec soi-même. »

Nous venons d'entendre le juge : écoutons le langage de la mère. Il écrit à un de ses pénitents gravement malade.

— « Monsieur et cher ami, les quelques heures que j'ai passées près de vous m'ont donné une vraie joie et j'en garde le plus aimé souvenir. Je suis sûr, absolument sûr que votre âme est très agréable à Dieu ; que vous pouvez et devez vivre dans une paix profonde, et que la mort, si Dieu en faisait sonner l'heure, n'aurait rien d'effrayant pour vous. Vous devez repousser comme une de ces tentations que l'on ne discute pas, qu'on repousse sans examen, tout ce qui peut vous donner quelque inquiétude, quelque doute. Traitez cela comme un mauvais rêve, comme un cauchemar. En vous parlant comme je le fais, je n'ai, ni peu ni beaucoup, peur de me tromper. J'ai la conviction absolue d'être dans la vérité. — Parlez tout doucement à Dieu. Dites-lui que vous croyez tout, que vous avez en sa bonté une confiance complète, que vous vous repentez de toutes vos fautes. Multipliez les actes d'amour simple et sans effort.. je réponds du bon accueil qui vous attend quand vous paraîtrez devant votre si bon et adoré Sauveur ! »

Mais ce que le bon Père disait si bien aux autres, Dieu voulait qu'il eût besoin qu'on le lui dît à lui-même.

Quoiqu'il en soit, il est indubitable qu'il apportait au soin de son âme autant de vigilance que d'énergie et de précision. Nous en trouvons la preuve dans un petit cahier, à son usage. Fatigué, jauni, souvent retouché, il renferme, avec son plan de vie, les méthodes, les procédés très personnels, que son expérience lui avait suggérés pour vivre dans le Surnaturel et en union intime avec Notre-Seigneur. C'est ce qu'il appelait dans le Journal de ses Retraites : *pratica quædam*. Nous allons en transcrire textuellement les principaux articles. Beaucoup de nos lecteurs y reconnaîtront sans peine des avis et des méthodes qu'il ne communiquait avec tant de zèle et d'empressement, que pour en avoir vérifié par lui-même la vertu *et l'efficacité*.

XXXIX

LE CYLINDRE SPIRITUEL.

Tout d'abord il avait imaginé une sorte de cylindre ou de *rouleau spirituel* destiné à inculquer à l'âme, chaque jour de la semaine, un des principes fondamentaux de la Vie surnaturelle.

.·.

Dimanche. — Par des actes fréquents, d'une intensité voulue sinon sentie, pleinement reposée, *développer ma foi* à la réalité du monde divin, à la réalité de la grâce sanctifiante, en moi, et de ses prérogatives magnifiques, à la réalité des effets d'enrichissement et d'embellissement toujours, d'apaisement quand c'est nécessaire, de *mes actes surnaturels*.

.·.

Lundi. — Me bien convaincre que *Dieu répond à mon repentir confiant et affectueux*, par une effusion de grâce sanctifiante qui détruit la faute, si elle existe, et la remplace toujours en produisant en moi un effet d'enrichissement et d'embellissement.

a) Dès lors comprendre combien il m'est utile de me repentir sans trouble, sans scrupule de mes fautes passées et déjà pardonnées et d'en tirer parti, soit comme occasion de m'enrichir, soit comme motif de sanctifier le présent.

b) Garder mon âme très pure, l'enrichir et l'apaiser en me repentant, *sans retard*, de toute faute grave ou légère.

c) Dans mes examens donner plus au repentir qu'à la recherche de mes péchés, et y purifier le bien lui-même des inévitables imperfections qui s'y mêlent.

.·.

Lundi. — Estimer beaucoup la prière comme but et comme moyen. Arriver à la prière de *cœur* par l'application courageuse à la prière de *volonté.*

a) Quand je prie, faire de *fréquents efforts de foi* pour m'emparer de la présence de Dieu, pour me voir sous le regard de Dieu qui m'écoute, qui m'aime, qui me répond, qui *s'intéresse à tout,* dans ma vie.

b) Faire aussi un effort continuel *d'intimité, de cœur-à-cœur,* pour parler à Dieu; de Lui-même comme Il est, de moi, comme je suis et comme Il désire que je sois.

Donc : 1º faire comme si je voyais Notre-Seigneur me disant d'une manière sensible ce qu'il me dit mystérieusement, mais réellement par son Évangile et par sa grâce; 2º m'entretenir, dialoguer avec Lui, comme si je le voyais des yeux de mon corps, comme si j'étais Madeleine, le Lépreux etc; 3º faire des préoccupations, soucis, ennuis, tristesses qui pourraient me distraire, la matière de ma prière, de ma conversation filiale avec Dieu.

c) Tendre le plus possible à la prière perpétuelle; c'est-à-dire *prier ma vie en vivant ma vie.*

.·.

Mercredi. — Réagir contre toute tentation, surtout celle

qui menace ma foi ou ma pureté; contre toute tendance mauvaise et surexcitée; contre tout état de trouble, de tiédeur, de découragement, d'irritation, d'impatience, de jalousie, de rancune, de susceptibilité froissée, etc; contre toute disposition au mal, moral ou physique, et faire de ces réactions, parfois héroïques, un acte d'amour de Dieu, d'imitation de Notre-Seigneur, un sacrifice par lequel j'attire sur moi et mon ministère les bénédictions divines.

N. B. — 1° Réagir, c'est combattre des états sentis et involontaires par des *actes voulus*, faits souvent, *à froid, à sec*, sans aucun goût; c'est faire comme si la tendance mauvaise et dangereuse n'existait pas, et comme si une tendance opposée prédominait en moi.

2° Après ces luttes, si quelque doute demeure en moi, ne jamais chercher à en sortir par des examens toujours inutiles et périlleux; interpréter ces doutes en ma faveur, et faire passer, à tout hasard, dans ces obscurités troublantes un souffle apaisant de repentir et de miséricorde !

.*.

Jeudi. — *Arriver à aimer Notre-Seigneur à plein cœur.* Me dire et me redire que Notre-Seigneur Jésus-Christ est vivant, qu'il est à moi, tout à moi et toujours à ma portée. Faire le plus souvent possible des actes d'amour, lents ou rapides, suivant les occasions. Quand cet amour régnera dans mon cœur, mon bonheur, l'impérieux besoin de mon âme sera de Vivre *avec Lui*, près *de Lui*. Vivre *de Lui*, source et océan de tout bien pour moi, mon Supplément, mon Complément. Vivre *comme Lui*, Modèle vivant, compatissant, rayonnant, attirant; vivre comme Lui, dans le dévouement, par l'humilité, la patience, la bonté. — Vivre *pour Lui*, c'est-à-dire le faire régner en moi et dans l'âme de ceux qui me sont confiés ou au milieu desquels je vis.

.·.

Vendredi. — *M'unir à Dieu, imiter Notre-Seigneur ;* donner à ma vie une grande utilité dans le temps, une infinie valeur pour l'Éternité : 1° en *accomplissant la volonté de Dieu* sous la forme du devoir ordonné et du sacrifice demandé par Dieu ; 2° en *acceptant la volonté divine*, sous la forme de l'épreuve, de la douleur et même d'une simple contrariété.

.·.

Samedi. — *M'efforcer de vivre ce jour-là, comme si c'était mon dernier jour !*

XL

INDUSTRIES POUR SANCTIFIER LA JOURNÉE.

Le petit livre usé et défraîchi, indique ensuite le moyen de bien sanctifier les principales actions de la journée :

.·.

Lever. — En me levant, actes de foi, d'espérance, de contrition, de ferme propos, d'amour. Réciter les quatre mots : *J'offre, j'accepte, je me confie, j'aime,* en union avec Notre-Seigneur ; *O ma souveraine, ô ma mère ; Sub tuum ;* trois invocations à saint Joseph ; *Angeli Dei.* Intention expresse de gagner toutes les indulgences de la journée, et d'en appliquer la partie satisfactoire aux âmes du Purgatoire. Examen de prévoyance. Visite au saint Sacrement. *Rappel du Cylindre spirituel.*

.·.

Méditation. — *a)* Le double effort de foi et d'intimité : tout est là.

b) Une fois par semaine, *mon peccavi* avec humilité, tristesse, confiance, repentir, reconnaissance, désir, besoin de réparer. Une fois par semaine, repasser un point du *cylindre*.

Prendre en général un sujet très simple, une scène, une parole de l'Évangile; employer le discours direct qui me réussit mieux.

.·.

Examen.

a) Remercier Dieu d'être Lui!... de m'avoir donné Notre-Seigneur et sa virginale Mère; de ses grandes préservations et miséricordes; de m'avoir appelé dans sa Compagnie, de pouvoir Lui parler, de pouvoir *vivre de Jésus-Christ; de n'être pas actuellement en enfer;* de tout ce qu'il m'a donné, de tout ce qu'il m'a refusé, de mes humiliations autant que de mes succès.

b) Lumière à demander pour voir et détester tout le mal qui est en moi.

c) Examiner devoirs de piété, Sainte Messe, bréviaire, lever, repas, travail, sans détriment des autres fautes et du bien mal fait.

d) M'exciter au repentir des fautes récentes et de toute ma vie. *M'imprégner de Notre-Seigneur.* Puis faire le voyage de l'âme pénitente en enfer, au ciel, au calvaire. Mettre l'Amour partout : alors les ruines sont restaurées, le désert fleurissant, la boue devient terre féconde.

e) Ferme propos.

— Examen particulier : 1° mes premiers mouvements et brusqueries; 2° un des sept points de mon *cylindre*.

.·.

Sainte Messe.

Avant. — Réveiller et actualiser ma foi; humble et ardent désir d'offrir et de recevoir Notre-Seigneur; me rappeler les quatre fins du Saint-Sacrifice et m'unir fortement à Notre-Seigneur, *cum ipso, in ipso; Ego volo…* formuler intention principale et secondaire, ma part spéciale; prière à Marie, seule digne de toucher Notre-Seigneur, pour obtenir d'être préservé de maladresses, difficultés d'articulation, distractions.

a) Renouveler *mon memento des vivants :* Extension du règne de Notre-Seigneur, triomphe du Sacré-Cœur et de la Sainte Vierge, Sainte Église, France, Compagnie, Province, Maison. Tous les missionnaires et chargés d'œuvres d'hommes, d'ouvriers. Tous les prédicateurs, confesseurs, professeurs chrétiens. Ma famille, mes amis, mes bienfaiteurs. Les âmes avec qui je suis en relation par ministère, qui comptent sur moi spirituellement ou corporellement, à qui je n'ai pas pu faire du bien ou que j'aurais scandalisées, à qui j'ai promis prières et *memento perpétuel.* Les agonisants, *les pauvres,* les malheureux exposés et exposées, désespérés, pécheurs.

b) Renouveler mon *memento des morts :* Parents, bienfaiteurs, amis, membres de la Compagnie de Jésus : ceux que j'ai assistés à la mort, avec qui j'ai été en relation par mon ministère, auxquels j'ai promis un *memento perpétuel,* qui souffriraient à cause de moi ou par ma faute. Les plus délaissés, les *pauvres,* les âmes les plus agréables à Notre-Seigneur et à la Sainte Vierge.

Pendant huit jours, pour morts notifiés.

Pendant trois jours, pour toute personne dont j'apprends la mort.

Pendant. — Savourer les paroles de la Liturgie.

a) Au moment de la Consécration : m'unir à Notre-Seigneur instituant la Sainte-Eucharistie; calme et recueillement; pas trop de lenteur ni d'application physique; *étaler* mon âme et toutes les âmes de mon *memento*, sous le rayonnement de la sainte Hostie; m'offrir en victime avec Notre-Seigneur, *selon toutes ses intentions et dispositions.* Quelques actes rapides faits mentalement... d'adoration, d'humilité, de confiance, de louange...

b) Au moment de la communion : « *Je crois, je me repens, j'aime, je me donne!* » silence de remerciement, d'amour, d'union. Puis m'offrir; enfin : « âme de Jésus, purifiez! guérissez! nourrissez! éclairez! fortifiez! transformez! bénissez! préservez!.. « Demander à Marie d'ajouter sa prière à l'action du Sacrement...

Après. — Action de grâces (vingt minutes). *Ardor.* Peu de paroles. M'imprégner de la vertu du Sacrifice. Puis, *lentement* développer « Anima Christi, Suscipe, Adoro te », *très lentement :* invocations au S. S. C. C. de Jésus et Marie; ensuite, *ad libitum*, me livrer à l'attrait de dévotion. En finissant, prière à la Sainte Vierge, au Saint du jour; gagner indulgence plénière : « O bon et très doux Jésus ». Prévoir la journée avec son travail, *l'offrir et la faire bénir.*

*
**

Le Bréviaire.

Jamais moins d'une heure. Renouveler chaque fois les intentions suivantes : extension du Règne de Jésus-Christ, exaltation de la Sainte Église, mes deux *mementos* de la Messe. (La veille des fêtes : *les confesseurs*); les personnes pour qui j'ai promis de prier; *demander des saints; les pauvres; les pécheurs; les agonisants*. Une grâce spéciale pour moi.

M'appliquer à la récitation, *digne, attente, devote, sapide!* Jeter mon âme dans le psaume et en suivre le mouvement autant que possible. Me rappeler que je prie au nom de la Sainte Église et pour toute l'Église; que des milliers et des milliers d'âmes, au ciel, sur la terre, en purgatoire, attendent le résultat de ma prière.

*
**

Le Chapelet.

Le réciter lentement en goûtant les mystères. Intention du *memento*, si pas d'autre formulée. Associer le plus possible la Sainte Vierge à mes prières. Outre mon chapelet, mes petites prières du soir et tout ce qui, à la messe et au bréviaire, s'adresse à Elle, avoir comme une dévotion habituelle, un regard du cœur pour Elle : c'est Elle qui m'a donné Jésus, c'est Jésus qui me l'a donnée et c'est Elle qui m'a donné à Lui! Je ne puis séparer la Mère du Fils. Et puis notre déification ne nous permet-elle pas d'être en famille avec Dieu, Notre-Seigneur? *O familiaritas stupenda nimis!*

.˙.

Vertus.

Mortification. — Lever exactement à 4 heures, cent coups de *discipline* mercredi et vendredi. *Ceinture* lundi, mardi, jeudi, samedi. Peu de vin. A chaque plat, si possible, petite mortification. Le soir, pas de viande ; remplacée par le potage que j'aime si peu! Petits sacrifices à l'occasion des regards, des lectures, du travail.

Humilité. — L'entretenir en me rappelant que je suis un *échappé* de l'Enfer. Accepter avec reconnaissance d'être comme je suis, infirme, amoindri, etc. Empressement à rendre tout service, faire tout ministère, toute corvée, *dans la conviction profonde que je serai toujours mieux traité que je ne le mérite.* Accepter silencieusement toute humiliation. M'interdire toute critique, parole sévère, rectification dure, contradiction blessante en récréation. Dire du bien des autres — mes frères, autres religieux, prêtres séculiers — de leurs travaux, de leurs talents. Réprimer susceptibilité et ne pas provoquer d'encouragement.

Zèle. — Soigner mes prédications en vue du bien. Prier Notre-Seigneur de s'en servir. Prier en travaillant. Apostolat par lettres, relations quelconques : toujours le *mot de Dieu.* A ma messe, dans la récitation du bréviaire et dans toutes mes pratiques de piété, élargir mes horizons et étendre ma prière à tout ce qui peut accroître le règne de Notre-Seigneur et de son Sacré-Cœur!

Préparation à la mort.

1° J'aurai soin de multiplier, *à bouche que veux-tu*, les actes de repentir en union avec Notre-Seigneur : *c'est la préparation de toutes les heures.*

2° Un jour par semaine passé comme le dernier de ma vie, sera *la préparation de chaque semaine.*

4° Le premier vendredi sera *la préparation de chaque mois.*

4° En outre j'aurai *la préparation de chaque soir*, laquelle consistera dans les pratiques suivantes : *Memorare*, 3 *Ave*, 10 invocations au Sacré-Cœur, 5 au Cœur Immaculé de Marie ; trois fois *Jésus, Marie, Joseph ; Glorieux saint Joseph*, et trois invocations. *De profundis*, avec l'oraison — près de mon cercueil. *Maria mater gratiæ, Requiem æternam, Pie Jesu* (5 fois), *Salva nos vigilantes.* Un acte d'amour, un acte de contrition, suivis des deux prières suivantes :

— « Mon Dieu, qui êtes la bonté même, j'adore cette bonté infinie ; je m'y unis, je m'appuie sur elle, plus encore en elle-même que dans ses effets. Je ne sens en moi aucun bien, aucune bonne œuvre faite dans l'exactitude de la perfection que vous voulez, ni par où je puisse vous plaire. Aussi n'est-ce pas en moi ni en mes œuvres que je mets ma confiance, mais en vous seul, qui pouvez en un moment faire en moi tout ce qui vous est agréable. Je vis dans cette foi, et je remets, durant que je vis et jusqu'à mon dernier soupir, mon esprit, mon cœur, ma volonté, mon corps, mon salut entre vos mains divines, ô Jésus, Fils unique de Dieu, qui êtes venu en ce monde pour racheter mon âme pécheresse ; je vous la remets ; je mets votre sang précieux, votre sainte mort et passion et vos plaies adorables entre la justice divine et mes péchés ! Et je vis ainsi dans la foi et dans l'espérance que j'ai en vous, ô Fils de Dieu, qui m'avez aimé et qui vous êtes donné pour moi. Amen. » (Bossuet.)

— « Mon Dieu, je me soumets de tout mon cœur à la mort et je l'accepte humblement, parce que c'est votre volonté que je meure. Je veux toutes les circonstances qui la doivent accompagner, vous suppliant de m'assister en ce dernier moment et que je meure dans votre sainte grâce; adorant dès maintenant et pour cette heure, le jugement que vous porterez de mon âme, m'y soumettant de toute ma volonté et vous conjurant de me traiter non selon mes mérites, mais selon toute l'étendue de vos miséricordes et de la charité de Jésus-Christ pour moi.

« Amen! »

A la suite de ce plan de vie, mûri longuement dans la prière et la méditation, contrôlé, revisé, perfectionné d'année en année, au moment de sa retraite, le P. Joyard écrivait en 1901 : « Ceci est bien un peu compliqué, mais il faut quelque chose qui me tienne et l'expérience m'a montré que cette mesure, qui n'a rien d'héroïque, est bien ce qui convient à ma pauvre âme. J'y ai trouvé bien des consolations. *Secretum meum mihi!* »

Les amis du bon Père, et tous ceux qu'il a si bien dirigés, seront heureux, sans doute, d'avoir sous les yeux la route qu'il suivait fidèlement, d'étape en étape, pour monter vers la perfection. Ils penseront qu'il n'avait plus guère de chemin à faire pour recevoir la récompense réservée au bon serviteur.

XLI

LA FIN APPROCHE. — TOURNÉE D'ADIEUX. — TRIS-
TESSE. — DERNIERS SOURIRES. — PRESSENTI-
MENTS

Au mois d'avril 1903, sur les pressantes sollicitations du
R. P. Gressien, son ami, le P. Joyard franchit la Manche
et vint prêcher, à Grenoble, la retraite des Mères chrétiennes pour la dixième fois. Ce devait être le chant du
cygne. Il en eut le pressentiment, car de Cantorbéry, il
écrivait :

— « Cette retraite de Grenoble que Dieu a daigné bénir,
m'a profondément attristé. J'avais conscience de mener un
convoi funèbre ! »

De son voyage il rapporta un violent accès de rhumatisme
dont il souffrit beaucoup durant trois mois :

— « Quand on vieillit, disait-il, il faut se résigner à voir
s'installer chez soi des ennemis intimes, avec lesquels le
plus simple est de faire bon ménage. »

Cependant les chaleurs de l'été amenèrent une amélioration suffisante pour lui permettre de revoir encore la France,
aux vacances scolaires, et pour y donner tout une série de
retraites promises en diverses communautés. Ce travail
achevé, il voulut faire comme une tournée d'adieux, dont lui-
même a marqué les étapes dans une lettre du 6 octobre 1903.

— « Quatre jours dans ma famille, près de Valréas ; une

journée, à 12 kilomètres d'Orange, pour dire la messe chez
la vieille marquise de Gaudemaris. Deux heures à Carpentras pour prier sur une tombe qui couvre les restes de tous
mes parents, sauf ceux de ma mère qui reposent au cimetière de Cimiez, près de Nice. Vingt-quatre heures à Avignon. Quatre ou cinq jours à Lyon. Une halte à Bourg. Une
halte à Clermont-sur-Oise. Une autre à Arder et, enfin,
Cantorbéry! Je désire le calme. Je regrette ma pauvre
France. J'aime Cantorbéry! j'ai l'âme triste, triste... Demain je passerai une bonne partie de la journée à Mont-
martre. Ceci n'est pas une lettre. Je suis incapable d'écrire
avec cette plume et dans l'état où je suis! »

En traversant Lyon le bon Père eut le vif chagrin de
ne rencontrer presque aucun des amis qu'il aurait voulu
saluer. Lorsqu'il dit adieu au R. P. Croizier il ne put retenir ses larmes : — « Dites à un tel et à un tel combien
je regrette de m'éloigner sans pouvoir les embrasser une
dernière fois... Je ne vous reverrai plus! »

— « Je ne crois pas à cette prophétie, lui fut-il répondu,
vous avez été mauvais prophète l'an passé; vous le serez
encore cette année! — « Dieu le veuille, mais je ne le
crois pas. Il y a quelque chose qui s'est brisé en moi! »

Quelques semaines plus tard il écrivait :

— « Me voilà rentré dans ma solitude vivante de Canterbury. Ces cinq semaines d'absence ont rompu bien des fils
qui se renoueront peu à peu entre mes jeunes frères et moi.
Pour le moment, une de mes principales occupations est de
trouver qu'un rhumatisme installé dans un pied est une chose
fort gênante. C'est un vieil ennemi qui sommeillait et qui
s'est tout à coup réveillé. Après tout c'est là une minuscule
misère dont j'aurais tort de me plaindre. Car, hélas! j'ai
rapporté autre chose de notre malheureux pays. Que de

tristesse partout ! Toutes ces paroles que j'ai adressées à des *condamnées à mort* m'ont déchiré le cœur. Je vis, sans pouvoir en sortir et sans chercher à le faire, dans une atmosphère lourde, écrasante. La réalité me produit l'effet du plus lugubre cauchemar !

« Il faut, ajoutait-il, que j'aie un corps de fer pour que la vie animale résiste victorieuse à la tristesse profonde et continuelle qui devrait *me ronger* et *me dévorer !* »

Hélas ! cette santé de fer allait, en peu de temps, décliner jusqu'au bord de la tombe. Il était visible que le pauvre Père s'affaiblissait sous l'étreinte du chagrin qui le minait depuis son exil. Son visage amaigri, ses traits pâles et altérés trahissaient un mal secret. Avait-il conscience de son état ? Un jour, à la suite d'une forte hémorragie il écrivit un billet au Frère linger :

— « Doublez ma provision de linge. Je crois que je suis perdu, mais n'en dites rien à personne ! »

Cependant il réagissait, avec une grande énergie, contre cet affaiblissement qu'il attribuait tantôt à ses douleurs rhumatismales, tantôt à un trouble des fonctions digestives. Parfois, il plaisantait de son état qu'il appelait *des malaises de vieillard breveté*. Jamais il n'avait paru si bon, si spirituellement aimable envers les jeunes Pères. A l'un d'eux il disait :

— « Il fait bon monter en chaire quand on n'a point de gloire à soigner. La gloire est un mauvais Suisse. »

Un autre, prêchant au réfectoire, avait cité le texte de l'Évangile : « Pas un cheveu ne tombe sans la permission de Dieu » et y avait ajouté ce commentaire malicieux :

— « Il en est à qui cette permission a été accordée très libéralement ! » Le P. Joyard le fit appeler, et lui dit avec son fin sourire :

— « Vous auriez bien fait de supprimer cette réflexion

qui a pu faire de la peine à quelques-uns, par exemple au Père ministre... dont le front est un peu dégarni ! »

De son dernier voyage en France il avait apporté toute une cargaison de petits souvenirs : boîtes de berlingots, images de piété, tabac à priser acheté chez Gertrude, couteaux perfectionnés, etc... De son pied boiteux il avait couru tout un jour, à travers les bazars de Lyon, pour se procurer ces mille riens qu'il savait devoir faire plaisir, là-bas, à ces bons scolastiques et aux chers Frères coadjuteurs pour lesquels il eut toujours une très particulière affection.

Dans sa correspondance qui ne chômait pas, malgré ses fatigues, perçait encore de temps en temps le bon sens imagé et pittoresque de son esprit : — « Prenez un livre pour méditer, comme les estropiés prennent des béquilles, mais méditez ! »

A une âme qui rêvait du cloître, alors que son devoir la retenait au milieu du monde :

— « Vous êtes faite pour être Carmélite, écrivait-il, comme moi pour être professeur de calligraphie !... Restez où Dieu vous a mise. Vous n'êtes pas un oiseau à mettre en cage. On peut tout au plus l'attacher par la patte, et encore faut-il que la corde soit assez légère et assez longue pour que l'oiseau croie voler en liberté... »

Venaient ensuite quelques conseils vigoureusement appliqués sur la pratique de la charité et de la patience, après quoi il terminait ainsi.

— « ... Si cette lettre est un peu dure, c'est que vous m'avez dit tant de fois que vous êtes un âne que j'ai cru vous faire plaisir en vous donnant des chardons. Jamais il ne me serait venu à la pensée de vous comparer à un âne, quoique l'âne soit, c'est très sûr, un de mes animaux de prédilection. »

Mais il avait beau dissimuler ses souffrances, il se sentait de jour en jour plus sérieusement atteint, témoin ce passage d'une de ses lettres de novembre 1903.

— « Mes douleurs ont une ténacité qu'elles n'ont jamais eue. Cependant je vais au réfectoire, je fais ma petite besogne. Mais comme je suis condamné à ne boire que du lait, je suis dans un état de prostration extrême. Point d'élan. Je ne me décide à rien sans lambiner : voilà un mois que cela dure... pourvu que ce soit fini au mois d'août!! Je me demande ce qui sera possible alors. Ma retraite annuelle, la première de toutes, celle à laquelle je tiens le plus est terriblement compromise. Les autres ne le seront-elles pas à leur tour? »

Malgré tout, à force d'énergie et de volonté, il réussit à faire cette retraite, et il la fit *expressément pour se préparer à la mort*. Il la termina le jour de l'Immaculée-Conception — « dans un grand calme et une sérénité d'âme à laquelle, dit-il dans ses notes, il était peu habitué! »

Personne ne soupçonnait que la mort fût sur le point de le ravir à cette communauté dont il était la joie, bien qu'à certains moments, il eût témoigné un peu de malaise et de lassitude dans ses rapports avec quelques-uns de ses interlocuteurs en récréation. Il allait et venait, surtout de sa chambre à la tribune. Chaque matin dans la chapelle de la Croix, sa chapelle préférée, il célébrait la messe avec une ferveur intense; puis il s'absorbait longuement dans son action de grâces. Au commencement de janvier il écrivait encore :

— « Je suis très occupé dans ma petite vie obscure et retirée. Rien ne me rend plus facile le travail *urgent* que demande la préparation à la mort... Oui, je suis vieux, et bien que j'aie mille raisons de craindre les jugements de Dieu, je ne vois pas pourquoi je désirerais vivre encore de longues années. »

Citons encore deux lettres écrites dans les premiers jours de 1904. L'une est adressée à une mère de famille qu'il dirigeait depuis longtemps et dont il disait : — « C'est la meilleure femme du monde, une vraie sainte, et malheureuse jusqu'à l'invraisemblable. C'est la douleur sans consolation! Car dans la cause de son malheur, que de choses que Dieu ne veut pas et ne peut pas vouloir! »

— « ... La prière et le travail m'empêchent d'être écrasé sous mon poids de tristesse. Il m'en vient des événements; il m'en vient des âmes qui me sont chères et qui semblent vouées à toutes les douleurs: il m'en vient de mon propre fonds. De toutes ces tristesses je fais des prières; je les porte au saint autel; je conjure Notre-Seigneur de les bénir, de les faire fructifier en grâces de rédemption et de salut... Hélas! je ne puis rien de plus. Sans doute, c'est quelque chose, c'est beaucoup même... Mais que je voudrais donc mettre un rayon de soleil dans ces chères existences. Vos lettres, mon enfant, vos lettres me font peur. Je ne les ouvre qu'en tremblant. Une longue habitude m'a appris que toutes ont à m'annoncer une douleur nouvelle qui ne remplace aucune des anciennes, mais vient s'ajouter aux autres! »

A l'occasion de la nouvelle année, il envoyait à la supérieure générale d'une nombreuse congrégation de religieuses enseignantes cette admirable lettre, une des dernières qu'ait tracées sa plume :

— « ... Que vous dire, ma Révérende et chère Mère? vous êtes sur la croix! Que de belles et saintes œuvres sont condamnées à disparaître, et votre cœur, de combien de glaives n'est il pas transpercé? Je sais que Notre-Seigneur est avec

les âmes qui souffrent pour Lui, et qu'il leur fait la grâce de
de se laisser crucifier saintement. Mais ce sont là des grâces
terribles qui saisissent l'âme et l'emportent sur les sommets
de la sainteté. Et que d'heures d'agonie! que d'heures noires
et obscures! Oh! ma pauvre et chère Mère, je vous plains de
toute mon âme. Je ne puis vous offrir que ma pauvre prière,
mais du moins, je vous la donne de tout mon cœur...Pauvre
France! Ah! dans l'avenir on vous aura tant regrettées, on
aura tant souffert de ne plus vous avoir, que l'on sera forcé
de vous rappeler en triomphe. Mais d'ici là!... Toutefois il me
semble impossible que Notre-Seigneur ne place pas, sur
le passage de tant de pauvres oiseaux, des branches qui
puissent leur servir d'abri... Prions! adorons! Courage et
confiance *quand même!*... Et puis! et puis! on dit que
les heures désespérées sont les heures de Dieu.

« Me sera-t-il donné de vous revoir ici-bas? Je l'ignore.
Mais du moins, laissez-moi vous bien remercier de tout ce
que vous avez été, de tout ce que vous avez fait pour moi,
et de toutes les saintes joies que m'ont fait goûter tous mes
ministères à Saint-Joseph. La famille de Saint-Joseph, en
général, et, la vôtre en particulier, ont eu une grande place
dans ma vie. Je peux bien dire que je leur ai donné la meilleure part de mon âme et j'en bénis Dieu.

« Je n'ose pas vous dire que, malgré un temps détestable
qui dure, depuis des mois, ma santé est parfaite, que mes
douleurs sont de l'histoire ancienne...

« Mon meilleur souvenir à vos Mères assistantes et à
M. l'aumônier. Croyez, ma Révérende et bonne et chère
Mère, à toute ma sympathie et à ma respectueuse affection.

« Bien à vous en Notre-Seigneur.

« H. J. »

« Et encore une fois, mille fois merci. »

XLII

LA MORT.

On était arrivé au 16 janvier. Peut-être le lecteur se rappelle-t-il que ce jour-là, anniversaire de sa naissance, de 4 à 5 heures du soir, le cher Père avait l'habitude d'aller faire une grande heure d'adoration devant le saint Sacrement. Or, l'année précédente, il avait laissé passer l'heure, sans s'en apercevoir et il en éprouva un vif chagrin. En 1904, il fut fidèle au rendez-vous. Mais cette fois ce fut sa montre, pourtant bien réglée, qui s'arrêta quelques minutes avant 5 heures ! Le bon Père y vit un signe de mort prochaine et il courut l'annoncer au Recteur du collège, en lui disant :

— « C'est un avertissement. Je suis au bout de mon rouleau. Je ne finirai pas l'année ! »

Deux semaines plus tard le médecin l'obligeait à garder la chambre et le 9 février il expirait.

Nous emprunterons à un témoin oculaire le récit de ses dernier moments :

« Cantorbéry, 14 février 1904.

« Notre vénéré et cher P. Henri nous a quittés subitement sans avoir eu le temps de regarder la mort en face. Vous savez combien cette pensée lui faisait peur. La divine Providence lui a fait la grâce de mourir sans passer par cette terrible appréhension. Il gardait la chambre depuis quinze jours, se plaignant d'un dégoût invincible pour la nourriture. Le peu qu'il prenait chaque jour ne le soutenait pas et il sentait ses forces diminuer. Cependant il disait encore sa messe chaque matin, quoique avec une grande fatigue; il descendait même au réfectoire en s'appuyant sur sa canne.

Sa bonne humeur ne l'a pas quitté jusqu'au dernier jour. Il égayait ses visiteurs par ses propos plaisants, autant qu'il les édifiait par sa résignation et son esprit de foi. On croyait que le mal pourrait traîner encore des semaines et des mois. Deux jours avant la fin, il put une dernière fois monter à l'autel. Mais le 8 février, dans la nuit qui précéda sa mort, il voulut se lever et tomba quatre fois de son lit où il eut bien de la peine à remonter. Le matin il fut pris d'une hémorragie très abondante. Le médecin constata une sérieuse aggravation du mal; cependant il ne prévoyait pas un dénouement si rapide. Le R. P. Provincial, son intime et vieil ami se trouvait alors à Cantorbéry. Il proposa au cher malade de recevoir les sacrements. Celui-ci, un peu étonné, déclara qu'il ne se sentait pas assez prêt, qu'il était mieux d'attendre encore. Cependant comme on insistait, il accepta de bon cœur et la cérémonie fut fixée à 5 heures du soir, afin qu'il eût tout le temps de s'y préparer. Mais vers 3 heures, le mal progressa d'une façon soudaine. Par bonheur, le R. P. Provincial arrivait au chevet du malade et put lui donner une dernière absolution. Ce fut entre ses bras que le moribond tomba doucement, après l'avoir regardé avec ses grands yeux bleus, où déjà paraissait comme un reflet des visions qui s'ouvraient devant lui. Accouru au même moment, je pus lui administrer l'extrême-onction pendant qu'il vivait encore.

« Trois jours après, accompagné de ses trois neveux,

MM. Ripert et Deleuze, et de toute la communauté en larmes, le corps de notre regretté P. Henri fut conduit au cimetière, où il semblait d'avance avoir marqué sa place, tant il aimait à y venir souvent prier et méditer.

« Avant de le rencontrer à Cantorbéry, je n'avais jamais vécu avec lui. L'été dernier le bon Père me demanda de remplacer son confesseur ordinaire qui avait fait une longue absence. Je dois dire que j'ai été grandement édifié de la beauté de son âme et de son exquise délicatesse de conscience. »

AU CIMETIÈRE.

Impossible de trouver un *dortoir* pour les morts plus calme, plus religieux, plus recueilli que le petit cimetière du collége de Cantorbéry. Au milieu de la verdure luxuriante du parc, qu'on imagine un petit enclos fermé par une haie de buis; puis une seconde enceinte circulaire formée par treize tilleuls géants, qui laissent entre eux assez d'espace pour y creuser une tombe. Chaque tilleul porte une petite croix, un numéro d'ordre et quelques mots en anglais. En passant successivement de l'un à l'autre, on suit les diverses stations du Chemin de la Croix, que l'on achève devant la petite chapelle octogone érigée au milieu.

La tombe du vénéré religieux est à droite en entrant, la première de la seconde rangée. La dernière fois que l'auteur de cette trop imparfaite biographie vint y célébrer la messe à l'intention du cher défunt, tandis qu'agenouillé sur les feuilles sèches qui tapissaient le sol, il terminait son action de grâces en récitant un *De profundis,* au-dessus de sa tête, des rouges-gorges gazouillaient au milieu des branches. Voici que l'un d'entre eux, familier comme ils le sont généralement, descendit et vint se poser au sommet de la croix qui domine la pierre tombale et là, pendant une minute, il fit entendre un chant très doux.

Et il sembla au visiteur ému qu'une ombre souriante planait mystérieusement dans l'air attiédi de l'automne, et

Cimetière du collège de Cantorbéry. Tombe du R. P. Joyard :
la plus éloignée, à gauche de la chapelle.

que la belle âme du R. P. Joyard, depuis longtemps,
jouissait de la paix radieuse du ciel. Alors sollicitant de
son vénéré et saint ami une bénédiction, il le supplia de
lui obtenir une faveur particulière de Dieu. Fermement
persuadé qu'il avait obtenu l'une et l'autre, il s'éloigna, non
sans avoir murmuré une dernière fois :

« Bon Père, pardonnez-moi! Bénissez le travail que j'ai
commencé à votre sujet afin qu'il continue le bien que vous
avez fait durant votre vie! Et puisque je ne saurais espérer
dormir ici-bas auprès de vous, au revoir là-haut! au revoir!
là où il n'y a plus de tristesse ni d'exil! *Amen!* »

FIN.

Avis important

En prévision d'un second volume contenant un choix de
lettres et quelques sermons de retraites, prière instante est
faite aux lecteurs qui auraient entre les mains ou qui con-
naîtraient des lettres intéressantes du R. P. Henri Joyard,
de vouloir bien les communiquer à M. l'abbé André Durand,
15, quai Tilsitt, Lyon.

Brevet des ordres espagnols.

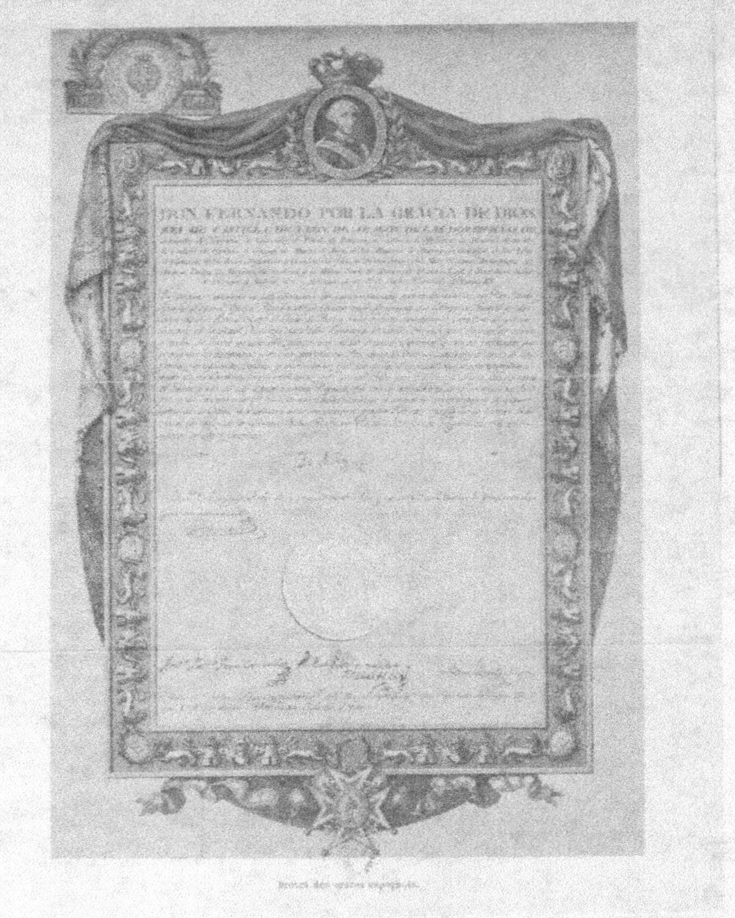

Brevet des grâces espagnol.

Les fameux rosiers sont enfin arrivés et c'en une bonne
épine que j'ai de moins au talon. Mon respectable ami a,
ce matin, mis le feu à la tapisserie de sa chambre à coucher. Je
ne puis concevoir comment il s'y est pris, car c'était du papier
collé sur toile. J'ai été effrayé du dégât que cela a fait. Il a
failli brûler lui même et c'en un affreux malheur dont je le
vois menacé. Je lui prêche les précautions pour l'éviter, mais il
est tout consolé d'avance parceque c'en ainsi que le Roi de
Pologne Stanislas Leksinski, beau père de Louis XV, finit sa
carrière à Lunéville ou à Nancy, je ne me rappelle pas laquelle
des deux. À cela je riposte : Mieux vaut paysan debout
qu'empereur enterré, vive brûlé ; mais on ne peut disputer
des goûts.

Adieu, cher Henri, courage, persévérance, application
constante, vigilance sur toi même et Dieu bénira tes efforts.
Nous t'embrassons tendrement. Louise va venir avant votre
dîner chez son beau père et t'adresse mille tendresses ; la tienne
te recommande à ton grand souvenir. Je t'embrasse de toute
mon cœur.

                                        ton père

1er Xbre 1850

TABLE

Typographie Firmin-Didot et Cⁱᵉ. — Mesnil (Eure).